悖论阐释学

傅其林 著

人民出版社

目　录

说"当代中国学术"

仔细研读傅其林教授新作《悖论阐释学》后，有所感悟，借此机会说几句。

在中西二元论者看来，国学是国学，西学是西学。现代前，二者无法交流；20世纪后，中国学术界西学炽盛，国学只指在"王国维之前"的纯粹中国学问。

当今中国哲学社会科学界基本上是两大块：国学，西学，划分泾渭分明，研究人员也分属两大阵营。偶有能学贯中西打通二者的学问家，如钱锺书，虽然提倡"学无中西"，基本上是用西学解释国学；也有部分学者试图"跨越学科"，如比较文学，但在新世纪之前，或是做实证研究（包括鄙人），或比较个别现象。

整个20世纪，整个学术界的主调是"赶上"，这恐怕也是历史的需要。但在21世纪，情况发生了变化，人文社科领域出现了一批中国学者，既不是在专研中国典籍，也不是绍介西方学术，而是提出了中国学界自己的"当代性"。在一系列领域出现了既非"国学"亦非"西学"的"当代中国学问"。我们可以在人类学、美学、阐释学、文艺学、比较文学、传播学、叙述学、符号学等一系列学科中找到这种趋势的令人信服的证据,更不用说直接受社会活动影响的社会科学(政治学、经济学、法学、新闻学等)学科。

如果这个情况属实,那么当今我国的人文社科学界实际上分成了三块:

● "国学",即中国传统学术
● "西学"
● "当代中国学术"

我现在想说几句的是这最后一项,也是首次提出。

首先,"当代中国学术",不是当代的中国学术,"当代"不是一个时代概念,而是一个具有本身特点的学术运动。表面上看,它继承"国学"并参考"西学",是二者的结合,然而却是当今学者独特的新贡献。它虽未摆脱二者的传统,却非二者的直接延展,而是为自己的学术史谱系;它传承了二者的精华,却并非二者的演绎,亦非与二者"抗衡"。而且,"当代中国学术"并不是有意合群,为此作出贡献的学者甚多。其实在我写这些文字之前,尚未有人想到他们已经置身于这一集体的努力之中。

其次,"当代中国学术"潮流是应运而生的。中国现代性的逐渐成熟呼唤着此种学术,中国文化的发展也为此提供了客观条件;同时,世界大势,人类命运共同体面对的新问题,尤其是数智时代的全球新文化格局,也对中国学者提出了新挑战。既然全世界人文学界茫然失措，中国学界必须、也只能，独立地站出来应对。

应当承认，"当代中国学术"年纪尚轻，其中有的学科凸显较早（如人类学、美学），有的几乎不久前才出现萌芽；有的依傍西学较多，有的挪用中国传统较深，但总体来看，都还只是新枝嫩叶。虽然这些新学科从两个方面都沾到雨露和营养，但是它们是独立的学问，既独立于西学，也独立于国学。傅其林这本《悖论阐释学》就是其中的一种。

此书一开场，就提出了阐释不可能摆脱悖论的四个原因，这是傅其林本人设立的四个原则。然后为了论证这四个"阐释的悖论原理"，详细解释了其学术史谱系：主要是东欧马克思主义文论，从卢卡奇、赫勒到哈贝马斯的学术发展过程；也介绍了中国阐释学的传统：朱熹对《诗经》在的疏注；孟子关于伦理法则的规范性与变通性的挑战，这个阐释延伸到了宋代的孙奭；最主要的是易学对于"元阐释学"地位与作用的详细讨论。

这本书的重点是傅其林与张江教授、周宪教授关于"公共阐释"问题的详细逐点讨论。这场讨论由张江教授于2014年发起，已经延续逾十年，参与者众多，各有贡献。但是傅其林的讨论有几个特点：一是依从他在本书上半部分确立的四原则，在回应中为阐释学的构成作出了逐点说明，在争辩中展开自己的系统观点；二是对对方观点提出的背景给予同情体验，同时又不讳言陈述自己的不同看法，例如关于"公共理性"命题是否成立的论辩。本书最终完成了主旨论述，即可以用

"悖论阐释"发展"公共阐释"。应当说,辩论是更为有效的推进,此书本身就是一个优秀的阐释实践。

本书的辩论过程让人看到了中国学术界在阐释学上的集体突破。傅其林说:"中国学界对西方理论的否定性思考,是中国学者理论自信的表现",我深以为然。中国自主知识体系不是一个口号,而是半个世纪以来中国学术内部逐渐变化发展的结果,是几代学者自觉的合力。具有当代特色的、非古非西的"当代中国学术"正在出现。

我激赏傅其林此书《悖论阐释学》,因为它是"当代中国学术"运动的一个出色例证。

赵毅衡

2025 年 4 月 29 日

文学阐释的悖论

　　赵毅衡在《"新批评"文集》的"引言"中指出，新批评形成了具有矛盾性的辩证诗学观。在论述"张力论"时，他敏锐洞察其静态性之缺陷："张力论有一个很大的缺点：它是一种静止的矛盾观，它没有论及矛盾动力性发展。列宁再三指出辩证关系的要素之一是'矛盾的统一或展开'，统一的过程也就是展开。"① 赵毅衡把新批评的文学观和列宁的矛盾论结合起来的认识，蕴含着文学阐释的新形态的可能。从静止的张力论向发展的、动态的矛盾观的转型，可以深化对文学的理解，也能催生一种悖论阐释学，这是矛盾的普遍性和特殊性在文学研究领域中的彰显。毛泽东在《矛盾论》中指出："每一种社会形式和思想形式，都有它的特殊的矛盾和特殊的本质。"② 悖论阐释学的提出，是对文学阐释的矛盾性的认知，

---

　　① 赵毅衡编选：《"新批评"文集》，卞之琳等译，百花文艺出版社 2001 年版，第 55 页。

　　② 《毛泽东选集》第 1 卷，人民出版社 1991 年版，第 309 页。

是对文学阐释的复杂性的辨识，这种辨识以悖论性范畴来诊断阐释活动的矛盾、张力、对立、歧义等结构机制。在一定意义上说，文学阐释的悖论既是对文学活动的复杂性、悖论性的回应，也是对文学理解与阐释的实质性与丰富性的把握，更是对人之存在意义的可能性与有限性的追问。在文学阐释中，悖论不可能得到彻底的消解，但是每一次悖论的历史性深化与解决的尝试，皆意味着意义的深化与丰富，推动对文本的理解与阐释者自身的意义充实。阐释建立了交往的可能性，但是误解内含其中；它揭示真理性，却依赖于趣味判断；它以语言为手段彰显抽象的普遍性，然而离不开特定时空的具体性；它体现出规范性命题，而原创性又成为主导性规范。

悖论的提出

首先明确，何为文学阐释？关于此问题，答案莫衷一是，争论纷呈。我认为，文学阐释是阐释者对文学现象的体悟、理解、分析和判断及其语言对象化的一种精神性实践活动。这个定义透视出文学活动的复杂性。主要包括三个维度：阐释者、文学对象、阐释实践本身即语言对象化过程。

文学阐释是阐释者的实践活动。阐释者则是出于具体历史时空的主体。这个主体是集欣赏者、读者、文人、知识分子等身份于一身的人类个体。阐释者的身份角色并不是一个理想化的稳定个体，不能以理想读者加以限定。相反，阐释者在文学活动中，尤其在触及文学现象的过程中，可谓复杂多变，在体验性瞬间和确定性认知之间游移与滑动。这个主体不仅仅进行体验性认知、知性把控，而且在涵咏文学现象之中改变自身，在阐释活动中实现自己的人生感，获得意义的价值感。阐释者在文学阐释活动中是悖论性的存在，它在体悟对象的过程中改变自身，通过改变自身获得对对象的观照与把握。倘若把阐释者视为一般科学意义的认知主体，这是对阐释者的简单化抽离，也是对文学阐释者的误解。譬如，在 1904 年连载于《教育世界》杂志上的《〈红楼梦〉评论》中，王国维作为对《红楼梦》的阐释者，具有复杂性的、悖论性的身份，其身份并非纯客观化的个体，亦非一个掏空一切而作为现象学意义上的纯粹性主体，也不是作品所预设的"理想读者"或者"标准读者"。相反，他是一个有血有肉的生命体，是以一个独特的审美体悟进入《红楼梦》的世界的欣赏者，他也是深受叔本华、尼采、康德等德国古典审美观念影响而将之融入其中的美学家，更是一位处于断裂时代的传统知识分子以及传统文学体悟与创作的文人。

　　文学对象是文学阐释的客观对象。此客观对象也是复杂的，从而导致文学阐释的悖论性。最根本的问题是，到底什么是文学对象？看似简单的问题，要给出一个满意的答案，实则相当困难，因为这关乎对文学概念的理解，而文学概念是长期困扰文学研究者的难题。文学是客观现实的反映，抑或是情感的表达，还是特殊的语言形式，或者是读者的反应？莫衷一是，难有定论。文学概念本身如此尴尬，文学对象同样如此。列举文学对象，中国的如《诗经》、李白的《蜀道难》、苏轼的《赤壁赋》、鲁迅的《狂人日记》、莫言的《蛙》，西方的如荷马史诗《伊利亚特》、托尔斯泰的《战争与和平》、乔伊斯的《尤利西斯》、庞德的《在一个地铁车站》等等，一般没有多大异议。但是若要严格限定文学对象和非文学对象，则是比较困难的。为了避免困惑或者复杂性，文学研究者通常以经典性文本作为对象，以文学的通常理解来限定文学对象。这实则回避了文学对象的悖论性存在。

文学阐释是一种解释性实践活动，这种活动是语言对象化的过程，它最终形成一个客观化的语言文本。这个文本是复杂的，既体现了阐释对象的诸多因素，诸如对象世界的语言、形象、意义等客观因素，又充分彰显了阐释者的复杂性因素。阐释形成的文本是阐释活动的产物，是主体面对阐释对象而展开的阐释行为的产物。此产物是客观化的语言符号的呈现，一种客观的物，一种意义实践化的物，是动态化的静态性存在。如果把阐释对象视为语言文本，那么阐释形成的文本则是原文本的副文本。进一步言之，倘若把前者视为语言符号的能指，那么后者则是这种能指的所指。原文本是能指与所指的复合体，而阐释性文本作为所指包括了原文本的能指与所指。因而，阐释性文本的生成包含了复杂性和悖论性，不可能成为原文本的能指和所指的简单化延伸，而是把原文本作为整体意义的能指来审视。从语义学角度来看，阐释文本的运行机制是元语言的机制，是关于词语的词语，关于符码的符码，关于文本的文本。

可见，悖论性内涵于文学阐释之中，从根本上说这种悖论源于文学阐释的复杂性，源于文学阐释者、文学对象和阐释性文本的非确定性、多重性、幽微性。悖论性构成了文学阐释的根本特征和内在实质，构成了文学阐释与历史阐释、哲学阐释的主要区别。历史阐释的阐释者、阐释对象、阐释性文本主要是基于历史真实性，文献真伪的辨析与事实的阐释压抑了阐释者的过度情感性参与，事实认知的真理性占据主导地位；哲学阐释的阐释者、阐释对象和阐释性文本形成了从概念、判断和逻辑推理的相对稳定性与规范性，终极性的真理是其主要追求。虽然历史阐释和哲学阐释也存在阐释的悖论，但这不是根本性的。相反，文学阐释的悖论则是根本性的，也可以说是本体论意义上的。倘若历史阐释和哲学阐释把对象转化为文学对象，而忽视了对象的悖论性，那么阐释必定会遮蔽对象本身。相反，倘若它们从历史或者哲学的视野深刻把握住了文学对象的悖论性，那么阐释本身改变了阐释者，形成新的阐释性文本。这样，历史阐释、哲学阐释也就变成了文学阐释。

悖论之一：交往与误解

文学阐释的悖论具有多种维度。悖论之一是文学阐释在交往与误解之间徘徊。所谓交往，就是阐释是对阐释对象的有效沟通，是充分认同性的理解；误解则是理解的偏离或者错位。在文学阐释中，交往与误解同时存在。

一方面，文学阐释试图建构阐释者与文本及其创作者的交往。这包括两个端点，一个端点是从创作端开始，延伸到阐释者。在这条路线上，作家试图把心灵化的作品传递给阐释者，使阐释者获得对其书写行为的接受、理解、认同，从而建立情感、思想等方面的共享，形成人与人之间的情感纽带和感性认同，构建起作家视野中的精神意识共同体。兼具文学家和理论家身份的托尔斯泰指出："在自己心里唤起曾经一度体验过的感情，在唤起这种感情之后，用动作、线条、色彩、声音，以及言词所表达的形象来传达出这种感情，使别人也能体验到这同样的感情，——这就是艺术活动。艺术是这样的一项人类的活动：一个人用某种外在的标志有意识地把自己体验过的感情传达给别人，而别人为这些感情所感染，也体验到这些感情。"① 以歌德的《少年维特之烦恼》为例，作者试图以作品为媒介建立理解维特之悲剧的接受者，呼唤着超越世俗眼光并能为自由恋情努力的青年男女的情感共同体。鲁迅的小说《呐喊》仍然在唤醒铁屋中的沉睡者，以接受者的交往认同构建新的国民性。作者的积极召唤和宣誓，使阐释者得到回应、理解与认同。另一个端点是从阐释者出发，延伸到文本及其作者。在此，阐释者触及文学文本，进入文学世界，设身处地，涵咏于其中，得到情感的共鸣与思想的启迪，从而构建起阐释者与作品之间的对话关系，这种对话关系的主体是阐释者，而前一种交往路线的主体是作者。这两条路线具有重要的区别，前者是从创作的积极性构建，从无到有的交往建构；后者是从阐释者的被动性接受出发，在已有的文本对象中去积极构建交往，是在文学文本基础上的交往构建。前者的交往突出了文学

---

① ［俄］列夫·托尔斯泰：《艺术论》，丰陈宝译，人民文学出版社1958年版，第47—48页。

活动的原创性、想象性、虚构性，其交往的对象在创造过程中不免因沉醉而迷失方向，因注重内在表达而迷失交往；后者的交往具有确定性、现成性、被动性，从而因为创造性不足而被人诟病。但是两者都试图建构一种交往的认同关系，都不是个人的纯粹独白，而是在他者的视野中构建主体间性的可能。阐释的交往共同体因为触及文学对象本身而具有双重的交往性，一是阐释者与文本的交往性的构建，这是阐释者最内在的交往性，阐释者对文本的思想与情感、艺术表达进行认同性的理解，他或她受文本而同化，受文本而改变。二是阐释者之间的交往性的建构，这种交往可以形成更大范围的交往共同体，进一步为时代精神或者审美意识形态奠定结构性基础。

　　另一方面，误解是文学阐释所不能避免的。文学阐释既是交往，又是误解，从而形成悖论。不仅阐释者误解文学对象，就是作者本人也会误解自己的文学作品。一个阐释者真正进入《诗经》的文学世界了吗？其能够真正理解其中的语言、形象与意义吗？《关雎》一诗是表达"后妃之德"，还是人伦之根本，抑或男女之情诗？即使它是文学史上的经典文本，历经无数阐释者的无数次阅读与品鉴，它仍然没有得到明确的、准确的理解，可以理解的是可选择的理解，理解性交往本身只是一场误会。从根本上说，文学阐释的误解在于文学审美经验的特殊性，这种特殊性包括人类的感性维度与无意识深度。在传统的理论家看来，这种特殊性无疑是一团乱麻，难以捉摸，看似明晰而又抓不住，看似一轮圆月，以手捧之则化为乌有。古人常说，水中之月，镜中之像，雾里看花，如烟如霞，缥缥缈缈。文学审美经验的偶然性、短暂性、微妙性、蕴藉性赋予阐释以无穷的困惑与无限的魅力。这种特性在文本层面，是作者复杂性因素的具体化、语言符号化和对象化，是作者在特定时空中的独一性。也就是说，阐释对象是作者的现实的经验性存在的客体。它是在具体的时空限定中的感性实践。在创作中，作家的内在生命时间和外在生命时间是同时并存的，书写时间与生命在世的演绎融为一体。一旦收笔杀青，文本凝聚的审美经验就被客观地限定了，同时它也封闭了自身，成为独立自在的客观存在。文学阐释是对这个封闭对象的开启，重新打开已经被尘封的经验世界。无论阐释者知道创作有关的多少信息，知人论世，以意逆志，均无法恢复曾经的文学经验，无法回到创作时空的文学世界。不仅阐释者不能同化为创作时的作者身份，而且时间已经改变，空间也不同。在人类的时间流逝和空间的转移中，文学阐释必然偏离文学文本的经验。不仅阐释者不能与文本进行有效的交流，而且作者本人也难以在创作之后回到原本的审美经验。文本呈现了原初经验的某些关键因素和结构，但是在创作中文本的生成与经验的无名状态也是同时演进的，在创作中，文本的在场与不在场同时具有意义。在文学阐释的环境中，更多的是呈现文本在场的元素。可以说，文学阐释的误解是根本性的。

文学阐释是交往与误解的统一体，交往蕴含误解，误解构成文学交往的特征。交往是文学阐释的理想性设想，而误解则是事实性的必然，理想与现实并不是一致性的。这是文学阐释的悖论。卢卡奇与赫勒对交往和误解的阐释学提供了一些启示，文艺作品为交往提供了可能性，但是每一种交往同时也是一种误解。理解与误解的辩证矛盾构成生活的本体："误解与理解都是生活。解释是生活本身的一个方面，而不是它的附属物。"①

悖论之二：真理性与趣味性

文学阐释是对文学文本意义的开启，是对文学对象的真理性追求，以确定其普遍性价值，然而它又必须立足于趣味性判断之基础，从而彰显出真理性与趣味性的悖论。

真理是人们对普遍性、规律性的判断和表达。人类从诞生伊始，没有忽视对真理的追求。人类每一次历史性的进步，都离不开对真理的追求及其发现，不论是对外在自然宇宙的规律性把握，还是对人类社会及人类自身的认识，规律性的掌握对人类的生存和发展来说极为必要，否则人类会在大自然的力量中迷失方向，甚至被疾病、洪灾、地震等可怕的自然力量吞噬。文学阐释是人类获得真理的一种独特方式，也是真理显现的一个领域。它以文学对象为客观基础，探索文学的规律性的知识，追问文学本身的意义。它要揭开一层层面纱，让真谛赤裸裸地向人们敞开。对真理性的追求是文学阐释的重要意旨。但是真理性是复杂的，其真理性主要体现为两层含义。第一层含义是对文学对象本身的揭示，这意味着阐释要照亮对象，使

---

① Agnes Heller,"The Unknown Masterpiece", in *The Grandeur and Twilight of Radical Universalism*, New Brunswick, NJ: Transaction, 1990, p.223.

它如其所是地显现。文学阐释是对文学对象的本质性的发现，是在现象之后探寻规律性与必然性。如果文学对象已经如其所是地彰显在阐释者面前，阐释就没有必要了。一些古典经典诗词，明白如画，读来朗朗上口，脍炙人口，真理似乎是自明的，不需要对之加以阐释，诸如"恰似一江春水向东流""孤帆远影碧空尽"。一些经典小说更是如此，如《骆驼祥子》《魔戒》，普通的读者能够轻易地进入文学世界，能够同情祥子，也能随着佛罗多一起去愉快地冒险。但是文学的自明性只是处于对象的现象层或者有限度地自明。事实上，文学对象总是掩饰自身，遮蔽自己，它在经验性的世界与感性的故事中流淌，其流淌的河面暗藏汹涌的波澜，反射或折射自然与人类社会生活的真正面相。文学阐释则是在经验中寻找规律，在偶然中发现必然，以获得对文学现象的实质性的认知。譬如，茅盾反复阅读和分析鲁迅的小说《狂人日记》，揭示该小说所彰显的中国几千年存在的旧礼教的吃人的真相，"中国人一向自诩的精神文明第一次受到了最'无赖'的怒骂"。[①] 第二层含义是普遍认同的真理含义。阐释者对文学现象的阐释获得了普遍的认同，形成了人们的共识。普遍共识具有客观性，它竭力避免纯粹主观的偏爱与价值好恶。在文学阐释中，这种普遍的共识是极为重要的，它是建立文学阐释合法性的重要基础。第一层真理含义指向对象本身，属于认知性真理。第二层真理含义

---

① 贾亭、纪恩选编：《茅盾散文》（二），中国广播电视出版社 1995 年版，第 94 页。

指向阐释者群体，是立足于主体间性的真理，属于共识性真理。文学阐释要获得作家群体、批评家群体、公众读者、杂志编辑等场域所构建的文学界的认同，这种共识不仅在跨文化空间里延伸，而且在过去、现在、未来的历史中蔓延。其延伸的空间越大，蔓延的时间越长，其共识度就越显著，真理性也就越加显著，文学阐释的经典性也更凸显。《毛诗序》作为《诗经》阐释的经典著作之一，蕴含着普遍认同的真理性，超越了有限的时空获得广泛的肯定。在通常的情况下，这两种真理是密切联系在一起的。认知性真理也是共识性真理，共识性真理也是认知性真理。但是两者指向性是不同的，也会经常出现两者的错位。尽管如此，文学阐释的真理性确保了文学阐释存在的合理性，也说明文学阐释的理性特质。

同时，在文学阐释中，我们要看到理性的限度。恩格斯深刻地揭示了启蒙理性的悖论，18 世纪法国哲学家"把理性当做一切现存事物的唯一的裁判者……这个永恒的理性实际上不过是恰好那时正在发展成为资产者的中等市民的理想化的知性而已……由'理性的胜利'建立起来的社会制度和政治制度竟是一幅令人极度失望的讽刺画。"[1] 在他看来，纯逻辑演算存在诸多错误，定义本身也是不够充分甚至没有价值的："定义对于科学来说是没有价值的，因为它们总是不充分的。唯一真实的定义是事物本身的发展，而这已不再是定义了。"[2] 恩

---

① 《马克思恩格斯文集》第 9 卷，人民出版社 2009 年版，第 272—273 页。
② 《马克思恩格斯文集》第 9 卷，人民出版社 2009 年版，第 351 页。

格斯对理性悖论与定义悖论的洞见在文学阐释中更为突出。文学阐释的真理性是趣味判断基础上的真理性，它要依赖于阐释者个体的趣味判断。趣味判断是人们触及文学作品而发生的审美欣赏，是对文学体验的审美性体悟与品鉴。趣味判断具有较强的主观性，就如我们对食物的兴趣一样，各有不同，有的人喜欢吃辛辣，有的爱好甜食，口味难调。同样，文学阐释受制于趣味，有的人喜欢古典诗歌的蕴藉，有的人喜欢长篇小说的故事叙事，即使面对同一个文体，趣味差异也很大。就小说而言，有的人对米兰·昆德拉的《不能承受的生命之轻》持有浓厚的兴趣，而有的人对罗琳的《哈利·波特》爱不释手。趣味的差异性不仅体现在阐释对象的选择方面，侧重不同领域不同类型的文学现象加以阐释，而且体现在趣味判断的细微程度和理解的深度方面，从而形成文学阐释的差异性与主观性。没有趣味判断的文学阐释是没有文学的阐释。甚至可以说，没有审美趣味的阐释根本就不是文学阐释。趣味判断是阐释者的审美能力、审美经验的彰显。要进行文学阐释，人们需要具有审美能力，甚至具有超常的审美能力，需要对文学现象保持敏锐性，体悟细腻，感受丰富。阐释者接触作品，则为作品所激发，就如作者为其所创作的对象所激发一样。如果说文学现象是感性的、丰富的、细腻的，那么阐释者也必须以丰富的感性进入文学对象之中。一些代表性的文学阐释凝练了阐释者的趣味判断，彰显阐释者对文学作品的审美趣味。趣味判断是主观性的、个体性的、感性的，是对象向阐释者敞开也是阐释者向对象敞开而形成的审美性观照。趣味判断是集中于文学对象自身而形成的鉴赏判断。不同的阐释者针对同一种文学现象，会构成不同的趣味判断。

文学阐释一方面追求普遍性的真理，获得文学作品的内在意义，把握文学的普遍性规律，获得客观性的共识认同；另一方面这种真理性要借助于阐释者的主观性的鉴赏判断，不能脱离主观趣味而存在。前者是客观性的追求，后者是主观性的凝神观照，文学阐释具有这两者构成的悖论性结构。

悖论之三：抽象性与具体性

文学是语言的艺术，文学阐释始终离不开语言符号的媒介性与形式性。对语言本身的深入考察是解开文学阐释之秘密的关键点。在语言层面，文学阐释的悖论也浮现了出来。一方面文学阐释追求语言的抽象性，另一方面它纠缠于对象语言的具体性之中。阐释语言在抽象性与具体性之间产生巨大的张力。

语言的悖论性在文学领域极为突出地表现出来，甚至被认为是文学的根本特征。文学以语言为媒介进行思想情感的表达，也以语言作为根本的存在方式，因而语言是媒介性、形式构成性与存在方式的统一。同时，文学语言是抽象性与具体性的张力表达。作家在创作过程中，并不是先有灵感之激发，思想的启悟，情感的喷涌，然后就以语言加以形式表达，从内到外顺势顺时而构成。相反，伟大的文学创作是无数次的挣扎与搏斗，其中在语言方面的艰难选择最为重要。这是充满悖论和张力的选择，是语言悖论的实践活动。从根本上说，这来自于文学语言的悖论性。日常语言也是有悖论性的，一方面作为媒介手段，可以普遍使用，具有固定的抽象意义；另一方面它始终指向现实性、特殊性和具体性，能指与具体所指、现实语境自然结合在一起。日常语言包含着抽象性与具体性相互对立的结构。在文学文本中，语言的悖论性被提升到更纯粹的、更显著的层面。它作为一个独立的符号形式存在，抽象性、普遍性得到强化，语言符号的概念性、形式性横跨无限的历史时空。就"云破月来花弄影"而言，只要能够识汉字，就可以理解"云""破""月""来""花""弄""影"七个字的意义，获得语言的认知意义。不仅中国人能够理解，学习了汉语的外国人也能够把握这些字的意义，甚至可以翻译为不同的语言，其基本意义也是可以延伸的。这是语言符号的普遍性所带来的抽象性，可以具有普遍的形式规律性。但是文学语言又是具体的语言，它具有此时此地的语境性，具有具体的形象性、世界性。这里的"云"是词人张先所观照下的"云"。在张先眼里或者世界中，这是他自己唯一所见所感所想的云，这是词人之忧愁的云。"云"是悖论性的存在，一方面要作为名词，本身即概念，是对所有飘浮于空中的水滴、水晶性物质的命名，是对所有烟、雾的区分，是对云及非云事物的根本性差异的认知；另一方面它似乎只是"我"眼前的一片云，它只属于一个特定的时空。倘若时空变了，那片云则不在，即使云还在，也是一片新的云。如此，即使我们认识汉字"云"，则可能不懂张先眼中的"云"，就整句"云破月来花弄影"的理解来说，无疑就更困难了。这是文学语言的悖论性。

文学阐释具有文学语言的悖论性。这在阐释的语言方面颇为明显。文学阐释的语言是关于文学语言的语言，如前所述，实则是一种元语言的运行机制。一方面，这种语言在阐释文本层面具有抽象性。一般来说，它的概念是确定的，判断是清晰的，分析论述是具有逻辑性的。就此而言，文学阐释的语言与哲学的语言、社会科学的语言类似，它追求对文学作品本身的意义的探索，发掘具有普遍性的真理。这种阐释语言的普遍性还可以进一步向科学的精确性与真理的普遍性延伸，甚至可以进行普遍形式化的归纳和演绎，获得纯粹性的抽象性形式。譬如格雷马斯的矩阵图式，普罗普的民间故事形态学，雅各布森的隐喻与转喻，新批评的细读，伽达默尔的交往阐释学，热奈特的故事话语模式，诸如此类，不一而足。这些形态甚至可以以数学的精确表达式来体现。文学阐释的语言的抽象性是走向科学性与普遍性的体现，是真理性的价值追求。可以说，文学阐释的语言更好地张扬了语言的抽象性和概念性，是文学向理论方面的演进，也是向哲学根本性问题的演进。

另一方面，文学阐释不可能达到纯粹的抽象性，具体性内含于其中。哲学是完全可以得到抽象性的，虽然大多哲学并不追求完全的抽象性。譬如科学哲学、逻辑哲学，它们可以达到数学论证的抽象性，甚至以数学符号进行演绎，从而获得一个普遍的抽象性的结论。文学阐释的语言在抽象性的演进中始终牵挂着具体性。这种具体性表现在三个维度：一是文学阐释涉及文学现象的语言。文学语言是悖论性的语言，文学阐释是关于悖论性的语言的语言，从逻辑上其不能根除悖论，因为文学的语言的悖论性不能在文学阐释层面彻底避免。譬如，王国维之阐释曰："'云破月来花弄影'，著一'弄'字，而境界全出矣"。[①] 这种阐释语言是对诗性语言的真理性表达，但是"弄"字仍然在阐释文本之中，如果"弄"是悖论性存在，王国维的阐释语言也不可能解决这个悖论，虽是让悖论性呈现为真理性，但是悖论性仍然在其中。二是文学阐释的语言总是关乎着文学现象，总离不开文学现象的特殊性和具体性。它说明、描述文学对象世界。对小说而言要呈现作品的故事、环境、人物。如果不直接呈现，则需要以凝练的语言加以概述，这种概述是对小说世界的浓缩，是具有文学性的浓缩；对诗歌而言，文学阐释要呈现相对静态的意象、意境、情愫，往往凝聚着文本的情感性；对戏剧文学而言，文学阐释关注着对话的激烈冲突，展示作品的戏剧性。阐释往往受到对象的限制与规约，文学对象的文本性特征、文学结构性与审美经验的差异性制约着文学阐释的语言选择与表达。三是文学阐释的语言同时凝聚阐释者的审美经验的独特性。阐释者的语言凝聚了对对象的感性体悟，是对象的文学性和价值性的提炼。文学阐释不同于其他类型的阐释，是因为它包含着阐释者的审美经验，这种经验既受到阐释对象的影响和制约，同时也具有阐释者自己的审美感悟、审美想象和审美激发，从而使得审美经验成为阐释的起点和激发因素，也奠定着整个阐释过程的发展、演变与抽象。也就是说，无论文学阐释如何抽象，它的内核具有具体性，它看似不断脱

---

① 王静安：《人间词话》，朴社印行 1926 年版，第 3—4 页。

离文本对象向普遍性和抽象性接近，但是每一次接近似乎都是具体性的。当一个阐释者宣称对一个文学文本获得了纯粹的普遍性结论时，那么此阐释者已经偏离了文学和文学阐释。

因此，文学阐释的语言游离于普遍性与具体性之间，其语言类似文学语言，不能避免悖论性。虽然如此，但是阐释语言与文学语言毕竟是两种不同形态的悖论。文学语言的悖论更为显著，更能够为读者所感受到，由于其感性的强烈给读者留下难以忘记的印记，而文学阐释的悖论相对而言则不易引起关注，因为它的文学性减弱，阐释的目的性增强，理性因素得到凸显。

悖论之四：规范性与原创性

文学阐释的悖论还表现在规范性与原创性之间。一方面文学阐释总是处于规范性之中，另一方面它必须具有原创性。可以说，它是戴着镣铐跳舞。

规范性是文学阐释的显著特征。这种规范性主要体现在四个维度：一是阐释总是受到对象的制约，没有文学对象的阐释，则不是文学阐释；游离文学对象之外的阐释，也不是真正意义的文学阐释。因此，文学阐释总是要涉及文学的对象，这种关涉性、关系性、关联性是文学阐释的规则，这可以说是内在的规则。二是文学阐释涉及文学的规则。虽然关于文学的本质或实质的争论在中西文学史上有悠久的历史，尤其在现当代显得特别激烈，但是在相对长的历史时段和具体的社会历史文化语境中，文学规则是存在的，它潜在地在文学活动中发挥着

定向性的作用，也支配着文学阐释。钟嵘的《诗品》对近 500
年的五言诗进行品鉴，其文学阐释遵循着齐、梁间的文学规
范，其对曹植诗歌的分析判断离不开当时的文学规范，譬如文
质观、言意观等。三是文学阐释的价值规范。文学在人类社会
具有重要的价值，它作为精神性的心灵活动，在很大程度上代
表着一种价值规范，既表达人们的精神追求，又慰藉心灵。在
具体的文学作品中，价值规范更清晰地在审美价值、道德价
值、宗教价值等方面表现出来。文学阐释与文学作品一样，同
样体现出价值追求，相比之下它更有意识、更有逻辑地挖掘价
值规范，表达价值规范，构建价值规范。在朱熹和胡适对
《诗经》的阐释中，阐释的价值规范性不仅很突出，而且具有
明显的差别。前者受到孔子的儒家思想价值规范的制约，后者
受到现代性、科学性与自由民主价值的影响。朱熹对《国风》
中《周南》之阐释，以文王之德风为根本遵循，《关雎》中君
子即为周文王，淑女则是未出嫁给文王之前的大姒，因而此诗
虽着眼于淑女与君子，却昭示着"修身齐家治国平天下"① 的
家国情志。在论及"《诗经》的解释"时，胡适指出："《诗
经》到了汉朝，真变成了一部经典。《诗经》里面描写的那些
男女恋爱的事体，在那班道学先生看起来，似乎不大雅观，于
是对这些自然的有生命的文学不得不另加种种附会的解释。"②
两者阐释的规范极为明显，遵循着不同的伦理政治规范。四是

---

① （宋）朱熹集注：《诗集传》，上海古籍出版社 1980 年版，第 1 页。
② 《胡适论名著》，文化艺术出版社 2012 年版，第 3 页。

文学阐释体现出审美意识形态的规范性。阐释者如何阐释一部文学作品，从文学作品中悟出什么内容，关注的哪些焦点，提出哪些问题，深刻地受到时代精神、审美风尚、政治权力、意识形态等因素的影响。阐释者有意识或无意识地回应着所处的社会历史的情感结构与政治无意识，因而文学阐释具有鲜明的意识形态性。阐释对象的选择也是具有审美意识形态性的，一些文本被沉入历史之河底，无人问津，而一些边缘文本则涌向关注的焦点，譬如一些原生态写作、民间写作等，从文学界和社会历史空间来看这都具有鲜明的规范性。

　　但是，规范性不能完全支配文学阐释。文学阐释在规范性中体现出原创性，它是对原文本的发现和创新。这样，规范性和原创性构成悖论性的张力。第一，文学阐释之所以必要，在于它把原文本打开，使之敞开，这种打开和敞开，用海德格尔的话来说就是"去蔽"，让对象如其所是地呈现。如果一个文学对象已经本真性地呈现，那么阐释则是多余的，它没有任何价值和意义，也不会引起人们的关注。其实不然。文学作品不可能完全自明，它的内蕴需要不断接近，多次加以分析、阐释、判断，把被遮蔽的世界彰显出来，这本身是原创。第二，阐释开启的方向、路径是多样化的，并不存在唯一的、统一的路径。王朝闻所言的一千个读者就有一千个王熙凤，意味着文学阅读和阐释的无限多的可能性。在《论凤姐》一书中，王朝闻认识到："'满纸荒唐言，一把辛酸泪。都云作者痴，谁解其中味。'这是《红楼梦》第一回里的四句韵文。它可当成作者的自谦与自负之词来读，也可当成作者对某些读者的抱怨和期望来读。不管如何，它分明表露了读者与作者之间存在着不易克服的矛盾。"① 文学对象的丰富性与复杂性，必然带来阐释的方向和路径的原创性，文学经典历经众多阐释依然散播着新的光芒和意义，继续召唤着新的阐释者。第三，文学阐释包含着阐释者的再创造。阐释总是人的阐释，它往往是人文学者的阐释。这些阐释者对文学持有浓厚的兴致，具有丰富的情感性与文学悟性，也具有较为广泛的文学的审美经验史。文学阐释是对文学现象的探索，把其中的文学世界更真实地揭示出来，把隐蔽的意义挖掘出来，把审美形式的创新更清晰地辨析出来，这本身就是原创，体现了阐释者的文学感悟能力、社会洞察能力、知识生产能力、思想判断能力。阐释者不仅追求对象本身的再现，更在于发现、挖掘、创新，不断获得新的意义的价值感和存在感。第四，从社会功能来看，文学阐释以其原创性获得价值和作用。一种文学阐释在社会历史空间中的地位需要通过差异性的原创来确定。在文学史中，但凡占据重要位置的阐释皆是在规范性基础上的创新性阐释，否则它就只是述而不作，只是在有限的时空中传承，随时间而沉入历史，被创新性阐释所遮蔽和忽略。没有创新的阐释则是千篇一律、拾人牙慧，最终还会被大众所唾弃，被排斥于文学制度之外。文学阐释的原创性，在某种程度上可以与文学创作的原创性相媲美。因此，如果说文学阐释奠基于规范性的文学制度，那么这个制度本身则要以原创性来夯实。

---

① 王朝闻:《论凤姐》，百花文艺出版社 1980 年版，第 1 页。

　　综上所述，文学阐释具有显著的悖论性，悖论性难以避免，无法根除，这是文学和文学阐释的特殊性、实质性的体现。张江近年对当代中国阐释学的建构，从中西阐释智慧中，已经看到阐释中的悖论，这突出表现为阐释的有限与无限之间的张力。他指出，阐释的开放与收敛、有限与无限，一直是阐释实践及理论发展中永远争论不休的重大问题。他认为："阐释是开放的，同时也是收敛。阐释因开放而无限，因有限而收敛。作为一对相互依存的共轭变量，两者之间是相互包含、相互决定的积极关系，而非相互否定、相互排斥的消极关系。开放与收敛平衡，无限与有限相融，无限在有限中展开，有限约束界定无限。"① 张江试图以公共理性建基的公共阐释来平衡阐释有限与无限之间的悖论，理据较为充分，但是悖论仍然不能避免。文学阐释的悖论来自文学领域的复杂性和矛盾性。文学领域以言、象、意为核心有意识无意识地凝聚着人类的社会、历史、政治、经济、宗教等所有维度，可以细微到瞬间之思绪，也可以宏大到漫长的历史与茫茫的宇宙，它可以沉醉于点滴意象，也可以直抵生命之真谛。这又涉及文学阐释者的有限性。阐释者作为文学现象的理解者、判断者和探索者，拘囿于人之存在的限度。阐释者作为人的存在，是理性的动物，也是感性的、自然的、社会的存在者，其生命时间是有限度的。一方面阐释者竭力追问共同交往性、普遍真理性、语言形式的规律性以及

----

　　① 张江：《论阐释的有限与无限——从 π 到正态分布的说明》，《探索与争鸣》2019 年第 10 期。

规范性基础，另一方面这些追问又是时间性的、空间性的，充满误解、主观趣味性、具体性和原创性，难以获得逻辑与历史的有效统一。文学阐释的悖论回应当代复杂的结构形态。当代社会是一个越来越复杂的系统结构，历经了现代性的宏大叙事，也充分审视后现代的差异性，科学技术与人文经验相互交织，现实与虚拟彼此渗透。随着大数据、人工智能和脑科学的深入研究，人们对于人类的思维、意识、心灵进行了更加深入有效的探索，更加深入地认识到人类最神秘的文学艺术创作与生产机制的复杂性。恩格斯深刻地指出："生命首先正是在于：生物在每一瞬间是它自身，同时又是别的东西。所以，生命也是存在于物体和过程本身中的不断地自行产生并自行解决的矛盾；矛盾一停止，生命也就停止，死亡就到来。"① 人类历史与个体生命的矛盾的普遍性与特殊性孕育了文学阐释的悖论性及其必然性。文学阐释的悖论并不意味着阐释的困惑或漩涡，而是在悖论中发现意义，在矛盾中寻觅生机，在张力中传承革新，这是蕴含着历史冲突和生命强力的精神实践活动，彰显文学的力量和阐释的价值。因此，阐释的悖论孕育着悖论阐释学，这种阐释学是文学性的阐释学，是包含人的存在性限度与人类的历史性限度的阐释学，是蕴含复杂性因素和丰富性意义的阐释学。

---

① 《马克思恩格斯文集》第 9 卷，人民出版社 2009 年版，第 127 页。

第一章

文学阐释学的基本形态

悖论阐释学是建立在已有阐释学理论基础之上的。对已有的阐释学形态的探索，可以见出悖论阐释学的重要性。文学阐释学是人文社会科学阐释学的基础，在历史发展中形成了文学注释学、普遍阐释学、现象学阐释学、批判阐释学、后现代阐释学等形态。当代中国阐释学在此基础上进一步提出"强制阐释""公共阐释"等新概念，并引起学界热烈的论辩，推动了阐释学的新发展。

文学阐释学作为阐释学的重要分支，历史悠久，纷繁复杂，形态多样。它作为对文本理解与解释的艺术，对文学研究乃至人文学科的发展演进作出了独特的贡献，参与到文学的基本问题的思考，影响到文学批评的进程，涉及到文学史的书写。其基本形态可以区别为文学注释学、普遍阐释学、现象学阐释学、批判阐释学、后现代阐释学等类型。这透视出文学阐释学的多元性。这些形态既具有历史发展的阶段性，也具有共时存在的当代性。梳理这些基本形态，可以探测文学阐释学的已有基础与未来新的可能性，总结历史可以更清楚地窥见未来。

第一节　文学注释学

文学注释学是文学阐释学的原初形态，也是文学阐释学的基础性形态，可以称之为语文学或者语义学模式。它成为文史哲的经典性阐释学形态，在当代仍然具有生机与活力。它主要关注文本的注解与注疏，是集中于语义学的阐释学。塔尔斯基指出："语义学是一门严肃而谦逊的学科，它没有那种要成为专治人类一切想象的或真实的疾病的万能良药的抱负。在语义学中你不能为蛀牙或者壮丽的梦幻或者阶级斗争找到任何药方，语义学也不是一种要证明除你和你的朋友以外所有的人都在说胡话的装置。"① 这门严肃而谦虚的学科奠定了文学注释学的基础。阐释学在中西都具有悠久的历史，它的来由得名于传递神的信息的神使赫尔墨斯（Hermes）。阐释者把信息加以解释，并进行传达，这种解释与传达实质上是对语言文本的注解。在中国，文学注释学体现为对经典的神圣的符号信息的注释，其历史亦可追溯到远古时代，伏羲对河图洛书的符号理解是中国文学阐释学的重要源头之一。

文学注释学所阐释的对象是具有神秘性的符号信息，主要

---

① ［波兰］A. 塔尔斯基：《语义性真理概念和语义学的基础》，［美］A. P. 马蒂尼奇编：《语言哲学》，牟博等译，商务印书馆1998年版，第87页。

是经典性的语言符号。保罗·利科指出，阐释学企图研究的第一个领域无疑"是语言，尤其是文字语言"。① 在他看来，这种特殊阐释学包括关于经典文本（主要是希腊—拉丁古代经典）的古典语文学和关于圣经文本的注释学。文学注释学不仅仅涉及西方的传统，而且关注非西方的经典语言文本对象，尤其关注具有悠久历史和丰富实践成果的中国文学注释学。日常语言作为人类生活与社会交流的媒介，在人们之间本身能够被理解，而且能够进行信息传递，在某种意义上不需要阐释。但是在人类社会早期，随着文字符号的出现，语言与符号的结合，超越了时间的当下性，文字符号化的语言获得了其存在的独立性、超越历史性与现实性。原初的语言信息的意义日益变得陌生，难以理解，阐释成为必然。譬如《周易》中由阴爻与阳爻交相叠加而成的八卦、六十四卦，这些卦代表何物，传递何种意义，人们难以准确地把握。在人类文明史上，我们不难找到不同民族类似的早期的经典符号文本。这些文本语言符号数量有限，时间久远，内涵丰富，比如"元""亨""利""贞"之类的语词。

　　就参与阐释的主体来说，文学注释学对解释者在语言信息的知识与能力的掌握方面的要求极高，要能熟悉经典文本的语言，尤其懂得语言符号。就如阿斯特所言："对古代作品的理解也以古老语言的知识为前提。"② 这需要阐释者长期的语言

---

① ［法］保罗·利科尔：《诠释学的任务》，洪汉鼎主编：《理解与解释：诠释学经典文选》，东方出版社 2001 年版，第 410 页。

② ［德］弗里德里希·阿斯特：《诠释学》，洪汉鼎主编：《理解与解释：诠释学经典文选》，东方出版社 2001 年版，第 5 页。

积淀与反复的琢磨推敲。如对《尚书》的注疏，则要熟知《尔雅》，否则不可进行阐释活动，原典信息不能敞开，更不可谈及传达。在中国古代，对经典的注疏成为学问的主流之一，相关著述硕果累累，构成了文学注释学的重要内容。在西方也是如此，对古希腊经典文本的注释是接连不断的，柏拉图文本和亚里士多德文本产生了许多阐释作品。荷马文本的阐释更为流行，狄尔泰指出："在希腊启蒙时代，凡讲希腊语的地方，都流行对荷马和其他诗人进行解释和考证的理智游戏。"①在当代，文学注释学仍在延续和创新，人们面对过去久远的艰涩语言构筑的文本符号，理解存在着巨大的困惑。尽管从事的人越来越少，甚至成为冷门绝学，但是不可或缺，譬如对甲骨文的辨识。在某些领域，对有限文本某个注释的推进，极大地影响文学观念的定位。在普遍的意义上，文本的注释也是需要的，因为随着时间的流逝，曾经熟悉的文本变得陌生，成为离我们越来越远的传统或者他者，如中国现代文学文本以前基本不需要注释，但是现在越来越需要。一般来说，时间越久远，对注释者的要求越高。当然，现代文学文本有复杂化、陌生化的倾向，尤其是对现代主义文本的注释，譬如对乔伊斯的《尤利西斯》的注释比巴尔扎克的《人间喜剧》要求高得多。

　　文学注释学的目标是解释文本语言的意义。注释者通过音形义与语法规则、历史文化语境的辨析弄清楚词语的内涵、句

---

　　① ［德］威尔海姆·狄尔泰：《诠释学的起源》，洪汉鼎主编：《理解与解释：诠释学经典文选》，东方出版社 2001 年版，第 78 页。

子的意义、语篇的意图，因此主要涉及语言学的能指与所指。也就是说，把文本的原初意义弄清楚，表达明白，即是敞开隐蔽的或者不理解的意义。范文澜对《文心雕龙》"原道"之"道"的注释如下："彦和所称之道，自指圣贤之大道而言，故篇后承以《徵圣》《宗经》二篇，义旨甚明，与空言文以载道者殊途。"① 这种从文本语词到语篇的意旨的阐明，是文学注释学的根本任务，也是文学阐释学的基础。可以说，没有语义学的阐释基础，文学理解与解释是不可能进行的。在对文本意义的阐释中，对原义的追求是根本旨趣，这包含着阐释者对文本意义的遵从与顺应，阐释者与文本的关系是由文本决定的。这是对传统、圣贤的意旨的言说与传达，阐释者的主体性与创造性在很大程度上受到限制。阐释者的一切能力、理性智慧与方法路径都聚焦于经典原义的显明与内在连贯。

第二节　普遍阐释学

文学注释学主要依附于语言文本的阐明，重在文学注释实践，较少在理论本身加以建构，主要因为它较为原初，也较为基础，似乎是文学阐释学的自明之事。但是这种形态奠定了所有文学阐释学的基础。可以说，现代的文学阐释学形态都与之联系。西方学者一般认为，注释学属于特殊阐释学或者局部阐

---

① （南朝梁）刘勰著，范文澜注：《文心雕龙注》，人民文学出版社 1958 年版，第 4 页。

释学，而以阿斯特（Friedrich Ast）、施莱尔马赫和狄尔泰为代
表的阐释学属于普遍阐释学。我认为把注释学作为特殊阐释学
是不确切的，因为它本身是文学阐释学的范围。之所以提出普
遍阐释学，这是针对更为普遍的知识学尤其精神科学或者哲学
而言的。如果用赫勒（Agnes Heller）的历史意识概念来理解，
文学的普遍阐释学是基于现代普遍性的历史意识的阐释学，具
有鲜明宏大叙事的现代性特征。

19 世纪是普遍阐释学的黄金时代。德国思想家不约而同
地提出阐释学的普遍性诉求与普遍性原则，我们可以将其归属
为浪漫主义阐释学。阿斯特在 1808 年出版了《语法学、阐释
学和批评学基础》（*Grundlinie der Grammatik，Hermeneutik und
Kritik*）一书，此书提出以精神、生命等概念奠定阐释学的普
遍性基础，建立阐释学的艺术系统规则。他认为："一切行动都
有从其自己本质而来的它自己的方式和方法；每一生命行动都
有它自己的原则，如果没有原则的指导，它将使自己失落在不
定的方向之中。当我们从我们自己的精神世界和物理世界进入
一个陌生的世界，而在这世界中，没有熟悉的精神（Genius）
在指导我们的不确切的步骤或给予我们不定的努力以方向时，
这些原则将成为最迫切需要的。如果我们自己能够构造这些原
则，那么我们将——虽然只是逐渐地和困难地——领悟陌生现
象，理解陌生精神的世界和推测它们的深层意义。"① 这表明，

---

① ［德］弗里德里希·阿斯特：《诠释学》，洪汉鼎主编：《理解与解释：诠
释学经典文选》，东方出版社 2001 年版，第 1 页。

阿斯特试图构造基本原则，以通达对人类行动与深层意义的理解，领悟陌生精神世界及其意义。这不仅囿于语言文本与母语文本，而且涉及人类普遍的行为与现象及其深层意义的理解。为了确立这种有效性原则，阿斯特构建了精神的统一性与普遍性，因为精神建立"更高的无限的统一，一切生命的核心，这是不为任何边缘所束缚的"，"所有生命都是精神，没有精神就没有生命，没有存在，甚至没有感官世界"。[①] 作为语文学的文学阐释学就不再属于特殊阐释学的领域，而是建立了语文学与精神、生命的内在关联性，获得了更为普遍的意义。语文学教育的目的就是"使精神脱离短暂的偶然的和主观的东西，并授予那种对于更高的和纯粹的人类，对于人道主义（humanitarianism）是本质的原始性和普遍性，以致他可以理解真、善、美的一切形式和表现，即使那是陌生的，通过转换使它进入自己的本性，而与原始的纯粹的精神再度统一，这种精神只是由于他的时代、教育和环境的限制他才离开了的"。[②] 这种关于文学阐释学的表述无疑是激动人心的，对纯粹性、普遍性与统一性的凸显包含着浪漫主义想象的无限性与人类精神的包容性。语言成为精神的表现，对语言的理解具体化为对文本的内容与形式的理解。阿斯特认为，对古代作者的理解有三种：一是历史的理解，涉及作品的内容；二是语法的理解，关

---

① ［德］弗里德里希·阿斯特：《诠释学》，洪汉鼎主编：《理解与解释：诠释学经典文选》，东方出版社 2001 年版，第 2 页。

② ［德］弗里德里希·阿斯特：《诠释学》，洪汉鼎主编：《理解与解释：诠释学经典文选》，东方出版社 2001 年版，第 3 页。

涉作品的形式或语言和讲话方式；三是精神的理解，涉及个别
作者和古代整体的精神。只有精神的理解是真正的理解，因为
它把历史的理解和语法的理解融合为一种核心的生命，把内容
与形式融合为精神性的生命。譬如，品达的作品在内容、形式
和精神层面体现出一位真正的古代诗人，向我们揭示了一切古
代的精神。他庆颂的体育运动竞赛和纯洁的表现形式、韵律，
在我们心中唤起了真正古典世界的光荣形象，揭示出人不仅在
内心培养了高贵的情感和值得赞美的情感，而且乐于为祖国及
其神灵作出伟大的英雄业绩。品达的诗歌以独特的方式与整个
古典精神建立了普遍的联系。阿斯特探索了文学阐释学的具体
程序，不仅确立了整体与个别的循环关系，而且明确提出解释
的三要素即文字、意义、精神。在他看来，文字的阐释学就是
对个别的语词和内容的解释，意义的阐释学是对段落关系中的
意味性的介绍，精神的阐释学是对文本整体性的更高的关系的
解释，也就是对于处于和谐统一之中的文字和意义的完美无缺
的内涵的解释，对作品的真正的生命的解释。如果说文学注释
学主要集中于文字和意义层面，那么阿斯特的普遍阐释学则是
基于精神生命的文学阐释学，是一种具有哲学素养的文学阐
释学。

　　施莱尔马赫对普遍阐释学的贡献在于更为系统地确立普遍
阐释学的方法论与规范性原则，创建了基于科学的认识论基础
上的文学阐释学，有意识地超越特殊阐释学。他明确提出普遍
阐释学的诸原理。他强调理解的精确性的东西才属于阐释学，
阐释学必须立足于正确使用注释。对他来说，历史诠释学的任

务是严格的理解，就是基于文本原义的整体性理解，因此解释的普遍性原则是关注的焦点，这些原则力图避免误解或肤浅的理解，也避免读者的附加性理解。在一系列避免理解困境的普遍阐释学原则中，施莱尔马赫强调语言用法原则，要培养对比喻理解的能力，要重视词汇学历史，要求阐释者努力成为文本所期待的直接读者。这些原则的建立是确立作为普遍阐释学的艺术："诠释学的艺术就是知道在何处一个应当给另一个让路。"① 这表明，施莱尔马赫试图建构作为语言艺术的普遍阐释学。他把阐释学与修辞学、辩证法密切联系起来，因为言语是思想共同性的媒介，所以"修辞学和阐释学融于一体，且与辩证法有着相同的关系"。② 他通过语法解释和心理解释的程序性规则的系统建立，提出领会作品统一性以及写作结构主要特征的普遍视野（general overview），这无疑是作为认识论与方法论的普遍阐释学的重要推进。语言解释基于两种规范：第一，在既定表达中的一切东西只能通过语言域（language area）加以确定，这种语言域对于作者和他最初的接受者是相同的，因而语境对于表达的确定极为重要；第二，每一个在既定点的词语意义必须根据其所属于的整体加以确定。这些规范确保了语法解释的确定性意义。心理解释是确定文本与作者的个体性、人格、环境的复杂关系从而理解文本的风格、观念和思

---

① ［德］弗里德里希·施莱尔马赫：《诠释学箴言》，洪汉鼎主编：《理解与解释：诠释学经典文选》，东方出版社 2001 年版，第 23 页。

② Schleiermacher, *Hermeneutics and Criticism*. Andrew Bowie ed. Cambridge: Cambridge University Press, 1998, p.7.

想的原则。对施莱尔马赫来说，心理解释的整个程序始终存在着不可分割的两种方法：猜测与比较，"猜测法就是把自己转变成他人，尽力直接地去理解个体性元素。比较法先是把要理解的人设想为世界性的对象，然后通过与其他相同世界中的对象的权衡比较，从而找到个体性维度。就对人的识别来说，前者是女人的优势，后者是男人的优势。"① 通过语法解释原则和心理解释原则，一个文本的"精确理解"得以可能。

可以说，施莱尔马赫达到了阿斯特更为普遍的阐释学的科学高度，这也是哲学与精神的高度。他的目标是建立普遍阐释学的科学原则。在他看来，人们对话语与文本的兴趣可以区别为历史兴趣、艺术兴趣或鉴赏兴趣和思辨兴趣。第三种兴趣即思辨兴趣才是普遍阐释学的任务，因为这源自人的精神发展的最高阶段，涉及科学兴趣和宗教兴趣。他认为："从最高级的科学兴趣出发，我们可以认识人是怎样在教化中和使用语言中而得到发展的。同样，从最高级的科学兴趣，我们可以理解人是由作为理念的人性而来的现象。这两者最紧密地被联系在一起，因为语言在人的发展中一直指导着人和伴随着人。——如果说鉴赏兴趣深化了任务，那么这一任务只有通过科学兴趣才能被彻底完成。"② 可以看出，施莱尔马赫把语文学提升到科学阐释学或者宗教阐释学的层面，也提升到哲学人类学或者普

---

① Schleiermacher, *Hermeneutics and Criticism*, Andrew Bowie ed. Cambridge：Cambridge University Press, 1998. pp.92-93.

② ［德］弗里德里希·施莱尔马赫：《阐释学演讲》，洪汉鼎主编：《理解与解释：诠释学经典文选》，东方出版社 2001 年版，第 69—70 页。

遍人性层面，这种普遍性特征与阿斯特具有同样的目的，使文学阐释学获得了哲学的普遍性的意义。按照狄尔泰的理解，施莱尔马赫的普遍阐释学是以文学阐释学为对象取得的，"在对富有生命力的文学作品创作过程的生动直观中，施莱尔马赫认识到了另一种过程的条件，这另一过程是由文字符号理解一部整体作品并由此进而理解其作者的目的和精神气质。"[①] 但是，这种普遍阐释学仍然有限度，施莱尔马赫清晰地认识到阐释规则适用于抒情诗的困难，"抒情诗人的思想运动是完全自由的，而读者始终不是抒情诗性的读者，因而他不能从诗人自己的意识来重建抒情诗。这里建立的阐释学规范立足于思想连续链条的设想，因而不能直接运用于抒情诗，因为在抒情诗这里无限制性是主导的"。[②]

狄尔泰进一步在包括文学、诗学、音乐、历史、哲学等人类精神科学意义上展开普遍阐释学的理论建构，这是立足于人的本性、历史理性以及"存在的总体性"[③]，继而从认识论角度奠定精神科学这棵知识之树的可靠性根基。在狄尔泰看来，理解是精神科学的内在合法性基础，因为只有通过理解过程，生命才得到深刻的说明。他指出："人类之所以变成了精神科学研究的主题，完全是因为存在着这种介入经验、表达和理解

---

① ［德］威尔海姆·狄尔泰：《诠释学的起源》，洪汉鼎主编：《理解与解释：诠释学经典文选》，东方出版社 2001 年版，第 87 页。

② Schleiermacher, *Hermeneutics and Criticism*, Andrew Bowie ed. Cambridge：Cambridge University Press, 1998. p.64.

③ ［德］威廉·狄尔泰：《精神科学引论》，童奇志、王海鸥译，中国城市出版社 2002 年版，第 7 页。

之间的关系。这样一来，精神科学就建立在这种关系之上了，而这种关系则为它们提供它们所特有的标准。只有当一个学科的主题，变成了我们可以通过这种建立在生命、表达和理解之间的联系之上的程序而加以理解的东西的时候，这个学科才会属于精神科学的范围。"① 就阐释学而言，狄尔泰所追问的核心问题，是个别文本的理解如何获得不同于自然科学的普遍有效性或者客观性，而这种普遍有效性是生命的意义概念。他指出，我们的行动总是以他人的理解为前提，语文学与历史科学就是把对个别事物的重新理解提升到客观性高度。这种历史意识使现代人有可能重新把握人类的整个过去："他们超出自己时代的一切界限而极目于已经过去了的文化；他们吸取了这种过去文化的力量并追享着它们的魅力；极大的幸福增长就这样对他们产生出来。如果系统的精神科学由这种对个别物的客观把握中推出普遍的合规则的关系和包罗万象的联系，那么理解（verstaendnis）和阐释（Auslegung）的过程对于这种精神科学就总是其基础。"② 在阐释学的普遍有效性原则中，文学注释学或者语文学发挥着基础性作用。狄尔泰认为，文学对理解精神生活意义具有不可估量的意义，因为只有在语言中，人的内在性才找到其完全的、无所不包的和客观可理解的表达，所以他认为阐释学的核心在于对著作中的人类此在留存物的阐释。

---

① ［德］威廉·狄尔泰：《历史中的意义》，艾彦、逸飞等译，中国城市出版社 2002 年版，第 7 页。
② ［德］威尔海姆·狄尔泰：《诠释学的起源》，洪汉鼎主编：《理解与解释：诠释学经典文选》，东方出版社 2001 年版，第 75 页。

因此，对文学作品的理解是探讨生命最大奥秘的方式。狄尔泰需要奠定整个精神科学的普遍有效性，而理解与解释就是其基本方法。理解和解释作为普遍有效性方法，汇聚了各种功能，包含了所有精神科学的真理，切入到生命本身，为人们打开了世界。狄尔泰把普遍有效性命题融入其生命哲学之中，也包括对文学文本的理解与阐释的有效性。在他看来，作品成为精神性生命的表达，理解伟大作品成为了可能："由于在伟大的作品中，一种精神性东西脱离了其创作者——诗人、艺术家和作家，于是，我们就进入了这样的一个领域；在这里欺骗停止了……作品自身是真实的、稳定的、可见的和持续的，所以，对它的艺术上有效的和确定的理解将成为可能……生命似乎在一个观察、反省和理论上无法进入的深处袒露自身。"① 狄尔泰虽然洞察到体验与理解的不确定性，但是借助于普遍有效性与客体精神的把握，在充分吸取施莱尔马赫的普遍阐释学的基础上把阐释学定位于共同性与确定性的理解与阐释，赋予了普遍阐释学更宽广的历史时代性和社会交往性："从我们呱呱坠地，我们就从这个客观精神世界获取营养。这个世界也是一个中介，通过它我们才得以理解他人及其生命表现。"② 因此，虽然文学艺术作品是想象力的精神构建，显示出不同于日常生活的奇迹，但是这种奇迹是心理活力的强有力的构想，"这种

----

① ［德］威尔海姆·狄尔泰：《对他人及其生命表现的理解》，洪汉鼎主编：《理解与解释：诠释学经典文选》，东方出版社2001年版，第95页。
② ［德］威尔海姆·狄尔泰：《对他人及其生命表现的理解》，洪汉鼎主编：《理解与解释：诠释学经典文选》，东方出版社2001年版，第97页。

强有力的构想过程通过经过整合的形式和功能的统一体，展示
人类的精神生活及其各种普遍法则"。① 因此审美感受力也是
按照精神的普遍法则发挥作用的。因此，对文学原义的理解与
阐释是可能的，意义与生命的交往是可能的，阐释共同体是可
以确立的，"理解过程可以达到最高程度的确定性"。②

　　狄尔泰通过对莱辛、歌德、诺瓦利斯、荷尔德林的文学创
作的阐释，进一步奠定了基于生命哲学的文学阐释学。在他看
来，诗艺是生命的理解与表达，是作家借助于语言、想象和形
式建构在对生命的理解中从日常生活状态提升到普遍有效性的
自律整体性王国，从而为作品的生命意义的理解与解释提供了
可能性。文学创作与接受都是基于对生命的理解。狄尔泰指
出，诗艺作品把理解者置于自由境地，提高他的生存感，"它
使他经历他本人所不能实现的渴望和生活的可能性从而使他得
到满足。它让他打开眼界看到更高更强的世界。它在这种二次
经历中让他的整个本质在一个与他相适应的、诸心理事件的过
程中活动，从乐音、节奏、感官直观性所引起的喜悦直至按照
诸事件同生活的整个宽度的关系对诸事件的最深刻的理解"。③
狄尔泰对生命理解的交往之可能性的把握，与其对莱辛的生命
理想的理解是一致的。在他看来，莱辛的杰作《智者纳旦》

---

① ［德］威廉·狄尔泰：《精神科学引论》，童奇志、王海鸥译，中国城市
出版社 2002 年版，第 147 页。

② ［德］威廉·狄尔泰：《历史中的意义》，艾彦、逸飞等译，中国城市出
版社 2002 年版，第 144 页。

③ ［德］威廉·狄尔泰：《体验与诗》，胡其鼎译，生活·读书·新知三联
书店 2003 年版，第 144 页。

表达了生命的最显著特征，就是自由的人形成共同体的可能性，个人相互接近"是通过思考——提问、答复、辩证地寻找相互理解，随后从相互理解中产生意见一致和友好这种持久的感情"。① 显然，尽管狄尔泰始终挑战形而上学的基础，但是这种心灵共同体的设想带有鲜明的浪漫主义和乌托邦的特征。事实上，狄尔泰也深刻地认识到，文学经验感受的非规则性，不可加以理性把握和语言阐释，"自从关于自然界的机械论观念崛起以来，文学一直保存着对自然界生命的伟大的感受——这种感受是神秘的，因而是无法加以说明的"。②

可见，普遍阐释学不同于文学注释学，体现了哲学的普遍性追求与客观真理性，也基于人的普遍本性。正如狄尔泰为精神科学所确定的科学内涵之一，"它们在囊括一切的逻辑体系内部都是普遍有效的"。③ 也就是说，对文本的理解涉及对精神本质与生命本质的理解，归根结底是人的科学。普遍阐释学是基于现代哲学认识论、逻辑学与理性原则的阐释学形态，体现了普遍人性，具有浪漫主义和宏大叙事特征，形成了文学阐释的普遍价值维度。这种形态在当代阐释学及其实践中是普遍存在的，譬如美国学者赫什的《解释的有效性》，从意大利阐释学家贝蒂汲取普遍规则的思想养分，其中的"固定文本"

① ［德］威廉·狄尔泰：《体验与诗》，胡其鼎译，生活·读书·新知三联书店 2003 年版，第 119 页。
② ［德］威廉·狄尔泰：《精神科学引论》，童奇志、王海鸥译，中国城市出版社 2002 年版，第 254—255 页。
③ ［德］威廉·狄尔泰：《精神科学引论》，童奇志、王海鸥译，中国城市出版社 2002 年版，第 16 页。

"原义意义""有效性"等概念仍然延续着普遍阐释学的认识论与自然科学模式，正如他本人所言，解释的关键在于"真正的知识"①，目的是挽救绝对真理。

第三节　现象学阐释学

英国马克思主义文艺理论家伊格尔顿在 1983 年的著作《文学理论导论》中把"现象学、阐释学、接受理论"作为相互关联的一章，这表明了文学阐释学在 20 世纪主要体现为现象学阐释学形态。事实上，现象学阐释学主要是在胡塞尔现象学基础上发展演变的阐释学，在德国与法国产生重要影响，主要以海德格尔、伽达默尔、利科等现象学哲学家为代表。现象学阐释学形成了不同于文学注释学、普遍阐释学的阐释学思想。如果说文学注释学主要局限于语文学领域，普遍阐释学建基于现代启蒙理性或者认识论、方法论，那么现象学阐释学则是提出本体论（ontology）或者存在论转向，它是以本体论阐释学为旨趣的文学阐释学形态。

海德格尔 1927 年的代表性著作《存在与时间》基于胡塞尔的现象学原则探索存在与此在的阐释学命题。在海德格尔看来，境缘性是生存论结构之一，而它与理解本源性地关联着，这形成了境缘性与理解的意向性结构。这种结构构成了存在的

---

① E. D. Hirsch, *Validity in Interpretation*, New Haven: Yale University Press, 1967, p.205.

基本样式："境缘性向来就有其理解，即使境缘性抑制理解。理解总是带有境缘性的理解。既然我们把带有境缘性的理解解释为基本的生存论环节，那么这也表明这种现象被理解为此在存在的基本样式。"① 此在的存在状况从本体论来说就是理解的命题，所谓理解就是此在的展开状态，涉及整个在世存在。就生存论来说，理解包含着此在之能在的存在方式。这种对此在的能在性或者可能性的展开与筹划就是理解。在海德格尔那里，作为此在展开状态的理解是此在的日常存在方式。基于此，解释获得了新的含义。解释根植于此在的理解，成为造就自身的活动，它把理解中所筹划的可能性加以整理。海德格尔指出："解释并非把某种'含义'（Bedeutung）抛到赤裸裸的现成东西上，并不是给它贴上某种价值，而是与那种世内照面的东西一起一直已经具有某种在世理解中展开的因缘关系，解释（Auslegung）无非是把这种因缘关系释放（herausgelegt）出来而已。"② 在这种意义上，因缘整体性是解释的本质基础，这涉及解释的三种结构性条件：一是解释奠基在先有之中，作为理解的占有，解释活动于有所理解地向着已经被理解了的因缘整体性去存在的过程之中；二是解释奠基于先见之中，这种先见对先有的东西进行选择切割；三是解释奠基于先把握之中，解释包含着对某种把握方式的赞同或者认可。因此任何解

①　[德] 马丁·海德格尔：《理解和解释》，洪汉鼎主编：《理解与解释：诠释学经典文选》，东方出版社 2001 年版，第 110 页。

②　[德] 马丁·海德格尔：《理解和解释》，洪汉鼎主编：《理解与解释：诠释学经典文选》，东方出版社 2001 年版，第 119 页。

释本质上是通过先有、先见和先把握起作用的，"解释从来不是对先行给定的东西所作的无前提的把握……任何解释工作之初都必然有这种先入之见。"① 同样，意义概念也不再是文本的含义或者作者的意图，而是具有存在论意义。海德格尔认为，只有此在才具有意义或者没有意义，当世内在者随着此在之在一切被揭示即被理解，这个在者就具有意义。意义根植于此在的存在论状态，根植于解释者的理解。它是理解者的展开活动中可以明确说出的东西，是此在的一种生存论性质，而不是一种依附于在者、躲在在者后面或者作为中间领域漂浮在什么地方的属性。海德格尔对理解、解释与意义以及阐释学循环进行了新的理解，将其融入此在与存在的展开的结构之中，有意识地超越认识论，建构了存在阐释学的基础。尽管海德格尔的思想发生了一些嬗变，但是其对阐释学的基本设想，对此在的时间性、语言存在的把握，仍然是现象学存在论的。他的路径是利科所说的"阐释学嫁接于现象学"的捷路："捷路是理解存在论（ontology of understanding）所取的路，它沿着海德格尔的方法进行。我之所以把这种理解存在论称之为捷路，是因为它与任何方法论的讨论截断关系，它直接把自身带到有限存在的存在论层次，以便在那里重新恢复理解，使之不再作为一种认识方式，而是作为一种存在方式。"②

① ［德］马丁·海德格尔：《理解和解释》，洪汉鼎主编：《理解与解释：诠释学经典文选》，东方出版社 2001 年版，第 120 页。

② ［法］保罗·利科尔：《存在与诠释学》，洪汉鼎主编：《理解与解释：诠释学经典文选》，东方出版社 2001 年版，第 249 页。

伽达默尔作为海德格尔的继承者，他把阐释现象学置于当代哲学的核心地位，从而更新了传统文学阐释学或者经典阐释学，系统地建构了文学现象学阐释学，也称为哲学阐释学。伽达默尔的阐释学不再是建立理解的艺术，不是提出一套规则体系或者指导精神科学的方法论程序，而是探究人的世界经验和生活实践的问题，也就是海德格尔的存在论问题。他在《真理与方法》第二版序言中明确提出："我认为海德格尔对人类此在（Dasein）的时间性分析已经令人信服地表明：理解不属于主体的行为方式，而是此在本身的存在方式。本书的'诠释学'概念正是在这种意义上使用的。它标志着此在的根本运动性，这种运动性构成此在的有限性和历史性，因而也包括此在的全部世界经验。"① 他在西方自柏拉图、亚里士多德到现代阐释学的历史视野中讨论阐释学的诸问题，形成了系统的现象学阐释理论。

伽达默尔的代表性著作《真理与方法》首先对现代美学核心概念即审美经验、审美主体性进行批判，在批判中提出新的艺术作品的理解，这是具有阐释学意义的理解，也是本体论意义的理解。伽达默尔从现象学角度理解艺术，不注重康德、席勒视野中的审美经验，而是关注真理命题。这种真理不是一致性符合论的含义，而是海德格尔的作为去蔽的真理概念。同样，艺术作品不是形式主义者所主张的一个客观的自律对象，

---

① ［德］汉斯-格奥尔格·伽达默尔：《真理与方法》上卷，洪汉鼎译，上海译文出版社 2004 年版，第 4 页。

而是具有游戏性、表演性，是具有开放性的存在。这种艺术作品的本体论把游戏视为作品本身的存在方式，这不是从创作者的立场也不是从接受者立场获得的，它摆脱了康德和席勒的游戏的审美维度，因为游戏的本质不在游戏者而是在于游戏本身，是游戏的自我显现，这是潜在的为某人的自我显现，因此向他者显现这种方向性是艺术存在的构成性元素。这种向他者的开放性具有重要的阐释学意义。伽达默尔认为，理解不是重建原文的作者意图，而是形成阐释者与阐释对象的对话，理解是面对传统对象进行的新的建构，是对存在的敞开，是此在历史性的创造性运动。他追溯海德格尔开拓的新领域，认为解释是此在现实的原初性形式，"理解是人类生活本身存在的原初性特征"。① 在海德格尔的基础上，伽达默尔对阐释经验理论元素进行具体深入的分析，涉及阐释学循环、作为理解条件的偏见、时间距离、效果历史原则等，提出了"效果历史意识""视域融合""问答逻辑"等重要概念。在他看来，理解与解释是基于效果历史意识的对话，其结构机制则是视域的构建与融合。阐释现象的逻辑就是提问与回答的结构："一个历史文本成为解释的对象，这意味着它向解释者提出了一个问题。因此解释总是关涉向解释者提出的问题。理解一个文本也就是理解这个问题。但是正如我们已经阐明的，这要通过我们获得阐释视域才能进行。我们现在把它视为问题视域，在这种问题视域之

---

① Hans-Georg Gadamer, *Truth and Method*, London: Continuum, 2004, p.250.

中，文本的意义才能得到确定。"①　人文科学的逻辑则在于此。

　　理解中的视域融合最终要依赖于语言。在伽达默尔的阐释学中，语言命题是关键点。虽然传统阐释学都论及语言的重要性，但是伽达默尔把语言提升到新的本体论的高度，从而实现阐释学从认识论、方法论到本体论的转型。从路径来看，伽达默尔如海德格尔一样试图回到日常生活领域，但是他与之不同之处，在于看到日常生活中语言的交往对话性对阐释学中的语言观的重要性。他把日常言语的理解作为阐释的基础，分析语言的机制，重建本体论阐释学的关键点。伽达默尔欣赏施莱尔马赫的论断"阐释学的一切前提不过只是语言"，据此他认为语言是阐释学经验的媒介，它使谈话得以最终发生，使某种存在的东西涌现出来。理解与语言是内在联系的，理解并不在于使某人设身处地或者换位思考，"整个理解过程乃是一种语言过程"，②　因此人们常常把理解的艺术归属于语法学和修辞学的领域："语言是人们之间进行理解和认同的媒介"。③　外语翻译具有启发性，它必须把要理解的意义置入另一个说话人所处的语境之中，因此翻译本身就是解释，就是翻译者对词语的解释。虽然这种理解的语言中介在谈话中不是一种规范，但是它要求在谈话中放弃各自独立的权威性，"谈话是达成理解的过程。因而每一次真正的谈话就是每个人向对方敞开，真正把对

---

① Hans-Georg Gadamer, *Truth and Method*, London：Continuum, 2004, p.363.

② ［德］汉斯-格奥尔格·伽达默尔：《真理与方法》下卷，洪汉鼎译，上海译文出版社 2004 年版，第 388 页。

③ Hans-Georg Gadamer, *Truth and Method*, London：Continuum, 2004, p.386.

方的视角视为有效的视角，设身处地，以至于他理解的不是特殊的个人，而是其所说的东西。"① 因此，如同翻译外语文本一样，我们对文本的解释不是复现原文的本义，而是我们基于文本内容的再创造。对读者而言，文本接受了来自另一种语言的光，从而获得新的世界与新的理解，因而忠实的翻译是不可能的，基于作者意图的解释也是不可能的。这种共同的基础是语言媒介所奠定的，没有语言的普遍性媒介，理解和解释都不可能发生。解释如同谈话，是由一问一答的辩证法所建立起来的循环。因此，理解本身是具有语言性的，理解的语言性深入到效果历史意识本身之中，形成了语言与思维意识、生命、历史的融合。在伽达默尔看来，语言是阐释对象的决定性因素，作为解释对象的流传物（tradition）具有语言特性，不仅仅就语言文本而言还是就造型艺术而言。伽达默尔充分利用对文字书写的流传物对象的分析，来建构本体论阐释学的基础。在他看来，文字书写的流传物是语言性，这对阐释学而言十分重要。这里，语言脱离了言说，化作了文字符号。通过文字书写，所有的流传物成为陌生的，在历史过程中遭遇不同的读者，不断地连接着过去与现在。读者对文本的阅读，就是克服文字符号的陌生性，建立起现在与过去的交往或者对话。不仅阐释对象具有语言性，而且阐释行为本身的决定因素也是语言。在伽达默尔看来，理解就是解释，解释意味着使解释者的前概念起作用，从而使文本的意义真正对我们言说。解释过程的语言性在

---

① Hans-Georg Gadamer, *Truth and Method*, London: Continuum, 2004, p.387.

于，我们通过解释使文本说话。因此，伽达默尔认为，语言是阐释本体论的视域。语言作为我和世界相遇的媒介，体现了人和世界的融合，它是世界的经验，是世界的视角，一种语言观就是一种世界观。如洪堡所说，一个人学习一门外语，就获得了世界观的新立场。而且，语言媒介具有思辨特征，体现了人类有限构成与历史构成，是在无限概念中的有限定位。诗歌的语言媒介与日常言语一样也是如此，"文学人物所说的词语如同日常生活的言语，均是思辨的：正如我们已经看到的，说话人通过言语表达了与存在的关系……诗性陈述本身是思辨的，因为诗性词语的语言事件表达了与存在的独特关系"。在伽达默尔看来，这是荷尔德林所称的"诗歌精神的演进模式"。[1]

可以看到，伽达默尔的阐释本体论是对海德格尔阐释学的系统化与深入推进，但是核心概念如存在、本体论、语言等范畴来自海德格尔。现象学阐释学在当代得到了重要的发展，在法国利科是重要代表。1974 年，利科在德国现象学学会上宣读了论文《现象学和阐释学》，提出"阐释现象学"。他在批判胡塞尔的唯心主义现象学基础上又回到胡塞尔的意义与意向性原点，这个原点超越了自我意识，语言符号的秩序也关乎经验结构。如果说任何阐释学关涉意义，那么"任何涉及'存在'的问题就是关于这个'存在'的意义的问题"。[2] 这正是

---

① Hans-Georg Gadamer, *Truth and Method*, London：Continuum, 2004, p.465.

② Paul Ricoeur, *Hermeneutics and the Human Sciences*：*Essays on Language, Action and Interpretation*, John B. Thompson ed. and Trans, Cambridge：Cambridge University Press, 1981, p.114.

海德格尔的《存在与时间》所涉及的。正如我们前面所述，利科把海德格尔视为阐释学嫁接现象学的捷径方式，他自己则选择漫游的方式。他从胡塞尔《逻辑研究》到海德格尔《存在与时间》发展路线的终点，创新思考存在论阐释学，用理解存在论取代理解认识论："理解不再是认识方式，而是存在方式，是那个通过理解而存在的存在方式。"① 利科深刻地认识到存在阐释学所带来的革命意义，因为找到了更为根本的本体基础，在先于数学化自然构造之前存在着一个意义领域，这个意义领域认知主体的客体性，在客体性之前存在着世界视域，从而将理解问题和真理问题带到了彻底性程度：理解变成此在"筹划"，是此在向存在的开放；真理不再是方法问题，而是显现理解性存在的问题。利科不同于海德格尔的路径就是通过语义学层次取代此在分析，通过语义分析或者说文本阐释学进入反思领域，从而达到存在领域。在他看来，语义学是对具有意指结构的象征符号的意义的分析。解释是思想的工作，它在于透视明显意义中的隐蔽意义，在于阐明暗含在文字意义中的意义层次，正是通过解释，意义的多样性被表现出来。在《活的隐喻》中，我们不难看到利科在语义学方面所探测的深度与复杂性。他在该书中指出他的路径就是"始于修辞学，经过符号学和语义学，最后到达诠释学"。② 隐喻的分析既体

---

① ［法］保罗·利科尔：《存在与诠释学》，洪汉鼎主编：《理解与解释：诠释学经典文选》，东方出版社 2001 年版，第 251 页。

② ［法］保罗·利科：《活的隐喻》，汪堂家译，上海译文出版社 2004 年版，第 1 页。

现了对修辞学的理解，也体现了对符号学和语义学的把握，但是隐喻阐释学还需要实行转换，就像从语句层次向语篇层次转换一样，在隐喻中奠定更普遍的哲学意义和现实根据："由语义学向诠释学的这种过渡在意义和指称通过全部话语而进行的联系中找到了最基本的根据，这里说的意义乃是话语的内部组织结构，而指称是涉及语言之外的现实的能力。"① 他把隐喻的理解作为阐释学的核心问题，把隐喻的理解作为对更长的文本的理解的指导基础，从文本话语内在意义的解说延伸到对涉及世界的能力的解释，"我们的工作设想因而使我们从隐喻到'意义'及其解说的文本，然后从文本到作品涉及世界和自我的隐喻，即严格解释层面的隐喻。"② 在语义层次基础上，他实现与海德格尔的汇合，通过反思实现符号理解与自我理解的桥梁，从而达到存在的领域的理解。利科不仅立足于语义学，而且进一步发展了伽达默尔所忽视的叙事命题。在三卷本《叙事与时间》中，他通过融合叙事与时间意识现象，形成一种独特的"叙事阐释学"③，从而对阐释现象学作出了突破性贡献。他认为，"叙事的统一性是对阐释学循环的诗性解决办法"，④ 通过

① ［法］保罗·利科：《活的隐喻》，汪堂家译，上海译文出版社 2004 年版，第 5 页。
② Paul Ricoeur, *Hermeneutics and the Human Sciences*：*Essays on Language, Action and Interpretation*, John B. Thompson ed. and Trans, Cambridge：Cambridge University Press, 1981, p.171.
③ John Arthos, *Hermeneutics After Ricoeur*, London：Bloomsbury Academic, 2019, p.95.
④ Paul Ricoeur, *Time and Narrative*, Vol.Ⅲ, Chicago：University of Chicago Press, 1988, p.248.

作为中介的叙事的结构机制分析，我们可以领会存在的基本意义。可以说，利科的存在阐释学是一种他称之为迂回的复杂化的阐释学，更注重对理解与解释的复杂意义机制的探索。

现象学阐释学作为 20 世纪文学阐释最重要形态之一，体现出知识话语的复杂性与深刻性，它把语言符号的意义机制与存在的本体理解，以及此在的创造性建构结合起来，实现了文学阐释学的革命，对当代文学理论与文学实践影响深远。其中，解释作为解释者与文本的交往对话的观点，激发了姚斯、伊瑟尔的阅读现象学、接受美学。

第四节　批判阐释学

上述三种阐释学是从文本理论到精神科学，再到存在意义的发展，在很大程度上与社会现实之间存在着鸿沟。尽管伽达默尔提出解释是一种实践，其阐释学也称之为实践哲学，但是这种实践哲学主要是话语实践层面，在语言事件层面，不能有效地进入社会现实的领域。正如有学者指出，当代阐释学先驱所提出的"实践阐释学"与马克思的"实践哲学"和劳动本身相去甚远。① 批判阐释学则是对这种缺陷的弥补，从而丰富了当代文学阐释学的形态。这种形态主要以哈贝马斯、赫勒、鲍曼、詹姆逊等学者所具有马克思主义特征的社会批判阐释学

---

① Domencio Jervolino, "Gadamer and Ricoeur on the Hermeneutics of Praxis", in Richard Kearney ed., *Paul Riccoeur: The Hermeneutics of Action*, London: Sage Publications, 1996, p.63.

为代表，形成了阐释学与社会理论、伦理政治的结合。在这种形态中，理解与解释不仅是意义的发现或者创造，而且本身具有社会批判的意义。批判阐释学产生于 20 世纪 60 年代中期到 70 年代初发生的阐释学与意识形态批判的论争，即伽达默尔与哈贝马斯之争，也就是利科所说的"阐释学与意识形态的批判理论之间的冲突"。① 利科认为，伽达默尔代表了传统阐释学一方，而哈贝马斯代表了意识形态批判一方。事实上，阐释学与意识形态批判能够相互渗透，形成一种利科所说的"批判阐释学"形态或者詹姆逊所提出的"马克思主义阐释学"。在利科看来，"对虚假意识的批判能够成为阐释学的有机组成部分"②。参与阐释学和意识形态批判论争的德国学者布博纳尔（Rüdiger Bubner）认为批判理论与阐释学在反思的形式特征方面存在差异，"如果批判的态度是在自我和反思的对象之间形成根本的区分，那么阐释学主要立足于与对象的调和和认同"。这种区分和调和的反思态度不是不相容的，而是并存的，"批判从来不是完全没有调和的元素，阐释理解并没有压抑所有的批判性判断"。③ 这为批判阐释学或者马克思主义阐释学奠定了基础。

---

① Paul Ricoeur, *Hermeneutics and the Human Sciences*：*Essays on Language*, *Action and Interpretation*, John B. Thompson ed. and Trans, Cambridge：Cambridge University Press, 1981, p.63.

② Paul Ricoeur, *Hermeneutics and the Human Sciences*：*Essays on Language*, *Action and Interpretation*, John B. Thompson ed. and Trans, Cambridge：Cambridge University Press, 1981, p.94.

③ Rüdiger Bubner, *Essays in Hermeneutics and Critical Theory*, Trans, Eric Matthews, New York：Columbia University Press, 1988, p.45.

　　无疑，我们可以把哈贝马斯视为批判阐释学的奠基者。他在伽达默尔的《真理与方法》出版不久，针对存在阐释学或者现象学阐释学进行批判，在批判中把阐释学纳入批判理论的视域，从而建构具有重要影响力的阐释学新形态。起点是他1965年在法兰克福大学就职演讲的文章《认识与旨趣》。这篇文章蕴含着哈贝马斯后来系统地建构交往对话理论的诸多思想元素。在他看来，胡塞尔的现象学以批判客观主义为目标，但是最终陷入客观主义的泥潭，从而脱离了认识与旨趣的有机联系的基础，陷入他自己所批判的传统理论。如果说胡塞尔现象学犯了客观主义错误，那么伽达默尔的历史—阐释学也同样如此。哈贝马斯看到，历史—阐释学研究变化不定的领域和纯粹意谓领域，也就是伽达默尔所谓的传统流传物，但是这种研究如同经验—分析科学，具有实证主义和历史主义的特征："尽管精神科学（历史—阐释学的科学）通过理解去把握它的事实，尽管精神科学对于发现普通的规律并不怎么关心，然而精神科学和经验—分析的科学却有着共同的方法意识（das Methodenbewusstsein）：用理论观点去描述结构化的现实。"①在批判现象学阐释学的基础上，哈贝马斯提出掌握对象的三种认识旨趣：技术、实践和解放。在此，他在一定程度上赞同伽达默尔《真理与方法》的一些阐释学思想。如果说技术的认识旨趣从技术把握对象化过程，有效控制活动以达到信息维护

————————

① ［德］哈贝马斯：《认识与旨趣》，洪汉鼎主编：《理解与解释：诠释学经典文选》，东方出版社2001年版，第229页。

与扩大，解放的认识旨趣在于以批判为导向的自我反思和批判虚假意识形态，那么实践的认识旨趣就包含在历史—阐释学的视域之中。哈贝马斯赞同伽达默尔的观点，即阐释学的规则规定着精神科学陈述的可能的内涵和意义，阐释学的知识总是以解释者的前理解为媒介。哈贝马斯指出，传统意义上的世界只有随着解释者自身的世界同时清晰可见时，才向解释者敞开，理解者在两个世界之间建立一种联系，但他把传统流传物运用于自己和自身的状况时，他就抓住了流传物的真实内涵。显然，这是《真理与方法》的基本观点。哈贝马斯认为："诠释学研究的主要旨趣是维护和扩大可能的、指明行为方式的谅解的主体通性，并以这种旨趣来揭示现实。对内涵的理解按其结构来说，目标是行动者在流传下来的自我认识的框架内的可能的共识。"① 这就是哈贝马斯所提出的实践的认识旨趣。哈贝马斯把这种旨趣融入他的知识系统的探究之中，定位于更为基础的日常生活与社会过程之中。属于阐释学的认识旨趣，作为人类的利益关系，受到社会化媒介的制约，融于劳动、语言和统治一体的生活世界："人类首先是在社会的劳动的和强制性的自我保护的系统中保障自身生存；其次是通过以日常语言为交往（手段），以传统为中介的共同生活，最终是借助于自我同一性来保障自身的生存；这个自我同一性在个性化的每一个

---

① ［德］哈贝马斯：《认识与旨趣》，洪汉鼎主编：《理解与解释：诠释学经典文选》，东方出版社 2001 年版，第 236—237 页。

阶段上，参照群体规范，重新巩固个人的意识。"① 自我反思的批判与独立判断都与语言联系在一起，因为随着语言结构的形成，我们进入了独立判断，随着第一个句子的形成，一种普遍的和非强制的共识的意象明确地说了出来。这是交往对话或者说理想的交往共同体得以实现的条件，但是这不仅是语言的条件，还存在着对虚假的意识形态的批判和民主自由的确立："只有在一个其成员的独立判断已经成为现实的、解放了的社会里，交往才能发展成一切人同一切人的摆脱了统治的自由的对话；我们从自由的对话中获得了相互都有教养的自我同一性的模式以及真正一致的观念。因此，陈述的真理，建立在成功的生活的预见中。"② 可以说，这些精彩的论述透视出伽达默尔对自由的独立判断的漠视以及对生活本身的漠视，也透视出现象学阐释学的保守主义，突出了哈贝马斯的批判理论的特征，即突破物化的价值规则和不明智的信仰力量，为人的自由解放建立可能性。他重新在语言与规则之间确立公共领域的合法性基础，批判社会生活中的被扭曲的公共领域与交往，去发现破坏人们真正对话与自由对话的暴力踪迹，从而推进合法化进程。

哈贝马斯的这些批判阐释学思想在《交往行动理论》中得到更为系统的论述，此书是批判阐释学的经典代表。交往行

---

① ［德］哈贝马斯：《认识与旨趣》，洪汉鼎主编：《理解与解释：诠释学经典文选》，东方出版社 2001 年版，第 240 页。

② ［德］哈贝马斯：《认识与旨趣》，洪汉鼎主编：《理解与解释：诠释学经典文选》，东方出版社 2001 年版，第 241—242 页。

动理论是基于阐释学的社会批判理论。他认为，"交往行动是以一种合作化的意义过程为基础的，在这种意义过程中，参与者同时与客观世界、社会世界和主观世界发生关系……在这里，发言者和听众把三种世界的关系体系运用作为解释的范围，在这种解释范围内，他们制定了他们行动状况的共同规定……理解意味着交往参与者对一种表达的适用性的赞同；意见一致意味着主体内部对发言者对一种表达的适用性提出的运用要求的认可。"① 这种普遍意义的交往行动理论也包括对文学的理解与阐释。他充分挖掘了米德对文艺的理解。米德认为：艺术家的任务在于发现情感不同地方可以同样表达的表达方式。抒情诗人具有与一种感情激动联系在一起的美的经验，并且作为艺术家可以运用词汇，他寻找适合他的激情的词汇，以及在其他情况下能够引起自己态度的词汇。对米德来说，"决定性的是交往的词汇，就是说，象征在一种个人那里，本身是引起与在其他个人那里相同的情况。应该对每一个人来说，都有相同的普遍性，这种普遍性应该在相同的情况下出现。"② 米德对语言象征符号的普遍性的认识对哈贝马斯来说具有启发性，可以深化对文学创新的理解，"一个寻求新的阐述的诗人，在适合的意义惯例的资料创造了他的新的作品。他必须直观地实现相应的发言者预计的态度，从而不能把他的态

---

①　［德］哈贝马斯：《交往行动理论》第二卷，洪佩郁、蔺青译，重庆出版社1994年版，第167页。

②　［德］哈贝马斯：《交往行动理论》第二卷，洪佩郁、蔺青译，重庆出版社1994年版，第21页。

度作为简单的冒犯而加以拒绝，以对付惯常的语言运用"。①
但是米德的认识还不够，哈贝马斯在维特根斯坦关于语言规则
概念、皮尔斯的普遍语用学和塞尔的言语行为理论的基础上，
进一步完善基于语言规则的交往行为理论。哈贝马斯认为：
"一旦交往的活动采取了文法语言的形式，象征性结构就渗透
了内部活动的所有组成部分，就是说，不仅实在的认识的工具
性的观点，而且不同内部活动参与者相互决定的行动的控制机
制，以及行动者连同他们的处理方法，都与语言交往相联系，
并象征性地完全结构化了。"② 这种语言性的结构化就如伽达
默尔对语言的普遍性认识一样，构成了谈话理解的规则，从而
执行人们行动合作和社会化的职能。语言的理解与交往不仅使
得意义达成一致，获得普遍共识的基础，而且成为社会形态的
内在基础。因此，借助于阐释学的路径，哈贝马斯认为，通过
话语交往，可以形成普遍的理想化的交往共同体。从根本上
说，这种基础来自于生活世界。从逻辑上有着胡塞尔的生活世
界的现象学基础，但是获得了批判理论的特征。

哈贝马斯的批判阐释学形成了当代文学阐释学的重要形态
之一，这不仅在社会科学领域具有广泛的影响力，对文学研究
领域也产生了深远的影响。这不仅因为它关注文学阐释的命
题，而且他的批判阐释学也适用于文学阐释。当然，这种文学

---

① [德] 哈贝马斯：《交往行动理论》第二卷，洪佩郁、蔺青译，重庆出版
社 1994 年版，第 21 页。
② [德] 哈贝马斯：《交往行动理论》第二卷，洪佩郁、蔺青译，重庆出版
社 1994 年版，第 83 页。

阐释学在批判阐释学内部也受到不少质疑，赫勒与鲍曼在受到哈贝马斯的影响的同时，批评了他话语理解的普遍主义模式，认为话语理解体现出多元的有限性。

马克思主义阐释学是美国文学理论家和文化理论家詹姆逊所深入研究的问题。他在宏大的知识视域与新马克思主义思想体系中提出"政治阐释学""辩证阐释学"等理论，并进行文学批评实践。他立足于黑格尔现象学和历史哲学传统，深入探讨批判理论，专研法国现象学文本以及语言命题，对马克思主义文学阐释学作出了卓越的贡献，扭转了正统马克思主义文学批评脆弱无力的印象。在 1971 年出版的著作《语言的牢笼：马克思主义与形式》中，詹姆逊提出了"马克思主义阐释学"的概念，并把本雅明、马尔库塞和布洛赫的文学辩证理论视为"马克思主义阐释学的变体"。在他看来，理解与解释的问题不仅仅是语义学和结构主义的意义阐释，而且深深地融入政治与历史之中。詹姆逊引述了法国超现实主义者布勒东的宣言表达："只有自由这个字眼仍然使我感到鼓舞"，基于此进行了政治阐释学的创建之路："有多少观念，我们可以说在理性上理解了，却忘记了它们在所有本原意义上的含义。"① 在他看来，阐释学就是复活掩盖在死亡语言层面之下的活的观念。这种复活是本原过去和我们解释者的文化中和阶级中的比较与衡量，因此过去的意象与其说发挥了过去历史的功能，不如说发

---

① ［美］费雷德里克·詹姆逊：《语言的牢笼：马克思主义与形式》，钱佼汝、李自修译，百花洲文艺出版社 2010 年版，第 75 页。

挥了阐释的功能。从传统意义看，阐释学尤其是宗教阐释学是宗教用以复原抵抗它们的文化文本和精神活动的技巧，但是它也是政治学，"提供在停滞时代革命活动的源泉保持接触的手段，在压抑的地质年代隐蔽地保持自由概念本身的手段。确实，只是自由的概念，同爱或者正义、幸福或工作等那些其他可能的概念加以比较，才证明是政治阐释学的特殊的工具，而且反过来，这个概念本身也许最宜理解成释义手段，而不得哲学的本质或观念。"① 因此，阐释学涉及自由，自由促进了政治阐释学的形成。詹姆逊认为，利科作出否定阐释学和肯定阐释学的区分，后者是利科所认可的唯一正确的阐释学，也就是宗教阐释学，试图恢复被忘却的意义，抵达生命本质之源，后者作为怀疑与否定，具有非神秘性和觉醒的意义，这是与马克思主义阐释学对意识形态和幻觉意识的批判一致的。事实上，詹姆逊试图扭转声名狼藉的阐释、解释、评论概念，面对桑塔格的《反对阐释》所提出的批评阐释的形式主义困境，提出了阐释学的新路径，也就是元评论（metacommentary）之路径，这带有鲜明的批判理论或者利科所提出的否定阐释的特征。这种阐释不注重正确解释一部作品，而是关注为什么要进行解释，涉及解释本身的合法性，"真正的解释使注意力回到历史本身，既回到作品的历史环境，也回到评论家的历史环境"。② 对詹姆

---

① ［美］费雷德里克·詹姆逊：《语言的牢笼：马克思主义与形式》，钱佼汝、李自修译，百花洲文艺出版社 2010 年版，第 76 页。

② 王逢振主编：《詹姆逊文集（第 2 卷）·批评理论和叙事阐释》，中国人民大学出版社 2004 年版，第 4 页。

逊来说，布洛赫的阐释使命就是把世界看作形象的巨大贮存库，试图揭开每一个生存瞬间的匿名状态，破译语言和作品、经验和客体下面隐约不定的意义。因此詹姆逊认为，布洛赫与马尔库塞、本雅明体现的马克思主义阐释学试图恢复文本的真实政治维度，把文本自身的内容和形式冲动理解为无法遏制的革命愿望的比喻。这些马克思主义阐释学在詹姆逊看来透视出辩证思维的逻辑，从而能够对对象进行深切而本真性的理解。他把洪堡提出的具有阐释学意义的"内部形式"纳入辩证批评之中，通过文本探测社会和历史以及意识形态的深度。

　　詹姆逊对马克思主义美学的最大贡献体现在 1981 年出版的《政治无意识》之中，提出了对文学文本进行政治解释的理论。詹姆逊认为，这种政治解释是所有阅读与解释的"绝对性视域"。他在狭义阐释学的批判性视域中扩大了文学阐释学的话语空间，把 20 世纪重要的文学流派都纳入文学阐释学的领域加以辨析，显示出马克思主义文学阐释学的对话性与知识话语的丰富性。按照他本人的话来说，马克思主义解释框架相对于伦理、心理分析、神话批评、符号学、结构主义、神学解释，就语义丰富性而言显示出优先性与不可取代性，只有马克思主义解释才能解决历史主义的困惑，挖掘过去文化的根本秘密，实现文学理论与文学历史的统一。从理论创新的角度来看，他的马克思主义阐释学或者政治阐释以辩证批评和元评论为基础，深入整合弗洛伊德阐释学、结构主义意义学和政治意识形态分析，形成了其追求的强误读（strong misreading）阐释学。詹姆逊认为："解释不是一种独立性行为，它发生于荷马笔下的战场之中，在这样的战场上，众多选择或明或暗地相互冲突。倘若实证主义关于语文学正确概念是唯一选择，那么我情愿认可目前欢呼的强误读还不是弱误读。正如中国经典所言，执柯以伐柯：在我们的语境中，其他更强的解释能够颠覆，事实上拒绝已有的解释。"① 马克思主义解释以与其他阐释学不同的目的与方式，实现阐释学的嬗变，它使人们最终认识到，"没有什么东西不是社会的和历史的——的确一切'最终'是政治的"。② 詹姆逊的政治解释在于穿过文化产品的表象，深入暴露作为社会象征符号行为的文学的政治意识形态。在此，阿尔都塞的结构主义观念是极有启发的，因为在他的结构主义中，结构概念本身作为各种在场元素的关系是不在场的，同时中介也是更为结构化和隐蔽的，而不是表面上的同构。这种结构概念与弗洛伊德阐释学是内在联系在一起的。在詹姆逊看来，心理分析是目前最有影响力和最精细的阐释系统，是真正新的原创性阐释学，其无意识、欲望、愿望满足等概念无疑促成了政治无意识概念的形成，欲望意识形态成为政治阐释学的内在基础，但政治阐释超越了弗洛伊德的个体欲望，而是如弗莱的原型批评所启发的，进入集体的社会政治层面。这样，研究的个体作品对象即文本就不是作为文学注释的有限对象，而在本质上是一种象征符号的行为，而且语言视域被延伸到社会秩序的层面，解释的对象被辩证地扩展，并以集

---

① Fredric Jameson, *The Political Unconscious*, London：Routledge, 2002, p.xiii.
② Fredric Jameson, *The Political Unconscious*, London：Routledge, 2002, p.5.

体和阶级的话语形式加以重构，最后，当达到整体历史的终极视域时，文本和意识形态元素转变为形式的意识形态，象征符号信息本身成为社会生产方式的某些痕迹或者期盼。詹姆逊具体阐释了三种解释视域或者解释阶段及其辩证发展的动力机制。第一种视域是象征符号本身，是狭义的政治或历史视域，这里意识形态不是注入到象征符号生产之中的某种东西，"审美行为本身就是意识形态，审美或者叙述形式的生产本身被视为一种意识形态行为，其功能就是对没有解决的社会矛盾寻找想象的或者形式的'解决办法'。"① 第二种视域是社会视域，涉及阶级话语的视域或者意识形态元素的视域。第三种则是作为整体的人类历史的视域，文本成为形式的意识形态，文本被转变为社会生产方式彼此角逐的力量场域。这里，历史本身成为我们人类普遍理解的限度和我们具体的文本解释的限度。有学者把詹姆逊的阐释学系统理解为政治、社会和历史三种元素。② 我认为，通过对象征符号到意识形态元素到形式的意识形态的辩证发展，政治阐释学的内在解释逻辑与程序得到了具体而合理的论证。

可以看到，詹姆逊的政治阐释学与哈贝马斯的交往阐释学具有鲜明的马克思主义特征，在解释中实现政治的愿望，表达了人类的总体性的把握权力的合法性命题。但是各自的侧重点不同，哈贝马斯关注重建公共领域与实现共同体的理想价值，

---

① Fredric Jameson, *The Political Unconscious*, London: Routledge, 2002, p.64.
② Christopher Wise, *The Marxian Hermeneutics of Fredric Jameson*, New York: Peter Lang, 1995, p.51.

而詹姆逊属于西方马克思主义者的文化革命的政治想象，带有更多的政治乌托邦色彩。不过，他们所建构的马克思主义阐释学促进了文学阐释学的重要发展，展现了马克思主义理论的强大生命力与批判创造性，因为它关注现实社会中人的命运及其改变。这可以用马克思的经典表达来说："哲学家们只是用不同的方式解释世界，问题在于改变世界。"①

第五节　后现代阐释学

在现象学阐释学和马克思主义阐释学兴盛的同时，后现代阐释学针对普遍哲学阐释学的批判应运而生，在当代文学阐释学中形成了截然不同的形态，形成了"幽灵阐释学""超越阐释学的阐释学""阐释学考古学"等不同的表达。这种阐释学以差异性、去中心化、解构的姿态颠覆了以往的阐释学形态。德里达、布鲁姆、罗蒂是后现代主义阐释学的重要代表。现象学阐释学的一些理论家如胡塞尔、梅洛-庞蒂也包含了后现代主义的差异性和偶然性观念的思想，1988 年出版的《后现代阐释学》（G. B. Madison）、1992 年出版的《梅洛-庞蒂、阐释学与后现代主义》（Thomas W. Busch and Shaun Gallagher）就是代表。我们主要以德里达和罗蒂为代表探讨后现代主义阐释学的差异性理论追求与解构性话语特征。

按照哈贝马斯的看法，德里达否定日常交往领域，"贬低

---

① 《马克思恩格斯文集》第 1 卷，人民出版社 2009 年版，第 502 页。

对应于严格意义上的语言表达的交往表达"，① 这是对"规范
话语和诗性话语的本质特征的双重否定"。② 德里达的阐释学
以对语言本身的质疑为核心，提出具有文字学基础上的延异概
念，从而对文本原义和普遍共识进行了解构或者摧毁。这种正
如活人与死者对话的阐释学被学者称为"幽灵阐释学"，"唤起
多样而充满冲突的阐释、话语的涌动、众多诗性的、宗教的和
哲学的话语"。③ 在德里达看来，西方基于逻各斯基础的语音
中心主义把语音与概念结合起来，这种语音特权构成了普遍性
规范及其对世界的形而上学的理解，"'听—说'系统，通过语
音成分——表现为非外在的、非世俗的、非经验的或非偶然的
能指——必定支配着整个世界历史的进程，甚至产生了世界概
念、世界起源概念，而这一概念源于世界与非世界、内与外、
理想性与非理想性、普遍与非普遍、先验与经验的区分等
等。"④ 语音作为逻各斯与意义内在联系在一起，包括创造意
义、接受意义、表示意义、"收集"意义。亚里士多德在《解
释篇》中所表达的言语是心境的符号观念，就是表明，言语
作为符号的创造者与心灵有着本质的联系，心灵与逻各斯之间

① ［德］于尔根·哈贝马斯：《现代性的哲学话语》，刘东等译，译林出版
社 2011 年版，第 196 页。
② ［德］于尔根·哈贝马斯：《现代性的哲学话语》，刘东等译，译林出版
社 2011 年版，第 240 页。
③ John D. Caputo,"Hauntological Hermeneutics and the Interpretation of Christian Faith", in Kevin J. Vanhoozer, James K. A. Smith, and Bruce Ellis Benson eds., *Hermeneutics at the Crossroads*, Bloomington: Indiana University Press, 2006, p.100.
④ ［法］雅克·德里达：《论文字学》，汪堂家译，上海译文出版社 1999 年
版，第 9 页。

存在着约定的符号关系。德里达认为，作为逻各斯中心主义的语音中心主义主张"言语与存在绝对贴近，言语与存在的意义绝对贴近，言语与意义的理想性绝对贴近"。[①] 可以说，海德格尔、伽达默尔和哈贝马斯以语言作为理解基础的阐释学事实上是立足于逻各斯语音中心主义基础之上的。不论是海德格尔提出的语言是存在之家，还是伽达默尔对日常言语的看重，还是哈贝马斯对言语行为的依赖，他们都试图为理解与对话寻找共同性的根据。但是，德里达试图解构这种语言普遍性，其颠覆的武器就是诉诸文字所蕴含的阐释学意义的延异范畴。这里，他从尼采的文字观即超越逻各斯和理性的文字观看到了解构的力量，又看到了海德格尔对存在的探索所提出超越形而上学观念的对存在的沉默特性或者能指性的洞见，从而建立了延异的本体论：延异是最本源性的，而这是与文字内在联系在一起的。文字是语言游戏，处于痕迹的无目的的生成过程之中，这不是一种既定的结构，而是一种不断运动的活动，差异本身就凸显出来了，因而纯粹的痕迹就是延异："它并不取决于任何感性的丰富性，不管这种丰富性是声音还是可见物，是语言还是文字。恰恰相反，痕迹是感性丰富性的条件。虽然它并不存在，虽然它不是在所有丰富性之外的此在，但它的可能性先于我们称之为符号的一切（所指/能指，内容/表达等等），不

---

① ［法］雅克·德里达：《论文字学》，汪堂家译，上海译文出版社 1999 年版，第 15 页。

管它是概念还是操作，不管它是动机还是感觉。"① 它无法感知，也不可理解，也没有透明的意义，也是非连续性的时间之流与空间之维，不是在场的显现与确定。

基于对文字现象学的痕迹延异的考察，德里达对理解与解释的把握就突破了已有阐释学的框架，理解和解释本身就是差异性的延伸。这样，解释的文本不再是一个稳定的确定性对象，而是具有意义的开放性与可能性的网络。德里达认为，文本不是基于因果关系和层层积累的直线性的东西，而是超越规范性和逻辑性的复杂文字系统网络："人们不断将各种根须混合在一起，让它们盘根错节，重复穿错，加强粘连，在它们的差别中循环往复，层层盘绕或者纵横交错。"② 文本的差异性与复杂性也导致阅读与解释差异的无限可能。德里达提出的"批判性阅读"虽然尊重注释文本原义的传统批评，因为没有这种尊重，批判性阅读将成为盲目而任意的活动，但是批判性阅读不同于复制性注释，而是要处理在场与缺陷的关系，关注作者可以用语言支配的东西和他不能支配的东西之间的关系。这样，解释则是无限的不确定的替补过程，摧毁在场的确定性，因此阅读本身就是一种创造。就如他对卢梭的作品的解释意义。德里达认为，卢梭的著作是复杂的多层次结构，"我们可以审慎地进行自由阅读"："卢梭说 A，由于我们必须确定

---

① ［法］雅克·德里达：《论文字学》，汪堂家译，上海译文出版社 1999 年版，第 89 页。
② ［法］雅克·德里达：《论文字学》，汪堂家译，上海译文出版社 1999 年版，第 148 页。

的一些原因，他将 A 解释成 B。此后，在不脱离卢梭原著的情况下，我们可以将 A 与'把 A 解释成 B'分离开来，并且发现各种可能性。"① 文学阐释无疑就成为差异性和创造性的文字游戏。德里达为追随海德格尔的存在阐释学而最终以海德格尔的方式解构了总体性与宏大叙事，为后现代主义的差异性阐释提供了典范。

同样，罗蒂不满意于当代阐释学对认识论的隔离，认为阐释学和认识论可以相互补充。而他更不满意的是阐释学对共同规则的建构和公度性的理论设想。的确，阐释学的主要旨趣在于解释规则的建构，从文学注释学对语法规则的肯定，再到普通阐释学对精神规范的设定，再到现象学阐释学对语言普遍性以及马克思主义阐释学对语言交往理性的探讨，我们可以看到，阐释学总是在建构普遍的规则体系。意大利著名阐释学家贝蒂还专门研究阐释的规则体系，提出解释的指导原则是阐释学对象自主性的规则，"我们把这第一个规则称之为诠释学的对象自主性规则或者诠释学标准的内在性规则，以此我意味着，富有意义的形式必须被认为是独立自主的，并且必须按照它们自身的发展逻辑，它们所具有的联系，并在它们的必然性、融贯性和结论性里被理解。"② 这里的"规则""标准""逻辑"，再加上"必须"的语态，透视出阐释学的严格性与

① ［法］雅克·德里达：《论文字学》，汪堂家译，上海译文出版社 1999 年版，第 446 页。
② ［意］埃米里奥·贝蒂：《作为精神科学一般方法论的诠释学》，洪汉鼎主编：《理解与解释：诠释学经典文选》，东方出版社 2001 年版，第 131 页。

真理性的确定性追求，主要是宏大叙事的价值追求。罗蒂虽然认可认识论的意义，但是不认同普遍性的确定性真理的阐释界定，这事实上颠覆了现代意义的认识论。阐释学取代了认识论，不是用阐释学来填补这个空白。如果对知识论的愿望就是对限制的愿望，即找到可资依赖的基础的愿望，找到不应游离其外的框架，那么罗蒂的阐释学就是突破这些基础、限制与框架，"诠释学是这样一种希望的表达，即由认识论的撤除所留下的文化空间将不被填充，也就是说，我们的文化应成为这样一种状况，在其中不再感觉到对限制和对照的要求。"① 因此，罗蒂从认识论到阐释学的转向不是在于重建精神科学的认识论，而是突破认识论框架走向后现代阐释学。他的阐释学就是对可公度性的挑战。

　　在罗蒂看来，认识论的假设是对某一话语的一切参与活动都是可公度的（commensurable），就是去寻找与他人共同基础的最大值和共同基础，达成一致的希望可以说是共同基础的征象，表明解释的共同的合理性的存在。而阐释学是对这种假设的斗争，不可公度性成为关键点。在罗蒂看来，库恩对阐释的不可公度性进行了卓有成效的研究。库恩在探讨科学革命的结构中提出著名的范式理论，这被不少人视为公共阐释的重要论据，因为范式确立一个科学家群体的共识。但正是在这里，范式是一个科学家的革命性创建，一种传统规范的突破，对已有

---

① ［美］理查德·罗蒂：《哲学与自然之镜》，李幼蒸译，生活·读书·新知三联书店 1987 年版，第 277 页。

共识的瓦解。科学的革命或者创新是建立不同于已有范式的新范式，这种革命的范式最初根本不成为科学家共同体的规则，也就不被认可。库恩表达了传统与革新之间存在的张力关系，这种张力意味着真正科学进步的元素是打破可公度性。罗蒂极为欣赏库恩的如下关于理解的差异性的论述："当阅读一位重要思想家的著述时，首先寻找文中明显荒谬之处，然后自问，一位聪明的人怎能这样写呢。我继续阅读，当你找到一个答案时，当你完全理解这些段落时，你会发现，你以为你先前理解的那些核心段落，其意义已经发生了变化。"① 库恩对学生所表达的肺腑之言，说明了理解的过程性与变化性。如果用于范式理论，这意味着范式的不稳定性和在创新中的形成规则，在规则中突破规则，从传统与更新的张力中推动科学的革命与进步。以物理学为代表的自然科学尚且如此，精神科学更难以获得可公度性，文学阐释无疑更艰难。罗蒂认为："库恩断言，在具有不同的成功说明范式、或不具有相同的约束模式、或二者兼有的科学家集团之间，不存在可公度性。"② 罗蒂认为逻辑经验主义的科学哲学以及自笛卡尔以来的整个认识论传统追求自然之境的准确表象，不同于实践或美学的事物的一致性的方法。虽然实践或美学中存在一致性方法或者共识，但不是认识论的可公度性。虽然科学与艺术具有相互的影响与联系，但

① Thomas S. Kuhn, *The Essential Tension*, Chicago: The University of Chicago Press, 1977, p.xii.

② ［美］理查德·罗蒂：《哲学与自然之镜》，李幼蒸译，生活·读书·新知三联书店 1987 年版，第 284 页。

是库恩强调了两种的差异性，范式概念主要在科学领域运用，对艺术领域的范式使用持怀疑态度，虽然两者看重革新，但是他指出："科学家和艺术家对革新本身而言定位于极为迥异的价值。"① 这涉及到对认识性与非认识性或者规则系统与非规则系统的理解。认识论明确地区分两者的界限，或者把非认识性的东西归结为认识性的东西，把非规则归结为规则系统。而库恩所选择的就是把认识性的东西归结为非认识性的东西，因为像历史与文学一样的东西在于创造而不是发现。罗蒂认为，作为精神科学的阐释学重视不可公度性，"解释学只在不可公度的话语中才为人需要"。② 人的精神不能够加以精确预测，这正如社会学家泰勒所表达的观点，因为人是自我规定的动物，自我规定改变了，人是什么也随之改变，其理解的词语也就不同，这在人类历史上形成了"不可公度的概念网"。③

语言的共识以及语言翻译的等同性对罗蒂来说都是值得怀疑的，伟大诗歌当然是可以翻译的，"问题在于，翻译作品本身并不是伟大的诗歌"。④ 人的精神是如此之不为人熟悉和不可操纵，以至于我们疑惑语言是否能够适合于精神的表达。中

---

① Thomas S. Kuhn, *The Essential Tension*, Chicago：The University of Chicago Press，1977，p.350.
② ［美］理查德·罗蒂：《哲学与自然之镜》，李幼蒸译，生活·读书·新知三联书店 1987 年版，第 544 页。
③ ［美］理查德·罗蒂：《哲学与自然之镜》，李幼蒸译，生活·读书·新知三联书店 1987 年版，第 303 页。
④ ［美］理查德·罗蒂：《哲学与自然之镜》，李幼蒸译，生活·读书·新知三联书店 1987 年版，第 312 页。

国古代的言语之辨无疑为解释的不可公度性提供充分的阐述，"书不尽言，言不尽意"成为公度阐释学的困境。如果说认识论在于在我们自身的镜式本质中准确地反映周围的世界，建立系统哲学，以本质的知识建立一切话语的公度性，那么阐释学则是解构传统，怀疑普遍公度性的整个设想，强调对话持续进行，而不是发现客观真理，因而哈贝马斯的普通语言学是值得怀疑的。如果说认识论是立足于正常话语，那么阐释学则是属于反常话语。罗蒂的阐释学蕴含着对人的自由创造的可能性探索，因而他认为把一切话语变成为正常话语是把知识变为物而不再成为人，这是恐怖的，因为这消除了新事物的可能性，消除了诗意的而非仅只是思考的人类生活的可能。相反，阐释学作为基于谈话的文化哲学"想为诗人可能产生的惊异感敞开地盘，这种惊异感就是：光天化日之下存在的某种新东西，它不是已然存在物的准确再现，人们（至少暂时）既不能说明它，也很难描述它。"① 可以把罗蒂的后现代主义文学阐释学视为具有创造性的"无镜的哲学"。这种无镜性循着尼采的现代精神和解构学派的摧毁精神，瓦解了语言的交往性与再现性的真理观，向偶然性与自由创造打开了大门，文学解释不再追求普遍性的目的，而是成为基于偶然性的无限的过程。他认为对拉金的诗歌的解释永远是未完成的，"其所以不可能完成，乃是因为没有任何东西必须要我们完成：事实

---

① ［美］理查德·罗蒂:《哲学与自然之镜》，李幼蒸译，生活·读书·新知三联书店 1987 年版，第 322 页。

上，只有一张关系的网——一张在时间中天天延长的网，必须不断重新编织"。① 在这种阐释学中，交往与公共阐释也随之失去了合法性基础。

综上所述，文学阐释学体现出多元的丰富的形态，显示出不同的哲学基础、解释目的、文学观念与价值选择。文学注释学以意义的原义为旨趣，普遍阐释学追求浪漫主义的精神生命与认识论的普遍规则性，现象学阐释学关注本体论与语言本体论，批判阐释学强调解释的伦理政治，后现代主义阐释学则张扬话语的激情式延异游戏。这些阐释形态构成了当代文学阐释学的"家族相似"话语网络。面对文学基本问题的思考以及对具体文学文本提出的问题是不同的，所作出的回答也是不一致的。虽然"阐释学""理解""解释"等术语被共同地挪用，但是它们在五种主要的阐释学形态中具有不同的所指意义，形成了不同的话语系统与价值体现，构建了各自的阐释学合法性基础，同时形成了阐释的冲突与张力，因而多元性是文学阐释学的基本特征。倘若"真理"或者"意义"是阐释学的核心目标，那么它在不同形态的理解中是有差异的，它指客观性还是本真性，是普遍性抑或精确性或者偶然性，不一而足。它们对于"规则""语言""文本"的理解，亦是如此。虽然这五种阐释学形态存在理论的缺陷与实践的困惑，但是对文学阐释理论的发展而言，仍然是不可或缺的视域。特别是，

---

① ［美］理查德·罗蒂：《偶然、反讽与团结》，徐文瑞译，商务印书馆2003 年版，第 62 页。

它们关于阐释规则、解释合法性、复杂机制、哲学意义、现实关怀等方面作出的探索，为悖论阐释学的进一步建构奠定了理论反思的重要基础。

当代西方阐释学的悖论性

第一节　审美公共领域的规范性及其限度

如果说规范性基础（normative foundation）是指哈贝马斯而言的公共性语言交往的规范—规则之奠基，那么文艺学是否具有规范性基础呢？我们通过检视哈贝马斯关于审美领域的规范性建构来反思文艺学学科基础这一知识学问题得以展开的可能性。审美领域在现代拥有自身的规范性基础，这一基础可以回溯到资产阶级启蒙运动所提出的自然法权，从而与现代社会公共领域的规范性基础构成内在的联系，这亦是审美现代性的合法性基础。在此意义上，审美领域可以用哈贝马斯的形式语用学加以阐释。但是，它本身所具有的复杂性、模糊性和悖论性，使得其内在地违背普通语言的惯例，摆脱日常言语行为的掌控。审美领域既被纳入社会现代性的合理性规划之中，成为公共领域的重要元素之一，又适应了现代人最迷醉和向往的隐私性、神秘性诉求。因而立足于现代审美领域的文艺学既有自

身的规范性基础又超越了规范限制，既拘囿于话语的价值合理
性又呈现出"无言之美"的微妙灵韵，文艺学规范性基础的
思考理应聚焦于这两者之间的连接点。这正是悖论阐释学的合
法性基础。

一、审美领域的合理规范性

审美领域在哈贝马斯的交往行动理论中占据着不可或缺的
维度，成为从康德到韦伯所设想的文化价值领域的重要部分之
一，与科学、道德形成三种不同的合理性，即认识工具合理
性、道德实践合理性、审美实践合理性。这三种文化价值的合
理性观念通过相应的行动体系在生活世界中体现出来，并进行
生活世界的文化再生产，从而控制社会部分体系以及生活世界
的划分。哈贝马斯明确地分析了从文化价值到生活世界的逻辑
结构："如果我们的出发点是，把现代意识结构压缩为三种理
性复合体，那么我们就可以把结构上可能的社会合理化视为相
应的观点（从科学和技术、法律和道德、艺术和'恋爱学'
各个领域中提出的观念）与在相应的不同生活秩序中的利益
和表现的联合。这种（极为冒险的）模式能够使我们陈述一
种合理化的非精选模型的必要条件：三种文化价值领域必须联
系着行动体系，以至于根据有效性主张而形成的专业知识的生
产与传递得到安全的保障；专业文化所形成的认识潜力必须被
传递给日常生活的交往实践，必须丰富社会行动体系；最后，
文化价值领域必须以均衡的方式被制度化，以至于与文化价值
领域相应的生活秩序保持充分的自律，避免这些生活秩序被屈

从于其他异质的生活秩序的内在法则。"① 这表述了现代分散的意识结构—三种文化价值合理性（观念）—文化行动体系—日常交往实践的内在演化逻辑。文化行动体系形成了价值合理性的专业知识，构成了相应知识的制度，"在文化行动体系中，相应的'话语'和活动是职业上被赋予的和制度上被组织起来的形式。"② 这样，文化价值合理性的内在逻辑与社会生活中的相应制度为文化领域独立或者自律奠定了基础。审美自律领域呈现为审美价值观念与艺术活动的行动体系制度，其核心规则就是美学实践的合理性的内在逻辑的扩展。为了深入理解审美实践合理性及其独特的规律，哈贝马斯从形式语用学或普通语用学出发论述了美学批评或者艺术批评和艺术作品或者艺术生产本身的语言形式特征及其相关的学习过程，彰显了美学批评的知识价值与艺术审美经验扩展的累积性特征。

　　首先分析审美批评或艺术批评。审美实践合理性对哈贝马斯来说在于语言论断本身之中，审美领域的规则与规范来自于语言的规则或者规范。审美批评体现出特殊类型的语言论断或言语行为。对现代欧洲的科学、道德和艺术的价值领域而言，不同的论证形式根据普遍的有效性主张加以特殊化，这就形成

---

　　① ［德］哈贝马斯：《交往行动理论》第一卷，洪佩郁、蔺青译，重庆出版社 1994 年版，第 307 页。译文根据英文版进行了修改。C. F. Thomas McCarthy, "Reflections on Rationalization in *The Theory of Communicative Action*", in Richard J. Bernstein ed., *Habermas and Modernity*, Cambridge：The MIT Press, 1985, pp. 177-178.

　　② Jürgen Habermas, "Questions and Counterquestions", in Richard J. Bernstein ed., *Habermas and Modernity*, Cambridge：The MIT Press, 1985, p.206.

了经验—理论的话语、道德话语和审美批评话语。审美批评实质上操纵着一种特殊的以价值为标准的论断语言，其特殊职能是"鲜明地展现一部作品或一篇描述，使人们可以感知到这些作品是一种规范经验的真实表达，是一般真实性要求的体现。这样，一部作品由于具有论证的美学知觉，就成为有效的作品。"① 所以，在审美批评涉及的趣味性问题的论断中，人们仍然依赖于充分论证的合理力量，借助具体艺术作品作出价值的适用性的论断。哈贝马斯根据有效性与知识的联系阐释了审美批评或艺术批评和艺术作品的合理性：某种"知识"在艺术作品中被对象化，尽管其方式与理论话语或者法律的或道德的表现方式不同。而知识对象化也是可以加以批判的，所以艺术批评与自律的艺术作品是同时出现的："艺术批评已经形成了与理论和道德—实践话语相区别的论证形式。由于不同于纯粹主观的偏爱，我们把趣味判断和一种可以加以批评的主张联系起来，这种事实为艺术的判断预设了非武断的标准。正如对'艺术真理'的哲学讨论所揭示的，艺术作品提出了关于作品的统一性、本真性以及表达成功的主张，作品可以通过这些主张加以衡量，并且作品根据这些主张可能被认为是失败的。正是由于此，我认为，论证的语用学逻辑是最合适的引导线，借助于它'审美—实践'合理性能够区别于其他类型的合理性。"② 内

---

① ［德］哈贝马斯：《交往行动理论》第一卷，洪佩郁、蔺青译，重庆出版社 1994 年版，第 37—38 页。

② Jürgen Habermas, "Questions and Counterquestions", in Richard J. Bernstein ed., *Habermas and Modernity*, Cambridge：The MIT Press, 1985, p.200.

在于艺术作品的有效性主张开启了看似熟悉之物的视野，重
新揭示看似熟悉的现实的"唯一的启示的力量"。艺术按照
一种抽象的价值尺度、一种普遍的有效性主张，可以辨别其
自身的美好性，艺术的进步、完美、价值提高亦是可能的。
审美有效性知识的累积奠定了审美实践话语的合理性，这既
是艺术作品的存在条件也是艺术批评得以可能的合法性
基础。

就皮亚杰的学习过程理论而言，艺术作品本身的审美经
验同样具备累积性以及相应的合理性。哈贝马斯指出，如果
谈及"学习过程"，那么，正是艺术作品自身而不是关于作
品的话语是具有方向性、累积性的转型。累积的东西在此不
是认知意义上的内容，而是特殊经验的内在逻辑分化的效
果，即分散的、无限制的主体性的审美经验扩展的结果。本
真的审美经验只有在有组织的日常经验的模式化期待的范畴
崩溃时，在日常行为的常规与普遍生活的管理被打破时，在
可计算的准确性被悬置时，才得以可能。审美经验激进地脱
离认知、道德，体现于浪漫主义、象征主义之中，凸显在超
现实主义、达达主义、先锋派艺术之中。这些艺术运动所洞
察的正是"审美经验的形式的转型"。先锋派艺术本身被
"主体性的分散化和无限制化的方向"所引导，这种分散化
显示出对非实用的、非认知的、非道德之物的高度敏感，进
而为无意识、迷幻、疯狂、物质与身体打开了大门，"因而也
打开了我们与现实无言联系中如此飞逝的、偶然的、直接
的、个体化的，同时如此远如此近以至于逃避了我们规范的

范畴所抓取的一切东西。"① 因此，这种被本雅明称为"集中
的干扰"的经验不再披着灵韵之面纱，而是一种震惊，它持
续不断地捣毁有机统一的艺术作品及其虚假的意义总体性。通
过反思地处置材料、方式和技巧，艺术家为实验与游戏打开了
空间，把天才的创造转变为"自由的建构"，艺术的发展成为
学习过程的媒介。尽管哈贝马斯对皮亚杰的学习过程理论应用
于审美领域持有怀疑，但是认为这一理论有助于理解艺术作品
本身的累积与方向，"科学、道德实践和法律理论及艺术的内
部历史——肯定没有直线的发展，但是有学习过程"。② "由于
学习过程，文化价值能够发生嬗变。"③ 而颇感悖论的是，在
《现代性哲学话语》中，哈贝马斯没有把文学艺术与艺术批评
理解为学习过程，而是认为"涉及真理和正义的专业性的解
决问题之话语是以物质世界的学习过程为轴心"。④

　　总之，哈贝马斯认为，现代性审美经验的这种合理性拥有
特殊的语言形式结构与修辞规范，蕴含着文学艺术的话语规
则，形成了独特的规律性，"美学价值领域可以自由地设置独
特的规律性，这种美学价值领域的独特规律性才可以使艺术合

　　① Jürgen Habermas, "Questions and Counterquestions", in Richard J. Bernstein ed., *Habermas and Modernity*, ambridge: The MIT Press, 1985, p.201.

　　② ［德］哈贝马斯：《交往行动理论》第二卷，洪佩郁、蔺青译，重庆出版社1994年版，第422页。

　　③ Jürgen Habermas, *Communication and the Evolution of Society*, trans, Thomas McCarthy, Boston: Beacon Press, 1979, p.172.

　　④ Jürgen Habermas, *The Philosophical Discourse of Modernity*, trans, Frederick Lawrence, Cambridge: Polity Press, 1987, p.339.

理化，从而在与内部自然交往中的经验文化化。"① 这样，文化现代性的分化就是特殊话语涉及趣味、真理、正义的"知识增长"②，审美实践合理性在于通过特殊的论断和话语形成了规范性主张，其在文艺批评、生产与接受活动中，在文本的话语形式中得到具体彰显。哈贝马斯从语言哲学角度奠定了文学艺术领域的自律性基础，用赫勒的话说，他阐释了审美领域的同质性的"规范与规则"："审美的、科学的和宗教的意象在现代性中分道扬镳了，并且在'审美地做某事'、'科学地做某事'、'宗教地做某事'方面，人们遵循着完全不同类型的规范与规则。"③ 文艺学作为制度性的学科也因此形成了自身的合理性或者合法性，而德里达关于文学边界的无限扩张与蔓延的"普遍文本"概念和美国文学批评家所提出的"普遍文学"概念④，消解了建立在自律的语言艺术作品和独立的审美幻象基础上的文艺学学科观念，这是哈贝马斯难以认同的。

二、审美公共领域

哈贝马斯把文学艺术领域与公共领域紧密结合了起来，把文学艺术视为公共交往的重要维度，甚至可以说他关于日常交

---

① ［德］哈贝马斯：《交往行动理论》第一卷，洪佩郁、蔺青译，重庆出版社 1994 年版，第 214 页。

② Jürgen Habermas, *The Philosophical Discourse of Modernity*, trans, Frederick Lawrence, Cambridge：Polity Press, 1987, pp.339-340.

③ Agnes Heller, *General Ethics*, Oxford：Basil Blackwell, 1989, p.152.

④ Jürgen Habermas, *The Philosophical Discourse of Modernity*, trans, Frederick Lawrence, Cambridge：Polity Press, 1987, p.193.

往的言语行为的阐释都建立在审美交往的基础上，导致"交往的审美化"。伊格尔顿认为："哈贝马斯理想的说话共同体中，可以看到康德的审美判断共同体的现代翻版。"① 罗伯茨（Roberts）认为，哈贝马斯的公共领域的审美基础即为"自由言语的自由主义美学"。② 罗蒂（Richard Rorty）也指出，差异的普遍共识的交往体现了"美的理念"，哈贝马斯企图"寻找和谐利益的美的方式"，"欲求交往、和谐、交流、对话、社会团结和'纯粹的'美"。③

事实上，审美实践合理性与文学艺术的言语行为话语为主体彼此理解的公共领域奠定了基础。审美领域的合理性在于审美领域的特殊语言类型，从价值有效性角度说就是言语行为的主观的真诚性，这可以说就是审美领域的规范（Geltung）。哈贝马斯有意识地接受了维特根斯坦基于语言哲学的艺术观。后者明确提出了艺术的语言逻辑规则特性："艺术等于把握，等于从对象获得一种规定的表达。"④ 哈贝马斯借助米德对抒情诗人的创造性的字句的意义协议进行了语言学的阐释。米德认为："艺术家的任务，在于发现这样的表达方式，就是说，发现在另外的情况下表现出同样感情的表达方式。抒情诗人具有

---

① ［英］特里·伊格尔顿：《美学意识形态》，王杰等译，广西师范大学出版社 1997 年版，第 402 页。

② Mark Neocleous, "John Michael Roberts: The Aesthetics of Free Speech: Rethinking the Public Sphere", *Capital & Class*, Spring 2006.

③ Richard Rorty, "Habermas and Lyotard on Postmodernity", in Richard J. Bernstein ed., *Habermas and Modernity*, Cambridge: The MIT Press, 1985, pp.174-175.

④ 涂纪亮主编：《维特根斯坦全集》第 4 卷，程志民译，河北教育出版社 2003 年版，第 75 页。

与一种感情激动联系在一起的美的经验，并且作为艺术家可以运用词汇，他存在适合他的激情的词汇，以及在其他情况下引起自己态度的词汇……决定性的，是交往的词汇，就是说，象征在一种个人那里，本身是引起与其他个人那里相同的情况。应该对每一个人来说，都有相同的普遍性，这种普遍性应该在相同的情况下出现。"① 以哈贝马斯之见，对一个创造性的诗人而言，意义惯例创造了新的作品，诗人在创作时必须直观地实现相应的发言者预计的态度，因此文艺创造蕴含着维特根斯坦的规则的概念。如此可以设想，哈贝马斯以语言规则确定了审美领域的交往共同体，形成了在审美规则下的话语讨论或者对审美规则本身的讨论，这也就是说，审美领域成为了话语表达与语言理解并达成共识的空间，这实质上就是审美公共领域。塞尔从虚构话语的共享性方面解释得很清楚，就本体论的可能性而言，作家可以创作他喜欢的任何人物与事件，就本体论的可接受性而言，连贯性（coherence）是最重要的，关于连贯性的标准在不同文学的类型中是不同的，但是"视为连贯性的东西，在某种意义上是作者和读者关于视野的惯例的契约的功能。"② 可以说，文学艺术在本质上形成了一种基于语言的意义共享的审美公共领域。

　　哈贝马斯把公共领域区别为多种形态，如文学公共领域、

---

　　① ［德］哈贝马斯：《交往行动理论》第二卷，洪佩郁、蔺青译，重庆出版社 1994 年版，第 20—21 页。

　　② John Searle, "The Logic Status of Fiction Discourse", in Peter Lamarque, Stein Haugom Olsen eds., *Aesthetics and the Philosophy of Art*：*The Analytic Tradition*：*An Anthology*, Blackwell Publishing, 2003, pp.320-327.

科学公共领域、政治公共领域等，而主要有涉及国家权力的政治公共领域和文学公共领域，政治公共领域起初是从文学公共领域中分化出来的。公共领域作为一个高度复杂的网络，可以按照交往密度、组织复杂性和所及范围区分出不同的层次，"从啤酒屋、咖啡馆和街头的插曲性［episodischen］公共领域，经过剧场演出、家长晚会、摇滚音乐会、政党大会或宗教集会之类有部署的［veranstaltete］呈示性公共领域，一直到分散的、散布全球的读者、听众和观众所构成的、由大众传媒建立起来的抽象的公共领域。"① 具体地说，审美领域的创作活动、文本、接受活动都同时构造了不同维度和不同类型的公共领域，创作活动本身涉及到创作者作为接受者的对话，对话的媒介就是语言文本；现实读者也以语言为媒介与文本、作者构成了对话性的理解关系。毋庸置疑，这是一种虚拟的想象性的公共领域或者共同体。审美公共领域也可以借助于实在空间而存在，现实主体直接进入咖啡馆、茶馆、剧场、音乐厅、博物馆、学术会议厅等场所，这就是哈贝马斯所谓的插曲式公共领域和呈示性公共领域。当文艺活动发展到一定规模时就需要一定媒介和影响的手段，大众传媒应运而生，势不可当。哈贝马斯充分肯定了大众传媒的交往性："群众交往的媒体，却仍然是表现语言的理解。这些群众交往媒体，构成了语言交往的技术上的加强，使空间上的距离和时间上的距离联结起来，成

---

① ［德］哈贝马斯：《在事实与规范之间》，童世骏译，生活·读书·新知三联书店 2003 年版，第 461—462 页。

倍地增长了交往的可能性，紧密了交往行动的网络。"① 在现代社会，借助于传媒技术，语言行动脱离了时空的约束，语言文字的发展形成了作者的作用，"这种作者可以向不规定的，一般公众进行表达；形成了继续通过学说和批判构成一种传统的专家的作用；形成了读者的作用，这种读者通过选择读物，决定他可以参加什么样的交往。"② 作者、文艺专家、读者通过大众传媒形成了抽象的自由的审美公共领域。文学的公共领域从宫廷的贵族的文学公共领域向城市的、现代民主自由的公共领域转换，从而通过讨论或者语言理解形成主体间性的共识性经验。在日益原子化的社会中，现代文学艺术必然需要美学批判、艺术批评等公共领域，分散化主体的审美经验的扩展亟待批评家、读者、作者的话语讨论，不断达成主体的差异或者私人性的理解，从而形成对艺术作品的共享，领会现代艺术作品的真理性内容。

政治公共领域是通过话语的媒介而构建的空间，成为铺设自由民主社会的调节性制度，因此民主社会的形成的规范性基础就是建立自由的公共领域。同样，自由的审美公共领域是美学、文艺学充分展开的规范性基础，因为它促进对趣味、美、真诚性、审美价值等问题深入而合理的讨论，使得文学研究者能够平等参与审美讨论，不断从他者的理解中深化自身的理

---

① ［德］哈贝马斯：《交往行动理论》第一卷，洪佩郁、蔺青译，重庆出版社 1994 年版，第 470 页。

② ［德］哈贝马斯：《交往行动理论》第二卷，洪佩郁、蔺青译，重庆出版社 1994 年版，第 243 页。

解，避免美学领域的精英主义和主观意识中心主义，同时有利于文学的自由创作与深入理解，从而进行文化的再生产。哈贝马斯认为，由文化企业、报刊和大众媒体所加强的交往网络构成了文化的公共社会，在这里"享受艺术的私人所组成的公众参与文化的再生产"①。自由的审美公共领域的形成，实现了文艺学乃至文学艺术领域从意识哲学向语言哲学的范式转型。在审美的公共领域中，美学理论、艺术批评、文艺作品获得承认或者批评，从而获得价值的合法性或者权威性。并且，只有对审美有效性本身、对审美领域专家化现象加以不断讨论，才能解决现代生活世界由于文化的专业化从而导致与日常生活脱节的文化贫困化现象，使得审美价值合理性成为日常个体的合理性维度，但这不是"日常生活审美化"②或者哈贝马斯批判德里达的"语言的审美化"，因为"只有通过创造认识因素与道德因素和审美表现因素毫无限制地相互作用，才能矫正一种物化的日常实践"③。哈贝马斯提出了以下的选择："一种审美经验——它并不是围绕专家批评的趣味判断而被设计出来的——能够使其意蕴加以改变：一旦此经验被用于阐释一种生活——历史的状况，并与生活问题息息相关，它就进入了一

---

① ［德］哈贝马斯：《交往行动理论》第二卷，洪佩郁、蔺青译，重庆出版社 1994 年版，第 413 页。

② Jürger Habermas, *The Philosophical Discourse of Modernity*, trans, Frederick Lawrence, Cambridge：Polity Press, 1987, pp.207、340.

③ Jürgen Habermas, "Modernity Versus Postmodernity", in Cluvre Cazeaux ed., *The Continental Aesthetics Reader*, London and New York：Routledge, 2000, p.272.

种语言游戏，那不再是美学批评家的游戏。"① 审美的公共领域的结构性构建成为审美价值、内在主体意识的充分表达，成为日常交往的构成性因素之一，成为生活世界的统一性的重要维度，这事实上确立了文艺学、美学的必要性。

当然，审美领域在现代社会具有自己的规范性基础，这不仅在于审美话语的规范有效性以及审美公共领域，还意味着它有相应的现代自然法律制度奠基。因为文学艺术必须在现实社会中对象化，必须在社会生活中有自己的空间，作家的创造空间、媒体形式空间、讨论空间、阅读空间，不仅包括私人空间，也包括公共空间，否则文学艺术纯粹是个人的虚无的想象。不论是文学公共领域还是政治公共领域，它们要现实地存在并发挥实际的功能，就必须有法律的保障，保障个体具有自由参与语言交往、话语讨论的法律权利："对于在文学公共领域的交往过程中能够保障其内在主体性的私人来说，法律规范的普遍性和抽象性标准必须具有一种真正的自明性。"② 这种法律权利是现代自然法的体现③，"现代法律保护法律上在法律认可的界限之内的个人爱好。"④ 自然法在形式上规定了个人

---

① ［德］尤尔根·哈贝马斯：《论现代性》，王岳川、尚水编：《后现代主义文化与美学》，北京大学出版社 1992 年版，第 21 页。

② ［德］哈贝马斯：《公共领域的结构转型》，曹卫东等译，学林出版社 1999 年版，第 58 页。

③ 参见［普鲁士］恩斯特·斐迪南德·克莱因：《论思想自由和出版自由：致君主、大臣和作者》，［美］詹姆斯·施密特编：《启蒙运动与现代性》，徐向东等译，上海人民出版社 2005 年版，第 88 页。

④ ［德］哈贝马斯：《交往行动理论》第一卷，洪佩郁、蔺青译，重庆出版社 1994 年版，第 330 页。

意愿自由，保障了言论自由、出版自由、结社自由，从而为自由的公共领域提供了法律的依据。这样，文学公共领域的形成就不仅需要基于语言的主体性经验的共识，这奠定其内在的规范性，而且要求社会法律的承诺，这是其外在的制度规范性。但是没有法律意义上的自律主体，就无法言及审美的交往与意义的共享，不是"作为树的形象和你站在一起"，则难以达至"伟大的爱情"（舒婷《致橡树》）。因此审美公共领域与自然法的内在逻辑是一致性的，换言之，审美领域的自由主体的共识是一种软性的法则，而自然法则是把这种软性的法则规范化、制度化。如果说艺术的本质就是自由，那么艺术的合法制度化存在就必须有自由民主的法律规范加以保障，同时审美领域的自由性本身象征了一种理想的自由的政治权力的选择。只有在一个自由民主的政治体制中，自由的审美公共领域才得以萌生，得到法律的认可，并充分发挥自由言语的交往行动功能，推动审美公共领域的合法性建构，促进审美领域的文化再生产，而这反过来推动民主法律制度的建立与进一步的完善。从这个意义上说，审美就是资产阶级意识形态与法律制度的感性形式。

三、哈贝马斯关于审美领域的规范性建构之限度

问题在于，审美领域只能在资产阶级的公共领域中或者只能在特殊形式的语言规则中奠基吗？甚至进一步追问，审美领域是否具有规范性基础或者规则的意识？审美领域颇为感性、幽微，以至可以消解任何形式的规则性与知识的累积性、合理

性。麦卡锡对哈贝马斯提出的质疑具有启示意义："在艺术和
道德范围里，在何种意义上有持续不断地累积的知识生
产呢？"①

　　哈贝马斯把交往理论和美学立足于语言哲学家奥斯汀，特
别是塞尔的言语行为理论之上，他依此可以阐释审美领域的言
语行为的规则性，认为写诗歌和开玩笑的语言基础即在于言语
行为的"以言行事的使用"②，但是这并非不存在问题或者悖
论。塞尔的言语行为理论是建立在文字意义和直接表达形式之
上的："塞尔的理论根据文字的和直接的施为性来'定义'以
言行事的行为。"③ 他与其他语言分析哲学家一样，通过语言
逻辑的形式分析企图获得客观性与真理，甚至认为意义和意向
性最终归结为神经生理学的问题。他对文学性、修辞性突出的
隐喻也展开了语言逻辑的辨识，从表达意义（utterance
meaning）和句子意义（sentence meaning）来探讨隐喻从"S
是 P"到"S 是 R"的内在逻辑原则，指出："在隐喻的表达
中，没有一个词语或句子改变了其意义，然而言说者意指了不
同于词语和句子所表示的东西。"④ 借此，他批判德里达由于

---

　　① Thomas McCarthy,"Reflections on Rationalization in *The Theory of Communicative Action*", in *Habermas and Modernity*, Cambridge：The MIT Press，1985，p.179.

　　② Jürgen Habermas, *Communication and the Evolution of Society*, trans, Thomas McCarthy, Boston：Beacon Press，1979，p.34.

　　③ Robert M. Harnish,"Speech Acts and Intentionality", in Armin Burkhardt ed., *Speech Acts*, *Meaning*, *and Intentions*：*Critical Approaches to Philosophy of John*, *R. Searle*, New York：de Gruyter，1990，p.177.

　　④ John R. Searle,"Literary Theory and its Discontent", *New Literary History*, Vol.25，No.3（1994）.

没有认识到语言哲学的基本历史，没有就基本概念进行区别所以导致了语言概念的误用，从而提出只要遵循语言哲学的基本规则，文学理论看似深奥的问题就变得简单了。德里达关于所有的理解都是误解，文本意义的不确定性，书写先于言语等观点在塞尔看来难以置信。不过，塞尔领会到隐喻原则的复杂性与多样性、非规范性，还认为"隐喻实质上是不可能意译的"①。他在论述虚构话语与非虚构话语的差异中认为，后者涉及一系列涉及句子与现实世界的"垂直的规则"，而前者没有实施以言行事的行为，只是借助于语言的实际表达或者书写假装进行一种以言行事行为，完全没有遵循普通话语的规则，悬置了现实的规范要求和许诺。构成虚构话语的不是话语句子本身的特性，因此判断一个话语是否是虚构的，是根据超语言、非语义的"水平的惯例"，这种惯例突破了句子与世界的联系："构成虚构话语的假装的以言行事是通过一套惯例的存在得以可能的，这些惯例悬置了联系以言行事行为与世界的规则的规范性运作。在这种意义上，以维特根斯坦的话说，讲故事是一种单独的语言游戏；为了游戏，它就要求一套单独的惯例，然而这些惯例不是意义规则。"② 虚构的文学文本话语所遵循的规则不再是普遍言语行为的规则，而是依赖于后者的表达形式又超越了后者的规范性基础。这使得文学领域虽然有共

---

① John R. Searle, *Expression and Meaning*, Cambridge: Cambridge University Press, 1979, p.114.

② John R. Searle, *Expression and Meaning*, Cambridge: Cambridge University Press, 1979, p.67.

识的达成，有浪漫主义、现实主义的意义共享，但是仍然存在着不可交流性、非确定性和误解的必然性，或者说可以有交往和理解，却是伪交往和误解。青年卢卡奇在《心灵与形式》中指出，"在作者和读者之间不必然存在着契约"，① 文学艺术以语言形式作为载体既表达了交往的可能性同时也仅仅是一种暗示，所有的理解都是误解。阿多诺认为，艺术作品与外在世界交往的方式也是交往的缺失，"这种非交往性指向了艺术的断裂的本质"。② 新批评对文学语言的张力、悖论、反讽的分析，说明了文学语言脱离了日常语言的规则，现代审美经验正如哈贝马斯自己所说 "逃避了我们规范的范畴所抓取的一切东西"。在某种意义上，哈贝马斯拒绝把交往合理性与审美合理性范畴等同起来，对语言的交往维度和表现—模仿的维度进行了区别。在回应德里达、罗蒂、卡勒抹杀文类区分的论述中，他通过俄国形式主义、新批评和奥斯汀、塞尔的言语行为理论，深入地探究了文学艺术话语的独特性，认为文学话语区别于日常实践规范的普通话语在于其修辞特性、自指性、虚构性、寄生性、以言行事力量的超越性、揭示世界的功能性，它不同于法律、道德话语的规范性、解决问题的功能性。所以，虽然文学话语与哲学话语具有诸多类似，均存在对修辞的看重，但是在不同领域，修辞的工具归属于不同的论证形式的学

---

① Georg Lukács, *Soul and Form*, trans, Anna Bostock, Cambridge, Massachusetts：The MIT Press，1974，p.80.

② T. W. Adorno, *Aesthetic Theory*, Trans, C. Lenhardt, London：Routledge & Kegan Paul，1984，p.7.

科。这说明，审美领域的规范性不能以交往理性的规范性概念来加以充分阐释，正如哈贝马斯所阐述的，"当语言的诗性的揭示世界的功能得到凸显并获得构成性力量时，语言就摆脱了日常生活的结构性束缚和交往功能"。① 后来他甚至认为，能够为理性支撑的有效性主张有两种类型，即真理的主张和正义化的主张②，而不言趣味类型。倘若如此，审美领域的"规范性基础"本身就不是哈贝马斯意义上的形式语用学的规范与规则。从这个意义上说，文学艺术领域的"规范性基础"这一提法是值得怀疑的。

审美领域的神秘性因素、迷狂、狂欢化的混沌状态导致自由的审美公共领域与合理性交往的消弭；艺术独特性与创造性的追求，对自我孤独的内在主体性的挖掘，导致没有对话的独白；现代主义艺术表现出来的孤独与冷酷，超越了可理解性与共享性，崇高的非理性体验超越了形式的理性把握。即使可以对话与交往，但是所展开的只是表面的浅薄，而无法深入到艺术经验的实质性层面。审美经验的无意识因素、偶然性导致语言规则的无限性。无言之美的中国艺术精神的追求往往超越了语言的界限与规则，道心唯微，文心幽缈，诸如叶燮所谓："诗之至处，妙在含蓄无垠，思致微妙，其寄托在可言不可言之间，其指归在可解不可解之会，言在此而意在彼，泯端倪而

---

① Jürgen Habermas, *The Philosophical Discourse of Modernity*, Trans, Frederick Lawrence, Cambridge: Polity Press, 1987, p.204.

② Jürgen Habermas, *Truthandjustification*, ed. and trans, Barbara Fultner, Cambridge, Mass: MIT Press, 2003, p.79.

离形象，绝议论而穷思维，引人于冥漠恍惚之境，所以为至也。"① 维特根斯坦也认为："音乐中有一些充满感情的表达——这种表达不是按照规则可以识别的。"② 坚持对语言的意义进行科学分析的塞尔也认为，虚构的话语虽然具有普通语言的意义，但是并不遵循普通语言的规则，所有的文学作品没有共同的特征，也"不可能存有构建为一部文学作品的必要而充分的条件"。③ 余虹教授亦认为，文艺学是一门寄生性的学科。④

因此，审美领域是规则与超规则的结合，是审美合理性与非理性体验的熔铸，是审美公共领域的交往的理性、透彻性与不可交往的神秘性、隐私性的交汇，是意义共享与无意识欲望的纽带。哈贝马斯也清楚地认识到文学艺术一方面满足主体性的私人化的自我陶冶，另一方面成为公共讨论和争论的焦点。⑤ 阿伦特曾指出，正是现代人的内在隐私性的发展，艺术领域获得了重要性："从 18 世纪中叶直到差不多 19 世纪最后三分之一的年代里，诗歌和音乐获得了惊人的发展，与之相伴的是小说的兴起。这一繁荣局面与一切更具公共性质的艺术门

① （清）叶燮：《原诗·内篇（下）》，见郭绍虞主编：《中国历代文论选》一卷本，上海古籍出版社 1979 年版，第 333 页。

② 涂纪亮主编：《维特根斯坦全集》第 11 卷，涂纪亮等译，河北教育出版社 2003 年版，第 157 页。

③ John R. Searle, *Expression and Meaning*, Cambridge：Cambridge University Press，1979，p.59.

④ 余虹：《文学知识学》，北京大学出版社 2009 年版，第 263 页。

⑤ Nick Crossley, John Michael Roberts eds., *After Habermas：New Perspectives on the Public Sphere*，MA：Blackwell Publishing，2004，p.3.

类——尤其是建筑——的同样惊人的衰落恰巧发生于同时。"①
这说明，审美领域在现代性的丰富多彩的私人性中获得了源源
不断的创造力，同时它也满足了个体的私人的需要，满足了情
感的私人化以及情感的隐蔽处置，内在空间的开拓与释放。不
论是作者的隐蔽的创作活动还是读者的私人化的阅读，都在审
美领域寻觅到了合法的空间。但是审美领域对阿伦特来说又是
一种自由的精神需要，从而从必然性的私人领域进入自由的公
共领域。所以在现代性中，艺术本身又是属于公共领域的，亚
当·斯密曾说过，公众的赞赏"对诗人和哲学家来说，几乎
占了全部。"② 哈贝马斯试图从现代理性的重建中思考审美领
域乃至文学艺术的规范性是有意义的，但是这种规范性只是文
艺学规范性基础的一方面，这是其限度。如果把这一方面无限
制地扩展，就导致规范性本身的失效。也就是说，"规范性基
础"这个命题与提问方式如果仅仅在哈贝马斯的意义上进行
理解，对审美领域或文艺学学科建构而言不是全部仅是部分有
效的。之所以部分有效，是因为哈贝马斯的建构可以为文艺领
域划定理性的边界，但是无法界定审美领域复杂的内涵，只是
设置一个形式的框架，但无法规范框架之中的实质内核。而
且，哈贝马斯讨论规则或者批判理论的规范性基础，主要是从
社会理论的角度，从现代社会的整体的潜力的把握的视野来审

---

① ［德］汉娜·阿伦特：《公共领域和私人领域》，汪晖、陈燕谷主编：《文
化与公共性》，生活·读书·新知三联书店 2005 年版，第 71 页。

② 转引自［德］汉娜·阿伦特：《公共领域和私人领域》，汪晖、陈燕谷主
编：《文化与公共性》，生活·读书·新知三联书店 2005 年版，第 87 页。

视的，尤其注重从法律的合法性基础出发来设置社会合理化的可能性，从话语伦理的程序来达到现代国家与世界秩序的自由民主的形成，这是一个涉及民主权利与合法性制度的建设的问题，即"现代社会制度的合法性辩护何以可能"这一问题。①也正是从这个角度出发，他充分汲取了从自然语言（日常语言）的研究所提出的言语行为理论作为自己的语言哲学基础，而不是从文学艺术的诗性语言中获得本体论基础。因为自然语言本身存在一个社会文化的规则与惯例，所以批判理论可以在这个基础上重新挪用现代性的潜力，从现代性的潜力中获得民主自由的可能性，从而拯救现代性的规范性内容。这个规范性基础不是经典的西方马克思主义的批判理论的审美乌托邦诉求，而是一个社会规范伦理建构。如果把哈贝马斯这种规范性基础的概念毫无中介地转移到审美领域和文艺学的规范性基础的建构，必然导致诸多无法解决的问题。因此文艺学的规范性基础的建构不能仅仅以哈贝马斯的普遍主义范式为依托，不独是把"艺术作品的实验性的潜力带入规范的语言"，而是要居于"虚构话语"与"规范语言"的持续撞击之中，这意味着悖论阐释学的出场。

第二节　卢曼基于差异性的交往理论

目前国内学术界就文艺学学科及文学阐释的合法性问题的

---

① 童世骏：《批判与实践——论哈贝马斯的批判理论》，生活·读书·新知三联书店 2007 年版，第 144 页。

讨论愈来愈深入，其中哈贝马斯的普通语用学的理论范式成为一个重要的基点，这个基点所引发的问题在很大层面是属于社会理论的视野。这进一步引出另一问题的反思，社会理论视野下的文学阐释的合法性问题。当代社会理论对文艺理论的建构产生了实质性的影响，但是这种范式的文艺理论存有阐释的有效性的限度，德国社会理论家卢曼（Niklas Luhmann）的艺术系统理论可以作为重要的参照。他基于社会系统理论的文艺理论的辨析探询文学阐释的规范基础问题，有助于我们探索艺术交往的悖论性理解。

一、卢曼的社会系统理论的基本观点

要对卢曼的文艺理论有准确地把握首先得分析其社会系统理论，因为艺术问题是其社会理论的应用。卢曼作为当代德国最出色的社会理论家之一，在帕森斯的功能社会学基础上整合了德国传统社会理论和当代最新的数理形式理论、神经生理学、控制论，发展了一种新型的社会系统理论，开创了阐释现代社会机制的新的话语模式，促进了社会理论的当代转型，思考的问题不是康德的问题"主体如何获得对现实的客观认识"，而是提出"被组织化的复杂性是如何可能的"问题。

卢曼认为，系统分化就是在系统与环境之间的差异系统中的重复，整个社会系统借此把自己视为环境，形成自己的亚系统。[①]

----

① Niklas Luhmann, *Social System*, Trans, John Bednarz, Stanford University Press, 1995, p.7.

他把现代社会视为功能分化的社会系统，现代社会是一个不断
分化的，不断区分为相对自律的诸多亚系统，譬如法律系统、
经济系统、政治系统、宗教系统、交往系统、艺术系统等。系
统之所以存在，是因为一个系统具有自我内在的空间领域，这
个领域与其他领域有一个边界，这个边界在卢曼那里就是来自
于布朗的形式原点"┓"。边界的确立是在康德、韦伯所论及
的，他们以主体之能力和价值规范性来进行思考，但是卢曼看
重的是边界的结构上的建构意义，因为边界确立一个系统内在
领域以及其外在的环境，确立一个有与无的形式框架。没有哪
一个系统没有环境，但是环境也是包括于系统之中的。卢曼还
从语言学出发来分析系统，他区分了自我指涉与外在指涉这两
个概念，前者是指一个系统是封闭性的自我运作机制，自己赋
予自身的再生产，后者是指系统与其他系统发生着联系，但是
这种联系也是基于自我指涉的。卢曼认为，系统的内在机制的
再生产是一种自动创造（autopoiesis）。这种借助于生物学概念
的自动创造不断促进系统的分化，在系统内部形成新的亚系统
以及新的环境。这就是说，社会系统是一个不断分化的亚系统
建构起来的。卢曼的观点看起来没有多少原创性，可以看作是
对韦伯的社会理论的重新阐释。

　　与韦伯不同，卢曼并不把社会系统视为行为者的意义价值
分析，而且并不把现代社会视为总体性的、统一性的整体，而
是认为社会系统内在充满悖论、差异性、偶然性与风险。如此
理解，现代社会不是总体性的而是充满偶然的选择的社会形
态，在系统内在元素与外在环境中呈现选择的可能性与多元

性。所以，后现代主义所追求的诸多论点，尤其是差异性概念内在于现代性之中。布达佩斯学派社会理论家赫勒也持有类似的观点，认为现代性本身是异质性的，"现代性不应该被视为一个同质化的或者总体化的整体，而应该被视为具有某些开放性但又不是无限可能性的碎片式的世界。"① 不仅偶然性、差异性一直在现代社会存在，而且现代性始终是不可克服的悖论，卢曼通过布朗的《形式的规律》的数学运算的悖论理论来阐释现代社会的系统问题，认为系统分化后又重新进入原来的系统之中，区分本身又"重新进入"区分之中。在卢曼看来，"重新进入是一个隐含性的悖论，因为它处理不同的区分（系统/环境，以及自我指涉/外在指涉），好像这些区分是同样的"②，所以"现代社会是一个悖论性的系统"。③ 可以说，卢曼的社会理论具有后现代特征，这构成了与哈贝马斯的社会理论的分歧，因为后者仍然迷醉普遍的交往共同体，而这正是卢曼所批判的。

二、差异性交往的艺术系统

卢曼在发展社会系统理论的过程中也探讨了艺术问题，把艺术领域视为社会系统的亚系统。这样，艺术问题得到一个独

---

① Agnes Heller, *A Theory of Modernity*, London: Blackwell Publishers, 1999, p.65.

② Niknas Luhmann, *The Reality of the Mass Media*: *Cultural Memory in the Present*, Trans, Kathleen Cross, Stanford University Press, 1998, p.11.

③ Niklas Luhmann, "The Autopoiesis of Social System", Felix Geyer and Jahannes eds., *Sociocybernetic Paradoxes*, Sage Publication Ltd, 1986, pp.172-192.

特的社会理论的阐释。与一般的社会理论视野下的艺术研究不同的是，卢曼深入地进入文学艺术的腹地，涉及丰富而细致的文学艺术历史与文学艺术理论的发展轨迹与前沿问题，带着这样的视野来运用其社会系统理论，其社会系统理论中的文艺理论是极有阐释的合法性的，在一定程度上说是有效的，开掘了文艺研究的崭新范式。卢曼说："走向现代性之冲动展现得如此深入，以至于艺术生产和艺术理论的对称性互惠如果没有它就不可能进行思考。"①

　　卢曼的艺术理论主要在整个社会系统的框架下进行的，重点探讨艺术系统的独特与艺术的合法性基础，涉及艺术的自主性、自我再生产、艺术作品的形式与媒介、艺术系统的功能等。其中一个核心问题就是艺术是一种交往的命题。但是与传统的交往理论以及哈贝马斯的交往理论不同，卢曼的交往理论是基于差异的交往理论，消解了最终的共识与理想共同体的形成，彰显出后现代特征。

　　卢曼把人类社会的系统区分为心理系统、生理系统、社会系统，社会系统再区分为政治、法律、宗教、艺术、交往等亚系统，而艺术系统的独特性在于联系着心理系统与社会交往系统。一般来说，心理系统是基于意识与感知的系统，是意识与外在世界的结构系统，这个系统与交往系统不同，后者不涉及感知的具体性，只涉及信息的传播与符号的理解问题，是一种

---

　　① Niknas Luhmann, *Observations on Modernity*, trans, William Whobrcy, Stanford University Press, 1998, p.4.

独立的自我再生产形式。在卢曼看来，艺术系统就连接了这两个不相关联的系统，因为艺术涉及具体的感知，尤其是直觉的想象性的幻觉，总是提供一个具体的世界，所以是与意识系统有联系的，但是艺术不是意识的封闭性表达，而是联系着交往系统。从这个意义上说，艺术就是一种交往，一种具有感知的交往，"艺术是一种沟通，并以各种尚未厘清的方式来使用感知。毕竟，在有机系统、心理系统以及社会系统的运作封闭性之间，还是存在一种彼此强化的关系，并且因此让我们即刻追问：艺术对于这种相互强化的关系作出何种特殊的贡献。"① 感知赋予了所有的交往一个感知的框架，没有眼睛，就无法阅读，没有耳朵，就无法倾听。为了感知，交往必须在感知的引领中引发高度的注意力。交往必须保持高度的吸引力，或者通过特殊的噪音，或者通过特殊的身体姿态，或者通过惯用的符号，或者通过书写文字等。在卢曼看来，通过感知与交往的区分赋予了美学研究新的领域，虽然前人已经把艺术作品视为一种特殊的交往，一种通过更快速且复杂的传达形式来补充言辞交往的方式，但是这种交往仅仅是理想的交往，目的是更加完善地描绘这个自然世界，涉及的是启蒙的变体，是一种特有的感官认识，也就是鲍姆嘉登确定美学的意图所在。鲍姆嘉登确立美学史在感性认知与理性认知上的区分，将关于美的事物的学说视为美学，从而阻碍了人们看清感知与交往的区分，沟通

---

① ［德］尼可拉斯·鲁曼：《社会中的艺术》，张锦惠译，中国台湾五南图书出版股份有限公司2009年版，第49页。

是无法进行感知的。鲍姆嘉登开创的方式是人类学的本质主义方式的美学理论，这种理论通过康德延伸到黑格尔，但是卢曼以社会系统理论的艺术理论颠覆了这种认识论美学或者人道主义美学或者说基于意识哲学的美学，虽然在哈贝马斯看来卢曼的理论仍然是意识哲学的。① 卢曼比较重视语言交往的分析，虽然有超越语言的交往的间接交往，虽然语言的交往是一种耗费时间的、缓慢的，可以在任何时间点上被中断，但是艺术仍然发挥了交往的功能，体现了社会系统的社会性。用卢曼的话说，"艺术作品本身借由感知的成效来吸引观察者的注意力，而且这些感知成效如此难以捉摸，足以避开'是或否'的分歧。我们看见所看见的，听见所听见的。而且当他人观察到我们正在感受某种事物时，我们的确无法否认自己正在感受这件事。透过这样的方式，就产生了一种无可否认的社会性。尽管是在避开（或者说绕过）语言的情况下，但是艺术还是完成了意识系统和沟通系统的结构耦合。"②

艺术是一种特殊的交往，但是交往的目的却并不是哈贝马斯所说的共识，这是卢曼在分析交往问题时所反复强调的，他不认同唯有在语言存在的情况下艺术才可以存在的论断，因为艺术让人有可能在避开语言的情况下，也就是说在避开和语言相关的规则的情况下，进行严格意义上的交往，艺术的形式就

---

① Jürgen Habermas, *The Philosophical Discourse of Modernity*, trans, Frederick Lawrence, Cambridge: Polity Press, 1987. 哈贝马斯把卢曼的系统理论视为是主体哲学的表现。

② ［德］尼可拉斯·鲁曼：《社会中的艺术》，张锦惠译，中国台湾五南图书出版股份有限公司 2009 年版，第 57—58 页。

是没有语言也没有论证的方式来告知信息。艺术作品以交往目的进行生产，但是始终冒着交往的风险，也就是理解的差异性。艺术交往是一种制造差异的差异，"艺术形式的奇特性——就像听觉性与视觉性语言工具的奇特性也能以其他的方式——产生了一种蛊惑的魅力。这样的魅力后来成为一种可以借以改变系统状态的信息，也就是作为一种制造差异的差异。这就已经是沟通了。"[1] 文本艺术如巴特所说不是一个被动地接受的可读性文本，而是要求读者重新建构的可写性文本，它不是一种定理意义的交往，所以 18 世纪末的作者将自身从文本中撤离，或者至少避免向读者表明他的告知意图的缘由，不希望直接给读者以信息甚至想训诫他的读者，让自己的生活方式能够迎合道德要求。相反，他选择文字作为媒介，形成了异常密集而前后连贯的自我指涉与外在指涉的组合。这样，文字不仅拥有其规范的意义，代表了其他事物，但是也拥有了自身的文本意义。所以在卢曼看来，艺术系统的独特性在于跨越法则的有效与无效之差别，跨越法则之有效乃是跨越法则在艺术作品内部失去效力的前提，因此卢曼明确提出："我们所关心的也并不是一种寻求共识或者以充分的理解为目标的目的论式过程。任何一种交往都可以达到或者达不到这样的目标。这里具有决定性地位的，反而是在自我生产的不确定性这样的框架中，处理这些参与者始终渴求的、看见的、感受到的诸多区分

---

① ［德］尼可拉斯·鲁曼：《社会中的艺术》，张锦惠译，中国台湾五南图书出版股份有限公司 2009 年版，第 67 页。

这样一个过程的自我创造的组织"，"艺术交往本来就是含有多重意义的"，"通过艺术的交往内在地是框模棱两可的"。① 卢曼通过 17 世纪和 18 世纪的情爱文学的研究，提出："成功的交往日益变得不可能，因为在交往中个人对世界的视点日益个体化，世界也是匿名地加以建构的。"② 艺术的交往是基于差异的交往，每一种交往就产生一种分歧。

三、艺术形式与媒介的悖论性差异

卢曼还从艺术作品的形式与媒介的思考细致地论及这一基于差异的艺术交往的命题。

艺术交往是借助于形式所进行的交往。形式的概念暗含了一个具有两面的形式，即一种可以被区别开来的区分。卢曼借助于布朗的《形式的规律》的探讨，认为形式以一个符号划定边界，"形式就是反对另一种形式的边界"，这样来确定自我指涉与外在指涉，从空白之中形成了一个标识，这个标识区别了标识的与未标识的。因此，形式是被有限的与无限的差异所确定。因此，形式是差异，这种观点不是去思考形式的本体论，也不是形式的符号学理论，也不是分析形式的辩证法，而分析形式作为区分的功能意义。这样，卢曼认为，世界的统一体是不可能达到的，艺术的统一性也是不可描述的，形式的出

---

① Niklas Luhmann, *Art as a Social System*, trans, Eva Knodt, Stanford University Press，2000，p.40.

② Niklas Luhmann, *Love as Passion*：*the Codification of Intimacy*，Cambridge：Polity Press，1986，p.22.

现只是从无限可能性中选择的一种，通过选择来束缚作品进一步建构。艺术作品通过一种形式决定限制进一步的可能性来使自己封闭起来。但是任何一种形式却不能圆满地理解或表现世界，每一种区分再生产形式标志的空间与未标志的空间之间的差异。这里事实上融合着偶然性与悖论，艺术实践，不论是生产还是理解，都只能被理解为这种悖论现象的修正，"作为创造和删掉形式的活动，而不是在于应用原则或者规则"。① 因此，最为重要的不是去发现形式的本体，找到一件事物本身是什么，而在于这种形式或事物使什么成为可见的。如此这样递推下去，艺术就如德里达的延异概念所意味的，不断走向差异性："艺术作品让本身作为一系列交织在一起的诸区分，而成为可观察的；在艺术作品中，每一个区分的另一面都引发进一步的区分。艺术作品让本身作为一系列的延迟（德里达意义上的延异）而成为可观察的；这一系列的延迟，同时能够将这一个被不断延迟的差异'客观化'为世界的未标记空间；也就是说，让它作为差异而变成不可见的。而且，所有这些都显示出：唯有尊重世界始终是不可见，艺术作品才会出现"。② 从这里卢曼再次看到共识的消解，他联系到现代社会对二级观察而不是一级观察的重视如此认为："事物的同一性取代了意见的一致性。身为观赏者，我们毋须中断与艺术家的形式决定

---

① Niklas Luhmann, *Art as a Social System*, trans, Eva Knodt, Stanford University Press, 2000, p.33.

② Niklas Luhmann, *Art as a Social System*, trans, Eva Knodt, Stanford University Press, 2000, p.33.

的联系，也可以得出完全不同于艺术家本身所引介的判断、评价和体验。我们依然保持在艺术家所确定下来的诸形式上，却能够以完全不同于他所要表达的方式来观看这些形式。"① 这是以物位取向的原则取代了共识的需求，这不是哈贝马斯的共识建构，也不是帕森斯的"共享的符号系统"，而是联系着英伽登的"空白"与艾柯的"开放的艺术作品"观念以及克里斯蒂娃的"互文性"概念。这种形式的悖论所导致的共识的消解也伴随着本真性、原创性艺术观念的消解，这是现代社会的内在特质所导致的，也是现代社会基于二级观察即反思性所导致的，所以能够进行的是基于形式悖论的差异性、偶然性的建构。虽然艺术系统仍然还有规范性的限制，但是避开了规范性的调节，从而批驳了那些将全社会系统的结构变成规范性事物的理论，变成一种默许而缔结的社会契约或者道德共识。法律可以提供社会的保证，没有法律就没有社会，但是卢曼认为，全社会的统一和再生产与自动创造，"不能被化约为规范性质"。② 所以他认为，"艺术作品必须显示足够的歧义性，众多可能的阅读方式。"③ 所以卢曼的区分差异理论的艺术理论，就宣称了"基于规则的美学的死亡"。④

① 〔德〕尼可拉斯·鲁曼：《社会中的艺术》，张锦惠译，中国台湾五南图书出版股份有限公司 2009 年版，第 156 页。

② 〔德〕尼可拉斯·鲁曼：《社会中的艺术》，张锦惠译，中国台湾五南图书出版股份有限公司 2009 年版，第 185 页。

③ 〔德〕尼可拉斯·鲁曼：《社会中的艺术》，张锦惠译，中国台湾五南图书出版股份有限公司 2009 年版，第 60 页。

④ Niklas Luhmann, *Essays on Self-reference*, New York: Columbia University Press, 1990, p.206.

卢曼还从媒介与形式的区分来审视艺术的悖论问题。形式
与媒介的区分取代了传统的具有本体论的实体与偶然性、事物
与特性的区分。在他看来，媒介与形式是由系统所建构的，它
们始终预设了一种特有的系统的指涉。它们就自身而言是不存
在的，而是系统的产物。无论是媒介或者是形式都无法再现系
统的最终物质状态，所以艺术系统所拟定的形式与媒介的区分
只有相对于艺术系统而言才是意义重大的，正如货币媒介与价
格始终只有对经济系统而言才是意义重大的一样。媒介与形式
都是元素的结合，媒介是元素的松散的结合，意味着元素有多
种结合的可能性，具有偶然性，而形式是通过元素之间的依赖
关系的集中化而产生的，因此形式被视为心灵的自我指涉的一
种建构，可以被感知，但是媒介却不能被感知。这就构成了形
式与媒介的区分，彼此是独立的。但是二者是联系的，不存在
没有媒介的形式，也不存在没有形式的媒介。卢曼认为："艺
术为了生产形式，就显然要依赖于原初性的媒介，尤其是光学
的和声学的媒介。"关键在于，通过赋予媒介以一种艺术形
式，艺术形式本身构成了一种媒介，一种高级媒介，把媒介与
形式的差异视为交往的媒介，这样区分又重新进入被区分的过
程中。因此，这里仍然存在着形式的悖论与交往的悖论。形式
预示了可能性，也预示了不可能性，既预示了信息的获得，也
预示了其他的可能性。艺术的媒介既是形式创造得以可能，也
使之不可能，因为媒介始终包含了其他可能性，从而使每一种
决定性的事物呈现为偶然性，正如克里斯蒂娃所说："诗就是

还没有变成法则的东西"。①

如果说艺术是意义的交往，那么这种交往不是意义的共享，而是意义的不断延伸，意义的媒介就在于差异，在于现实性与潜在性的差异，艺术的功能也就在于生产艺术的差异，甚至艺术的未来也在于差异的选择上。卢曼的艺术理论的思考是宏大而全面的，他的核心是要分析艺术系统的特有功能与特性，这是一种基于差异的交往理论。这个系统是自我生产与自我反思，不断形成差异的意义，以通过艺术作品及其形式的建构来不断进化。但是这种具有特殊功能的系统正是在整个现代社会系统中完成的，这就确立了艺术自主性与合法性的社会基础。

四、卢曼文艺理论的有效性之反思

应该说，卢曼通过社会系统理论来解释艺术问题具有很大程度的有效性，"体系理论提供了建立知识事业的可能性"，割裂了与认识论哲学的联系，超越了批判理论的主观印象主义，"它作为一种方法使我们对文学文本和文学传统的处理发生了革命性变化"，形成一种新的范式。② 也正是如此，一些学者在卢曼写作《作为社会系统的艺术》一书之前就已经把他的社会系统理论用于文学艺术研究，产生了一些文学理论著述，

---

① Niklas Luhmann, *Art as a Social System*, trans, Eva Knodt, Stanford University Press, 2000, p.126.

② Robert Holub, "Luhmann's Progeny: Systems Theory and Literary Studies in the Post-Wall Era", *New German Critique*, No. 61, Special Issue on Niklas Luhmann (Winter, 1994), pp.143-159.

还形成了文学研究的卢曼学派，认为体系理论与文学之间存在着真正的亲密性。而且，卢曼有意识地切入现当代文艺理论的具体理论问题与重要的文学现象，其理论对于文学艺术现象的阐释是具有合理性的，卢曼对浪漫主义的阐释可谓细致绵密，并不亚于文学研究领域的浪漫主义研究。[①] 他既深入地把握了文艺系统的特殊性生成机制与再生产机制以及自主性的维持能力，也清晰地看到艺术系统的社会基础，这是社会理论与文艺理论深入结合的产物。

卢曼的文艺理论的价值在于：第一，确立了艺术系统在现代社会是一个特殊分化的功能系统，这个系统发挥着意义交往的功能。作为一个系统，形成了其自身的封闭性运作机制及其环境，有着自己的自我指涉与外在指涉的结构系统，从而进行自我再生产与自动创造的可能性，形成艺术现代演化的特征，这种演化不是进步与退步的历史哲学，而是基于一种不断循环的，艺术的演化乃是艺术本身的，"艺术的演化并不能由外部的干预所引发：既不可能透过天才艺术家的自发性创造力，也不可能如同严格意义的达尔文式理论所必然假设的一般，经由一种社会环境的'自然选择'所引发……演化论是以一种循环而非线性的方式被建构起来的。"[②] 这是基于系统的差异与自动创造而进行的循环，艺术演化就是如此才呈现出发生几率

① Niklas Luhmann, "A Redescription of 'Romantic Art'", *MLN*, Vol.111, No.3, German Issue（Apr., 1996），pp.506-522.

② ［德］尼可拉斯·鲁曼：《社会中的艺术》，张锦惠译，中国台湾五南图书出版股份有限公司 2009 年版，第 445 页。

极低而保存的几率极高的悖论的循环。这些观点阐释了艺术系统的社会性。这是从社会系统理论视野或者从社会学视野对文艺领域的独特性描述，显然不同于文艺理论家的描述，从而为文艺研究打开了新的视野。

　　第二，卢曼把艺术系统的描述定位于社会系统，同时定位于艺术自主性或者自律这个独特系统，引发了关于艺术领域的合法性与规范性基础的重新反思。他的反思就是确立艺术自身的合法性的可能性的问题，显然这个问题进入了当代艺术死亡所带来的关于艺术如何可能的激烈争论。可以说，卢曼的艺术系统理论并不是重点分析社会对艺术的影响或者艺术对社会的影响，不是分析阿多诺的艺术与社会的自律与依赖性的双重性关系，而是基于艺术自律如何可能的问题，艺术自律是如何通过艺术作品本身进行自我再生产。因此，这进入文艺理论的核心问题。也正是如此，卢曼以艺术系统的"自我描述"概念作为艺术系统的合法性的一个重要基点，因为关于艺术系统的自我描述就是不断确立艺术的边界与艺术作为艺术的可能性。关于模仿的理论、美的理论、趣味的理论、虚构的理论、否定性美学、反艺术的理论都是艺术系统的自我描述。这说明，艺术系统关于什么是艺术的描述也就是艺术合法性奠基的问题。但是在卢曼看来，艺术的自我描述都不可回避悖论与偶然性问题，甚至回到维特根斯坦的命题上："维特根斯坦的哲学无可估量的影响之一，在于提出了艺术的概念是否能够定义的问题。倘若游戏观念必然已经保持为无可定义的话，那么艺术的

概念势必也该是如此。"① 根据卢曼的社会系统理论，艺术的
合法性问题是一个差异的问题也是始终充满悖论的可能性。如
此就与以往的艺术合法性概念截然不同，因为这不是寻求本质
性或者形而上学的合法性概念；而是寻求不断差异的合法性概
念；这也是基于他的关于艺术交往的差异性基础上的，事实上
打开了关于艺术合法性理论的多元性建构，而不是仅仅基于语
言维度的交往美学，因为现代社会"不再有一个决定一切的
阿基米德点"，不可预测性就是所谓的"规则"。② 显然卢曼的
文艺理论打开了文艺领域的合法性包括文艺学的规范性讨论的
崭新视野。

但是卢曼的文艺理论仍然面临着其他当代社会理论视野的
文艺理论同样的问题，这也是我们要给予慎重反思的。他的文
艺理论具有高度的抽象性，从而忽视了文艺领域的复杂性与丰
富性，忽视了对文艺领域最重要的审美经验的体验，正如他自
己明确认识的，他关于艺术的分析"忽视了个体艺术形式的
各种差异"。③ 同时，他对艺术系统的阐释显示出艺术交往的
差异性与艺术系统的异质性，但是通过审视其整个社会理论著
述，他使用的是同一个理论框架，尤其是基于布朗的"形式
的规律"、生物学的"自我创造"、语言学的自我所指与外在

---

① ［德］尼可拉斯·鲁曼：《社会中的艺术》，张锦惠译，中国台湾五南图
书出版股份有限公司 2009 年版，第 472 页。

② C. F. Niklas Luhmann, *Social System*, trans, John Bednarz, Stanford University Press, 1995, p.XII.

③ Niklas Luhmann, *Essays on Self-reference*, New York：Columbia University Press, 1990, p.191.

指涉等概念，由于坚持基于差异的悖论的形式规律，他在经济
系统、情爱系统、法律系统、艺术系统坚持同样的观点，这显
示了他的社会理论的高度的抽象性与普遍性，同时也与其坚持
的观点构成了不可克服的悖论，在某种意义上说并没有深刻揭
示出艺术系统的独特的自主性与合法性问题。或者说，他的文
艺理论没有深入地进入艺术系统的多样性与幽微。这是当代社
会理论视野下的文艺理论的一个共同特点，虽然对文艺现象，
尤其是文学艺术作品进行了较为细致的分析，如拉斯的《后
现代主义社会学》的分析，认为现代主义文化以"推论的"
方式进行意指，"而后现代主义是以'比喻的'方式意指"，前
者强调了词对于图像的优越性，重视文化对象的形式质性，是
自我的感性而不是本我的感性，后者是利奥塔的欲望美学，也
就是桑塔格的感性美学。① 但是社会学视野的总体性与普遍
性，使得其文学理论话语具有普遍性的宏大叙事之特征，只不
过卢曼以差异性和悖论作为统一性范畴而已。虽然卢曼在
《作为社会系统的艺术》的开篇清晰地认识到："普遍的社会
理论试图根据规范性、有机性和统一性概念来描述其对象，这
本书的项目竭力远离之。"② 但是，他最终的分析仍然没有超
越他试图克服的普遍性框架。再者，他基于形式的差异的理论
实现了社会理论的转向，从行为与动机研究转向了系统功能的
分析，实现了从人道主义美学、意识哲学、主体性美学向建构

① Scott Lash, *Sociology of Postmodernism*, Routledge, 1990, p.174.
② Niklas Luhmann, *Art as a Social System*, trans, Eva Knodt, Stanford University Press, 2000, p.1.

主义的转向，体现出鲜明的后人道主义美学特质。尽管这种转向带来的意义是巨大的，但是忽略了文艺领域的丰富的审美经验的存在性思考，也忽略了对审美价值的反思，结果他的文艺理论是基于意义的结构主义与后结构主义理解，意义成为差异或者区分的形成，从而丧失了艺术领域的高度的人文属性与心灵安抚的功能，丧失了文艺对人类存在的价值思考，而走向了基于数理形式逻辑的演算，这就冒着把艺术视为一种自然科学的危险。所以有学者质疑：由于卢曼局限于艺术的文化维度，"他把艺术作品本身要传达的信息或意义视为是完全剩余的。没有意义，艺术是什么？这不仅仅是艺术的问题，也是卢曼理论的问题。"①

第三节　赫勒的悖论阐释学

悖论阐释学指向了阐释的多元性和复杂性。阐释学是 20 世纪重要的哲学、美学，它渗透到各个学科之中。匈牙利布达佩斯学派最重要的理论家赫勒在海德格尔、伽达默尔、哈贝马斯、卢曼、福柯、利奥塔等西方著名阐释学家提出的阐释理论基础上，对文艺阐释学进行了创造性的理解，包含着悖论阐释学思想。她认为，阐释学是建构现在与过去、未来的时间关系的学科。她提出了诸多具有特色的阐释学理论，如"存在主

---

① Steven Sherwood,"*Art as a Social System* by Niklas Luhmann", *The American Journal of Sociology*, Vol.108, No.1（Jul.,2002）, pp.263-265.

义阐释学""激进阐释学""实践阐释学""伦理学阐释学"
"社会科学阐释学"等命题，体现出当代批判理论的阐释学转
向。赫勒的阐释学蕴涵着多元主义思想。她认为："我们生活
在阐释学的魔力之下：阐释学与主体间性的意识彼此多元决
定。"① 她从多层面切入阐释学，其中涉及哲学、历史学、社
会学、伦理学，其中涉及美学维度。其阐释学视角成为考察现
代、后现代文化现象的重要侧面。阐释学自古有之，阐释学的
现代特征最根本的问题与标准问题相关，即涉及真理的问题。
因此要深入理解赫勒的阐释学思想，我们首先应该把握她的真
理观。阐释真理的多元主义必然导向阐释美学的多元主义，这
在一定程度上深化了悖论阐释学。

一、真理多元主义与艺术真理

在后现代，真理概念面临着严重挑战，以往包揽一切的
真理观、一致性真理观受到普遍的质疑。处于后现代学术语
境的赫勒不能无视这些哲学的热潮，她借助利奥塔 1982 年
的去总体化宣言，提出了真理概念的去总体化设想："后现
代视角也使真实知识的科学概念多元化，因为它使之去总体
化，并在谱系学上处置它，让我沿着这个方向提及三个实质
性阶段。第一是库恩所阐述的范式理论，这已经把视角变化
引进到科学理论和真理的理解之中。第二是福柯的话题，

---

① Agnes Heller, *Can Modernity Survive?* Cambridge, Berkeley, Los Angeles: Polity Press and University of California Press, 1990, p.6.

'真理如何被生产'的谱系学问题取代了'真理是什么'的传统问题。第三是德里达对时间的解构，他让文本阐述一个真理然后又消除这个真理。"① 真理概念的去总体化走向多元主义的真理观。

真理的问题是历史的，每个真理出现于历史中。但是，真理本身联系着非时间性、永恒性，也就是真理不应该经受变化。这个问题涉及真理的概念。真理的概念在苏格拉底—柏拉图与黑格尔的意义上是辩证的，它来自于否定。所有纯粹的"意见"，被置于反思批判的考察中，不是这个而是那个是真的，不是这个而是那个是美的，不是这个而是那个是正确的。被认可的、解密的，说明是最终绝对的真实与正确的才称为真理。为了揭示真理，不得不清理真理的本质问题。而对真理的追问又是一个启蒙的问题："无论什么时候，无论在哪儿，关于真理的问题被提出，文化就历经了启蒙的阶段。"② 真理的问题通过"使世界理智化"让这个世界永远充满问题。哲学真理主要体现于永恒性、绝对性、全面性、同一性等范畴，这是前现代的特征。真理的迷惑或者问题却是一个典型的现代问题，正是从这些迷惑的孕育中，新的真理图像诞生了。真理的

① ［匈牙利］阿格妮丝·赫勒：《对后现代艺术的反思》，傅其林编译，《四川大学学报》（哲学社会科学版）2007 年第 5 期。此文系根据赫勒 2007 年 6 月 29 日、7 月 1 日分别在复旦大学、四川大学的演讲稿《什么是后现代——25 年之后》编译的，其中部分内容已在 2002 年的匈牙利语演讲中形成。Heller Ágnes, "Mi a posztmodern-húsz év után". http://www. debrecen. com/alfoldszerkesztoseg/2003/200302/heller. htm.

② Agnes Heller, *A Philosophy of History in Fragments*, Oxford and Cambridge, MA: Blackwell, 1993, p.115.

迷惑是关于永恒真理的历史出现的问题。这为克尔凯郭尔所表述。他认为永恒真理的历史出现是一件不能理性地加以理解的荒谬之事。维特根斯坦以不同的方式思考真理的方式，给20世纪的人们提供了一幅新的图像。这样，随着对真理的质疑，真理概念本身被历史化了，现在宣称历史上出现的真理具有"永恒的"特征的主张已经是荒诞的。现代真理的迷惑导致了真理的多元化，不仅仅是内容，而且是概念的多元化。

　　赫勒对真理问题的思考揭示了现代真理的多样性，这也是她描述的后现代的真理观念。她认为，后现代男男女女以及其中的后现代哲学家不追求一种强制性的真理。他们拒绝强迫权力的真理比没有强迫权力的真理优越，他们也不宣称普遍性的传统主张。传统主张就像把一种正确的数学的解法强迫给每个人，这忽视其他解法，否定了其他解法的合法性。在后现代看来，现代科学的准确律、充足律的主张是有问题的，甚至不合人意。"在科学（或者其他）理论中，没有关于真理标准的'最终的'理论。"[①] 因此后现代人不相信"世界图像"的观念，不相信一种绝对的没有争论的理论。虽然还有一些理论家在着力宣称一种普遍的理论，赫勒自己对之没有兴趣。她提出了自己的真理观："为了读者的缘故，我提出我自己的（适应的）说法：真实的知识是'了解什么'与'了解如何'的类型，它在世界定向中起着最可靠的拐杖的作用，并且引导这个

---

　　① Agnes Heller, *A Philosophy of History in Fragments*, Oxford and Cambridge, MA：Blackwell, 1993, p.126.

世界的公民试图扩大他们行为与思维的范围，最大程度地减少堕入骚乱的冒险。但是，那个拐杖的可靠性的标准是如此不同，取决于真实知识的领域、种类或者类型，以至于普遍化的主张几乎不能隐藏它自己的空洞。"①

赫勒的真理观对克尔凯郭尔、黑格尔的真理观进行了整合。克尔凯郭尔认为，真理不是客观的，而是主观的。传统真理强调客观性，赋予客观性比主观更高的尊严，而"主观的"意味着纯粹是个人的、偶然的。康德虽然敌视主体性，就认识与道德而言完全颠倒了这种主体性，从这种意义上，他是传统的，但是在他反思美时，却不是这样，即体现出主体性。这就是近些年对康德的第三个批判的兴趣的高涨的主要原因。在赫勒看来，康德的关于审美的批判体现出来的主体性与克尔凯郭尔的主观的真理、后现代意识有着联系。赫勒认为，对康德来说，趣味判断的特征是一个无目的的主观的目的性，是概念知识的缺失，但是包含了必然性与普遍性这两种真理的成分。赫勒注意到克尔凯郭尔对黑格尔的名言"真理是整体的"的辩驳。在他看来，黑格尔是最后一个形而上学者。赫勒认为，在某种意义上，黑格尔的确是形而上学者，但是在另一种意义上说，他是新浪潮的带来者。赫勒没有将黑格尔的真理概念置于她关于真理问题的讨论框架，她说："我想回避哲学史的所有具体问题。我已经把这些辉煌的精神仅仅设想为灵感的源泉。

---

① Agnes Heller, *A Philosophy of History in Fragments*, Oxford and Cambridge, MA: Blackwell, 1993, p.127.

因为在一种后现代的真理图像中，两个看似完全矛盾的断言'真理是整体的'与'真理是主观的'能够被调和。"①

赫勒解释了克尔凯郭尔真理是主观的内涵。克尔凯郭尔《非此即彼》的最后一句说："真理只是为你而建构的。"② 这意味着存在几种不同的真理，只有其中的一些对一个个体是真理，对这个人是真理的对另一个人却不一定是真理。并且对同一个人来说，在此时是真理的在彼时却不一定是真理。克尔凯郭尔明确提出真理的主观性命题，认为："当主观性成为真理时，真理的定义本身必然包含了对客观性的对立的表达……这种表达显示了内在性的弹力。这种真理的定义是：客观的非确定性，是通过最富有激情的内在性加以掌握的，这种非确定性是真理，对一个现存的人来说，这就是最高的真理。"③ 因此真理是主观的这种断言在认识论上是开放的，或者说真理是多元的，这也意味着只要传统的一致性真理理论熏陶了你，它对你就是真理。所以克尔凯郭尔的真理观并不排除传统的真理认识。

事实上，赫勒主张的真理多元主义与莱辛的真理认识相关，后者不信奉工具性真理，而是主张"带有复数的真理，

---

① Agnes Heller, *A Philosophy of History in Fragments*, Oxford and Cambridge, MA：Blackwell, 1993, p.129.

② Søren Kierkegaard, *Either/Or.* II. Eds. and trans, Howard V. Hong and Edna Hong, Princeton：Princeton University Press, 1987, p.354.

③ Søren Kierkegaard, *Concluding Unscentific Postscript to Philosophical Fragments*, Vol.I, Edited and Translated with Introduction and Notes by Howard V. Hong and Edna H. Hong, New Jersey：Princenton Univewty Press, 1992, p.203.

他用这些真理对抗基础主义。"① 不过，真理是主观的断言不涉及真理是绝对的或者相对的认识，这不同于后现代主义者宣称的相对主义真理观。因为这个真理对我是真理，对我具有绝对性。赫勒主张，事实上，她与她的许多当代人一起，拒绝康德前的认识论的与本体论的观点，而依赖克尔凯郭尔的真理观，她说："被修正的克尔凯郭尔的真理观念在后认识论的认识理论的框架中完全说得通。"② 因此只有适合后现代历史意识的现代传统理论才被赫勒看重，其对康德、黑格尔、韦伯、马克思等哲学家的认识同样表明了这种倾向。

赫勒通过对真理问题的清理，认识到现代真理的多元性，尤其是后现代真理的多元性、主观性、动态性等特征，"不仅真理的内容，而且真理的标准在不同领域是不同的，况且内容与标准也是变化的。"③ 正在变化的不仅仅是真理的决定物，还有达到真理的程序以及真理接受的标准。海德格尔虽然试图尝试调和真理的普遍性与历史性，但也坦然承认他的包罗万象的真理观念不等于真理，而认识到"真理的开放"。赫勒认为："'真理的开放'是海德格尔美丽的、显示内心活动的表达。"④

---

① Agnes Heller, "Enlightenment Against Fundamentalism: the Example of Lessing", *New German Critique*, No.23（Spring-Summer）1981, pp.13-26.

② Agnes Heller, *A Philosophy of History in Fragments*, Oxford and Cambridge, MA: Blackwell, 1993, p.130.

③ Agnes Heller, *A Philosophy of History in Fragments*, Oxford and Cambridge, MA: Blackwell, 1993, p.132.

④ Agnes Heller, *A Philosophy of History in Fragments*, Oxford and Cambridge, MA: Blackwell, 1993, p.257.

但是真理的问题不需要得出真理问题的抛弃的结果，真理是主观的断言不是真理的定义，这意味着真理的多元性与真理概念的多元性，这是一种真理的观念，它否定普遍主张的有效性，但是，"真理的观念不否定真理观念的可能性或者重要性。"①因此赫勒认为："真理的观念嘱咐我们相互确认彼此的真理。它是对他者认可的最高的形式。"②　同时，真理是主观的断言不意味着真理是关于主体的真理，赫勒试图解决现代真理的困惑，提出了真理的历史性与永恒性统一的问题，她说："真理是主观的这种观念是历史的；它是涉及现在的历史真理。但是它不确定如何单一真理的内容。真理是主观的这个观念本质上是历史的，但是熏陶我们并且成为'为我们的真理'的真理不必然应该被理解为历史的。真理的这种观念允许我们相信永恒的真理。"③

　　真理的多元化意味着不同领域存在不同的真理，其中艺术真理作为一种独特性真理概念被提了出来。赫勒指出，康德事实上建立了不同于认识与道德的审美的真理，也就是艺术的真理，但是这种真理建立在主观的趣味基础上的，通过主观趣味暗示普遍的真理。古希腊人也具有不同的真理领域。韦纳（Paul Veyne）认为，古希腊人控制了两种现实，神秘的与日

①　Agnes Heller, *A Philosophy of History in Fragments*, Oxford and Cambridge, MA：Blackwell, 1993, p.132.

②　Agnes Heller, *A Philosophy of History in Fragments*, Oxford and Cambridge, MA：Blackwell, 1993, p.133.

③　Agnes Heller, *A Philosophy of History in Fragments*, Oxford and Cambridge, MA：Blackwell, 1993, p.133.

常的，他们与之共存。赫勒对威尼的认识进行了补充，普遍的
人群至少生活在两个现实中，有时超过两个。踏进一个现实
时，人们"相信"一系列的事物、故事等，踏入另一个现实，
他就相信另一系列的。在一个现实中被接受为真实的在另一个
现实中体现为虚假的，反之亦然。赫勒认为："从一个现实转
移到另一个现实，不仅真理的'内容'变化了；真理的标准，
挑战一个陈述、一个故事或者一个理论的真理方式也变化了，
这些方式在类型上也极为不同。"①

　　哲学对各种不同的真理与虚假进行区别，如神话的真理与
虚假、荷马史诗的真理与虚假、悲剧的真理与虚假，提供意义
的各种真理也被分为不同的等级。在过去 2500 多年中，真理
不断地被重新分等级。但是赫勒认识到，在后现代，排列真理
的提供意义的领域的等级第一次受到怀疑。在现代性中，几个
提供意义的领域被提高到超越日常现实的范围。沿着不同领域
的真理的分工导致了"真理生产"的不断提高的职业化。突
出的文化很快被区分为"高雅文化"与"低级文化"，提供真
理只被投射到高雅文化中。在 19 世纪与 20 世纪的著名思想家
的等级中，真理被落得臭名昭著。真理的一致性理论已经愈来
愈受到质疑。福柯跟随着尼采的传统，把真理视为一种由权力
制造的武器。每一种话语生产其自己的真理，这种真理反过来
深深地扎根于那种特殊话语的权力位置中。但是赫勒认为福柯

---

① Agnes Heller, *A Philosophy of History in Fragments*, Oxford and Cambridge,
MA：Blackwell, 1993, p.117.

这种认识对某些真理的描述是正确的，是对所有真理的描述，他的认识是不恰当的，她说："当我认为现实的多样性是真理的多元性的前提时，我也接受这种观点，即现实领域的日益多样化导致真理的日益的多元化，并且真理与权力是联系的。但是我同时不赞同最简单化的同一性逻辑，这种理解满足于断言，A 是 A，即真理是真理，或者 A 是 B，即真理是权力，人们也许想到一切真理。"① 也就是说，赫勒认为福柯的一切真理都是权力的认识同化着传统真理观的同一性逻辑。

　　赫勒涉及海德格尔对真理的营救，她认为他进行了几次不同然而很有勇气的尝试，试图把真理理解为完全历史的概念，但他没有完全抛弃提供真理本质的一种包罗万象的图像。一致性真理不是被他揭露为虚假，而是理解为西方文化的真理，理解为现代的、形而上学的与技术的"存在的敞开"的表现之一。在赫勒看来，海德格尔与青年卢卡奇一样，融合了激进哲学与文化传统主义。对他们而言，真理体现于伟大的艺术作品之中。艺术的真理是真理，不是因为它与某些现实的一致性，而是因为它的非一致性。就卢卡奇的矛盾而言，艺术作品愈"类似"日常现实，它事实上愈不可能成为这种现实。青年卢卡奇在《艺术哲学》的第三章"艺术作品的历史性与无时间性"中思考了真理问题。② 艺术在海德格尔的表述中，在作品

　　① Agnes Heller, *A Philosophy of History in Fragments*, Oxford and Cambridge, MA：Blackwell, 1993, p.120.

　　② Agnes Heller,"The Unknown Masterpiece", in *The Grandeur and Twilight of Radical Universalism*, New Brunswick, NJ：Transaction, 1990.

的光芒中，每个普通的现存物成为一种非存在物。赫勒的分析
比较切中实际，海德格尔对艺术形象与日常存在物的非一致性
关系进行了深入的分析，他对梵高《农夫的鞋》的著名解读
事实上表明了这点。海德格尔认为："作品自身越是纯粹地进
入存在物的敞开之中（自我敞开的敞开性），那么，将越是纯
然地将我们移入这种开放性，并在同时移出日常的领域。"①
赫勒认为："卢卡奇与海德格尔都通过使用克尔凯郭尔的跳跃
的隐喻，使艺术作品的真理的唯一性变得易于感知。一个深渊
把作品与作者、接受者与生活分开，也与其他真理的领域分
开。"② 海德格尔认为真理的创造性保存于艺术作品之中，艺
术是真理的生产与发生，真理对他来说是一个跳跃或者虚无的
事情，"真理难道是源于无之中？如果无仅仅是所是的没有，
如果我们此处认为所是是以日常形式出现的对象，它因此进入
光照和受到那设想为真理存在的作品生存的挑战时，那么这的
确如此。真理从来不是现存的和一般对象的聚集。"③ 也就是
说，艺术的真理是日常事务的否定，这样海德格尔确立了获得艺
术真理的开端的条件，"真正的开端，作为一跳越，总是领先，在
此之中，到来的万物已经越过，甚至作为一种遮蔽之物。"④ 所以

---

① ［德］M. 海德格尔：《诗·语言·思》，彭富春译，文化艺术出版社1991
年版，第63页。

② Agnes Heller, *A Philosophy of History in Fragments*, Oxford and Cambridge,
MA：Blackwell，1993，p.121.

③ ［德］M. 海德格尔：《诗·语言·思》，彭富春译，文化艺术出版社1991
年版，第67页。

④ ［德］M. 海德格尔：《诗·语言·思》，彭富春译，文化艺术出版社1991
年版，第71页。

他认为："艺术让真理起源。作为发现的守护，艺术是作品中所是的真理跃出的源泉。凭借跃出而诞生某物，通过一发现的跃出使某物源于其本性的源泉而进入存在。"①

赫勒非常重视艺术领域的真理问题，因为她认为，关于艺术品中的真理的问题被提出来，创造了对抗真理的一致性理论的帝国主义的一个不能征服的壁垒。在过去几十年，库恩与费耶阿本德（Feyerabend）把这个运动带到科学哲学的领域，真理一致性理论的核心地带。他们促进了真理类型的多样化的后现代理解，然而关于"艺术中的真理"也促进了就真理领域的后现代思辨。现实主义的再现最好地使卢卡奇与海德格尔认为，艺术作品的真理是世界的世界，就其存在而言，它把其日常生活、政治等其他世界揭露为不真实的、欺骗性的、平庸无味的。海德格尔显示出，使用之物，如农鞋，我们"技术"宇宙的任意毁灭的东西，在艺术作品中呈现为它们不是的东西，呈现为没有毁灭性的一种生活方式的象征。对海德格尔来说，最终罪孽的世界的总体性的拒绝或者最终形而上学的世界的解决是一种有意的启示姿态，但是赫勒认为，这种姿态对我们后现代意识没有吸引力。赫勒对德里达在《绘画的真理》中的艺术真理认识进行了阐发。如果人们思辨"艺术的真理"，人们就说着哲学的语言。关于艺术的真理的本质的问题根本上是哲学的，其答案也会是哲学的。哲学对"艺术真理"

---

① ［德］M. 海德格尔：《诗·语言·思》，彭富春译，文化艺术出版社 1991 年版，第 72 页。

不得不说的一切不会是在艺术里的真理，后者只能被艺术表现，从来不能被哲学表现，是哲学而不是艺术来思考艺术的真理，艺术不能反思它表现的真理，尽管艺术家能够反思他自己作品的真理。哲学断言"艺术的真理"，它设法理解并阐明那个真理。赫勒对此作了一个比喻。画框不属于它框定的作品。它不在作品中，也不完全在作品之外，关于艺术的真理的哲学思辨就是画框（parerga）。它们在双重意义上框定这个真理。一方面，它们使这个真理凸显，它们通过指向它的内在性特质把它从墙壁从日常生活中分离出来；但是另一方面，它们通过限制、切割，并通过试图以哲学的思辨决定它，框定了这个真理。因此，哲学对艺术真理的思辨既在揭示真理，又在束缚真理。艺术被哲学框定为一个表现真理的领域。赫勒就此区别了艺术哲学与艺术批评的目的，她认为："告诉我们'艺术的真理'是什么，这是艺术哲学自我约定的任务，而告诉我们是真理或者虚假已经被表现于一个或者另一个具体的艺术作品或者艺术风格，这是艺术批评的自我约定的任务。"①

在由现实的不同领域制造或者分配的许多真理中，"艺术的真理"能够最好地被现代哲学框定，恰恰因为"艺术的真理"不框定艺术本身。重力的理论属于重力的描述、重力的感知，但是绘画的理论不属于绘画。这个画框也能够当作一个篱笆，它已经隔开了真理的一致性的"科学的"概念的总体

① Agnes Heller, *A Philosophy of History in Fragments*, Oxford and Cambridge, MA: Blackwell, 1993, p.122.

性的支配。一旦"科学的真理"抛弃支配它的资格，并且逐渐退缩，哲学也能够松懈。赫勒这种分析透视了艺术、哲学在现代性中的命运，既显示了哲学与科学的区别，又显示了二者在现代性的对抗力量。因为艺术的真理不同于科学的真理，艺术不同于科学。赫勒着重探讨艺术的真理事实上表明了现代性的真理的多元性，那么艺术的真理是什么呢？在此，普遍主义也已经失去了它锋利的边缘，规范性也是如此。天启的热情已经以宣称高级真理的主张来框定艺术，以便使这种真理与生活的卑劣与腐化相对照，当这种热情已经泄气时，这种被如此侮辱的生活也值得哲学的思辨。艺术的真理也就获得了解放。

　　赫勒立足于后现代的多元化的真理意识考虑后现代的偶然性存在条件，提出艺术真理的多元主义认识。在《绘画的真理》中，德里达评述说："所有的鞋一直在那儿，在拍卖，因此你能够比较它们，把它们配成双，使它们不成双，以成双打赌或不打赌。圈套是打赌的必然性。不可比较的逻辑……这些鞋始终对他者的无意识保持开放性。"① 赫勒认为设想真实是主观地包含打赌的必然性。为我的真理是我的打赌，作为一个偶然的人的打赌，但是打赌的对象能够被认为是非偶然的。这实际上说明了解释的多元性。我的打赌是为我是真理的真理，那些鞋是为打赌的桩标，那些鞋成为根据我的打赌（解释）的鞋。这的确是主客体的同一性。但是我从来不占有这些鞋，

————————

　　① Jacques Derrida, *The Truth in Painting*, Translated by Geoffrey Bennington and Ian McLeod, Chicago: University of Chicago Press, 1987, p.381.

"为我的真理"不等于"我的真理"。没有人拥有真理。人们被真理熏陶，但是熏陶的方式能够是不同的。被某物熏陶对一个人来说意味着这个人的存在的整体联系着这物。因此，一个人的整体的存在能够被偶然的事件影响，整个的存在卷入一场打赌中，也卷入保持与打赌的对象一致。赫勒认为这事实上涉及生活，"'存在'代表好的或者富有意义的生活。"真理抓住、动摇、启蒙、改变、提升这种存在。赫勒认为："在这种解释中，真理一直是整体"。[①] 这样，赫勒建立了偶然性与整体的真理认识，整合了克尔凯郭尔与黑格尔的真理认识。赫勒在视角主义的立场上把握阐释学赋予了解释的多元化。她指出，只要一个名称具有象征的维度，那么这个名称就不是导致一种纯粹的文学解读，"所指本身是多方面的，因为它不仅代表了意义的不同深浅，而且代表了在完全不同水平，在不同的话语领域里展开的各种不同的意义。"[②]

赫勒这种整合偶然性的真理观体现了后现代主义特征，就美学而言，就是重新建构了一种艺术真理观念。第一，她认为艺术真理是一种"启示性真理"。她对"诗性真理"的阐释指出了这点。关于历史的诗性真理不同于事实真理，也不同于历史理论、历史叙述或者对历史叙述的理论阐释。因为后者的旨趣在于从现在的角度挖掘并理解过去，过去能够被改变，人们

---

① Agnes Heller, *A Philosophy of History in Fragments*, Oxford and Cambridge, MA: Blackwell, 1993, p.134.

② Agnes Heller, "Friction of Bodies, Friction of Minds", in Marta Fehir, ed., *Hermeneutics and Science*, Kluwer Academic Publishers, 1999, p.94.

通过重新阐释或者发现新的事实改变着过去。而历史的虚构只是近似，它们想告诉我们真正发生的故事，但是人们从来不知道事情到底是如何发生的，最重要的是因为事情不是按照一种规定的方式发生的。对不同的人而言，事情以不同的方式发生，因而发生的"现实"不是一种事实而是一种阐释。相同的历史事件具有许多不同的故事，过去一直是开放的。亚里士多德第一个认识到，悲剧由于其普遍性与可能性不同于历史学，而与哲学情同手足。所以悲剧的真理是启示性的（revelatory），这也是艺术真理的特征。赫勒指出，哲学家已经阐释了艺术真理的启示特征。在诸如黑格尔的形式材料说的传统中，内容完全消失在形式之中。人们能够补充说，艺术作品是完美的，不能从中添加或删除任何东西。无论何时我们观看一场戏，它的真理揭示它自己，这种真理与完美恰恰是我们所见所体悟的东西。认识到某种东西被压缩了没有消除这种启示的经验。因为当一部作品与接受者相交流的时候，它始终在那里。所以赫勒认为："艺术作品的真理是启示性的，因为艺术作品没有'之前'和'之后'。它代表它自己。在现在时间，不能增添或者删除任何东西。"① 譬如，在布拉格和维也纳上演的莫扎特的《唐·乔万尼》不完全是相同的，但是它们都揭示了真理。如果说历史的真理关注"近似"，那么，对历史的阐释工作就改变了历史的虚构，但是就艺术而言，阐释的工

———————

① Agnes Heller, *The Time is Out of Joint：Shakespeare as Philosopher of History*, Maryland：Rowman & Littlefield Publishers, Inc. 2002, p.368.

作没有改变作品本身，而是改变了对虚构的理解，这样"近
似"的观念完全在启示真理的理解与舞台化中缺失了。不存
在任何近似的东西，因为作品本身就是真理。人们面临的是这
种真理到底是什么这个问题，而不是面临着是否是真理的问
题。结果，所有的阐释就阐释真理的"那个"。这就是表明艺
术真理具有自指性，虽然莎士比亚的历史剧与历史事件相关，
似乎可以说不是自指的，但是就真理而言也是自指的。因为启
示真理是自指的。他指性的真理关于事实真理的真实知识或者
理论，而"启示性真理不关涉任何外在的东西，它本身是自
指的。"①

　　第二，艺术真理是个体性的、多元的、差异的。所有过
去、现在、未来的艺术作品共同构成了艺术世界，然而这个
"艺术世界"是由许多不同的世界构成的。艺术真理也是如
此，"艺术世界的真理不是共同的东西，肯定不是'事实上是
真实的东西'。因为每一部艺术作品对渴求意义的接受者传达
自己的真理。这些接受者知道这个真理是什么——这是为她或
他的真理。"② 每一部作品应该是唯一的、个人的，尽管不是
同样有价值。幸福的作者的世界不同于不幸作者的世界。把所
有单一作品弄在一起不是拼加，也不是黑格尔的通过差异的统
一达到和解。赫勒指出："每部作品的单一世界可以被视为莱

① Agnes Heller, *The Time is Out of Joint*: *Shakespeare as Philosopher of History*, Maryland: Rowman & Littlefield Publishers, Inc. 2002, p.369.

② Agnes Heller, *A Philosophy of History in Fragments*, Oxford and Cambridge, MA: Blackwell, 1993, p.242.

布尼茨的单子。这个单子包含了宇宙的总体，然而是从完全唯一的视角包含的。人们不要想到用一个宏大的理性来统一这些视角。统一也有，它在每一个单子之中，如果作品能够融合在一起，统一就在它们所有之中，然而在'你的世界'和'我的世界'之间仍然保持着差异性，每一个世界的独特的个性也保持着，差异性与单一性没有被扬弃。"① 这就构成艺术的主观世界的马赛克。就各门艺术而言，赫勒也提出，不同的艺术分支具有不同的特征，不能将其统一，她尤其谈到了文学、美术和音乐在接受方面的本质差异性："我发现普遍地谈论艺术作品是充满问题的。在这方面，不同的艺术在本质上也是不同。"② 语言是文学的媒介，那么认知活动依然是其接受活动不可避免的方面，我们对作品中的人物尤其是主要人物有认同关系。我们与一幅画的关系，不同于我们与传统的叙述样式的关系，美术作品本身引发宗教情感，具有灵韵。音乐完全是非确定性内容的艺术样式，充满情感的模糊性。赫勒这些艺术真理及特性的认识与其后现代视角主义是紧密相关的，也可以说前者是从后者演化而成的。

　　赫勒这些艺术思想与布达佩斯其他成员的认识有着类似性。弗多尔（Gaza Fodor）通过音乐的独特性研究，确定了艺术的偶然性与个体性。现代音乐是与时代的精神联系在一起

---

① Agnes Heller, *A Philosophy of History in Fragments*, Oxford and Cambridge, MA：Blackwell, 1993, p.242.

② Agnes Heller, "The Role of Emotions in the Reception of Artworks"，此文系赫勒于 2007 年 7 月 2 日在西南民族大学的演讲。

的，与时间的偶然性一起存在，音乐作品起源于诞生的环境的特殊性，音乐形式是与时间性、偶然性的融合，传统的艺术理论不能够揭示音乐作品创造的时代性与音乐形式的联系。莫扎特的音乐杰作不是他的原材料而是这些材料形成的方式才是历史的，同时也是向再阐释敞开的，并进而具有普遍的有效性，"每次音乐短语的跳动和微妙的细节除了作曲技巧的直接意义外还具有只有在既定的瞬间才有效的意义。"①

正是在现代，尤其是后现代，人们对真理与艺术真理的问题日益敏感，不断提出质疑，这样，关于事物的基本认识就发生了根本的转变，强调认识的历史性、多元性，这就为解释打开了新的视域，使阐释学成为现代一个突出的文化、美学现象。

二、作为误解的艺术阐释学

阐释学是关涉真理问题的。伽达默尔对本体论阐释学的建立也是首先对真理问题进行考辨的，正是科学真理与人文学科真理的差异性为阐释学的出现与发展提供了基础。而艺术阐释学又是所有阐释学的基础，伽达默尔从艺术经验入手来分析普遍的阐释学的问题可见一斑。赫勒对艺术阐释学是十分关注的，她在青年卢卡奇美学的研究中提出了作为误解的艺术阐释学思想。

---

① András Wilhelm, "Élet és Irodalom, (Life and Literature): The World View of Mozart's Operas", http://www.typotex.hu/english/book/e_0010a.htm.

　　她在 50 余年的学术生涯中，对阐释学逐步加以重视。最初她受卢卡奇美学中的解释思想的影响。在 1965 年评述扬·科特（Jan Kott）的著作《莎士比亚：我们当代人》（*Shakespeare：Our Contempoary*）的论文中涉及艺术的解释问题。不同时代的学者对莎士比亚作品进行了多种批判，形成了众多的研究莎士比亚的专家与著作，这些都是对同一个对象的解释者与解释的文本。赫勒考察的这种著作同样是莎士比亚的一种解释。而扬·科特的莎士比亚对赫勒来说是我们的当代人，因为"这个批判家在戏剧中面对的是他自己的历史"①。真正伟大的艺术品一直根据每个时代的冲突被看待，"每一个成功的解释或明或暗地证明了这样的事实，即艺术——使用卢卡奇的词语——是人类的自我意识与记忆。"② 因为一个个体记住的是过去最活生生的图像，这些图像对应他目前的性格、动机与行为，因此人类从过去中回想仅仅与现在的东西与其可能的选择相接近的事物。赫勒从作品的过去与人类的意识和现在的关系探讨了艺术作品的解释。不同的人就有不同的解释，但是赫勒认为存在解释的限度，既然艺术"是人类的自我意识，超越了任何个体的特殊性，并且既然它是被客观化的自我意识，那么任何个体或者任何批评家对它再现世界的独特的幻想场面的解释存在严格的限制。"艺术作品客观地存在，我们关于它或

---

　　① Agnes Heller, " Shakespeare and History ", *New Left Review*, No. 32, （July–August, 1965）, pp.16–23.

　　② Agnes Heller, " Shakespeare and History ", *New Left Review*, No. 32, （July–August, 1965）, pp.16–23.

者它的主人公的观点也许随着时代发生变化，或者甚至在同一时代，所有不同的观点也许是真实的，但是"如果不犯某种错误，就有一种不能被越过的界线。"① 在一个伟大艺术家的作品中，主人公的动机非常丰富，不同的解释者能够强调不同的动机，但是赫勒认为存在两件解释者不能做的事，他们不能以非存在的动机代替存在的动机，更重要的是，他们不能使作品中的动机的复杂的丰富性贫乏化。正是建立在这种解释理论的基础上，赫勒对格特的著作进行了评论，虽然她质疑格特从当代荒诞派剧作家贝克特与尤奈库斯的视角对莎士比亚著作的怪诞进行解读，质疑莎士比亚的怪诞是现代怪诞的直接祖先与模式的认识，但仍然承认这是一种当代的莎士比亚。不过从赫勒对格特解释的拒绝中可以感觉到她对解释的有效性的限制是非常严格的。因为他违背了对莎士比亚的伟大、自由、道德性三个价值等级。虽然这是赫勒一部书评，但是其中包蕴的阐释学思想涉及解释的多元性、有效性等方面，为她后来的阐释学思想奠定了基础。

在 1966 年关于卢卡奇的《审美特性》的论文中，赫勒评述了卢卡奇从接受角度彰显的解释思想。艺术作品具有不可穷尽性、具有集中的无限性。这是接受的问题，同时是解释的问题，但也存在解释的限制，赫勒认为："自然，一种非决定的

---

① Agnes Heller, "Shakespeare and History", *New Left Review*, No. 32, (July-August, 1965), pp.16–23.

客观性把限制强加于移情与解释。"① 这种限制在不同的艺术
中是不同的，音乐中比悲剧或者绘画中的不确定性更大。1978
年赫勒出版了《激进哲学》②，其中涉及阐释学的问题，而且
试图整合伽达默尔与卢卡奇的解释理论。在分析哲学的三种接
受即美学家的接受、行家的接受、真正哲学的接受时，赫勒认
为，接受与解释相关："一种哲学的哲学接受建立于解释的基
础上。"③ 后来她认为："一种哲学的接受本身就是一种解
释。"④ 接受者一直只有通过来自于涉及其自己世界的问题与
经验才能够理解哲学。我们知道，甚至惊奇也不能完全抹杀人
类的意识。正是通过一种特殊的视角，惊奇才从意识的前景中
消除"表现"与"偏见"。不过，这种视角在某种意义上由日
常生活决定。赫勒在此的阐释学思想与伽达默尔、青年卢卡奇
的阐释学思想有关。伽达默尔把解释的核心描述为"过去与
现在生活的思维调和"。根据卢卡奇早期的艺术哲学的激进表
述，每一种解释是一种误解。赫勒把卢卡奇的艺术解释理论与
哲学解释结合了起来，提出艺术品解释的不可穷尽性，尤其对

---

① Agnes Heller,"Lukacs' Aesthetics", *The New Hungary Quarterly*, Vol. VII,
No.24,（Winter 1966），pp.84-94.

② 根据托梅对赫勒的谈访，这部著作是赫勒 1972—1973 年间写成的，1978
年以德文的形式出版，请参见 Simon Tormey, *Agnes Heller：Socialism, Autonomy and
the Postmodern*, Manchester and New York：Manchester University Press, 2001, p.99,
notes 1。

③ Agnes Heller, *Radical philosophy*, Trans, James Wickham, England：Basil
Blackwell, 1984, p.33.

④ Agnes Heller, *A Theory of History*, London：Routledge and Kegan Paul,
1982, p.190.

伟大作品而言，她说："哲学体系与艺术作品一样是'不可穷尽的'。它们的可能性的解释因而也是无限的。"① 一种理解一直能够与另一种解释对立，因此每一种解释包含误解的时刻。"每一种理解是一种误解"肯定不意味着每一个误解也是一种理解。因此存在解释的边界问题。而确定这种边界是最为困难的。超过了边界，"一种误解的理解变成了一种理解的误解"。不过，规定一个基本的原则是可能的，这种原则对解释哲学与解释艺术具有同样的有效性，当误解改变了正在被解释的体系的价值等级时，它就不再是理解。任何主张柏拉图说最高的善是享乐或者马克思来说最高的善是商品关系的人，显然缺乏对解释材料的理解。同样，没有人主张在《哈姆雷特》中，罗森克兰茨（Rosencrantz）与吉尔登斯顿（Guildenstern）在道德上是比霍雷肖（Horatio）更加优等的人物。如果一种哲学的基本价值等级不被接受，那么这种哲学就不被理解。如果陈述归属于从来没有形成这些陈述的哲学家，那么那不是误解，而是无知。因此赫勒虽然强调了解释的无限性，强调每一种解释是一种误解，但是她又对正确的解释或者解释的有效性提供了严格的边界。但是在各种理解的误解中，不存在等级区分的标准。在分析人们对马克思的理解时，赫勒说："像所有其他哲学家一样，马克思能够被不同地理解。同样，在他的哲学的现存的理解的误解中，我们不能设置任何一种严格的边界来分

---

① Agnes Heller, *Radical philosophy*, Trans, James Wickham, England：Basil Blackwell, 1984, p.33.

离作为理解的误解与误解的误解。"① 排除了纯粹的误解与无知，就只有一种单一的普遍的标准来分离理解的误解与直接的误解。这对每种哲学与每件艺术作品都是一样的。如果解释者改变或者颠倒价值等级，那么这个人是进行一种纯粹的误解。不过既然不同的解释者支持马克思的哲学的价值等级，那么"我们不得不把这种哲学的每一种误解的理解视为一种同样真实的理解。"② 可见，通过阐释学理论，赫勒提出了马克思的阐释学，提出了哲学解释的基本限定与在这种限定内各种解释的平等性，这表现出解释的多元主义的认识。并且赫勒还认为，这些不同理解由于都没有颠覆解释对象的价值等级，所以它们具有亲密性，这样不同的解释就建立了一个解释者的共同体，这通过她对马克思的激进需要哲学的解释可以透视出来，她说："在我对马克思哲学的解释中，我坦言与激进运动的亲密性，这些激进运动表达了对自由人组成的共同体的需求以及对共同决定价值的需求。"③

哲学的接受者一直把自己客观化。这种客观化建立于现在与被选择的哲学体系的理解的/误解的调和之上。客观化以不同的形式产生，通过讨论、通过通信或者通过书面的思想的出版物。这种调和也可能有不同的形式，作为运用、作为"填

① Agnes Heller, *Radical Philosophy*, Trans, James Wickham, England：Basil Blackwell, 1984, p.137.
② Agnes Heller, *Radical Philosophy*, Trans, James Wickham, England：Basil Blackwell, 1984, p.138.
③ Agnes Heller, *Radical Philosophy*, Trans, James Wickham, England：Basil Blackwell, 1984, p.140.

补空白"、作为批判的保护。赫勒在此把伽达默尔与卢卡奇的
阐释学思想融合了起来，她论述哲学接受也在论述哲学阐释
学，也分析了艺术阐释学，两者具有类似之处。但是赫勒也区
别了哲学解释与艺术解释，这主要表现在功能方面。她说：
"理解的误解在一种哲学体系的创造中与在艺术的接受中具有
相当不同的功能，或者更加仔细地表述，它能够具有不同的功
能。就是说，这种理解的误解可能不导致一种误解而是导致一
种新的哲学与体系。"① 费希特在《启示的批判》中把自己视
为康德的解释者，正是这种"误解"不是一个误解而是不同
于康德的一个新哲学体系的开端。不过，赫勒没有具体分析这
种区别。

赫勒这种误解美学理论来自于青年卢卡奇的阐释学理论，
或者称为"存在主义阐释学"。她说："《艺术哲学》是关于普
通阐释学的一个经典陈述。更加准确地说，它表现了存在主义
与阐释学传统一种唯一性的融合。"② 在重构卢卡奇阐释学中，
赫勒集中要解决的就是著名的误解理论，因为误解是《艺术
哲学》的核心范畴，也是卢卡奇阐释学的结晶。

赫勒认为卢卡奇在《艺术哲学》中提出了"艺术作品存
在；它们怎么可能呢？"的命题，这个命题是对康德的哥白尼
似的问题的颠倒。这种颠倒被视为审美有效性领域的自律的基

---

① Agnes Heller, *Radical Philosophy*, Trans, James Wickham, England：Basil Blackwell，1984，p.34.

② Agnes Heller，"The Unknown Masterpiece"，in *The Grandeur and Twilight of Universalism*，New Brunswick，NJ：Transaction，1990，p.216.

础，使得审美领域获得了对抗逻辑—理论与伦理的一个特权位置。就是说，审美领域扎根于一种审美的事实，扎根于体现了这个领域规范的事实，即艺术作品。因而事实与规范相调和，事实是一种像其他事物的一种"事物"，然而它不同于其他事物在于它是规范的。赫勒认为卢卡奇对审美领域的艺术的界定与海德格尔的艺术认识存在一致性，后者也认为一切艺术作品都具有物的特性，"艺术品作为物自然地现身。"① 而且海德格尔认为，艺术还有另一种东西超于和高于物性，但是这种高于物性的东西不是卢卡奇所言的规范，而是真理。卢卡奇进一步认为艺术这种规范性的物性事实是由一个活生生的、感受的—体验的主体所创造的。艺术这种特性能够引起直接的效果，也就是能够产生艺术揭示效应，使得在另一个主体中引发规范的经验。如果这样，艺术作品的存在确保了主体间性。艺术作品成为主体间的意义的载体。但是它不承载某种主体间的意义，而是承载大写的意义本身，即所有意义的意义。正是这样对艺术存在特性的哲学思考，艺术的审美领域在人类理解与经验王国就开始占据比理论与伦理学更高的位置，后来卢卡奇抛弃了这两个领域，根本就不需要它们。艺术作品存在的可能性就应该根据主体—客体—主体的关系被阐明。而这些主体本身不是超验的形而上学的抽象主体，而是一个个现代偶然性的主体，赫勒认为是克尔凯郭尔所言的存在意义上的主体。而客体应该

① ［德］M. 海德格尔：《诗·语言·思》，彭富春译，文化艺术出版社1991年版，第22页。

是大写意义的世界，而不是某种具体的意义的概括。这个
"世界"是一个事物，它本身是交往的工具，因为它是调和大
写的意义的工具而没有调和任何具体的意义。正是这种哲学框
架，赫勒称为"存在主义阐释学"。它是存在主义哲学，因为
人类主体在其中呈现为一种偶然性的存在，这种存在被扔进了
不本真交往的偶然历史，不得不妥善应付成为本真的任务。并
且这也是一种阐释学，一种普通阐释学。赫勒认为卢卡奇在
《艺术哲学》中在阐释学视域方面超过了《心灵与形式》所发
现的。在《心灵与形式》中，卢卡奇已经认识到真理的多元
化现象，他说："那儿存在一种生活与真理的客观的、外在的
标准，这纯粹不是真实的，例如说格林、狄尔泰、施莱格尔的
歌德能够被验证反对'真实的'歌德。这不是真实的，因为
许多歌德，彼此不同，并且每一个与我们的歌德极为不同，都
可以使我们相信他们的生活。"[1] 按照赫勒的理解，卢卡奇遵
循狄尔泰的阐释学传统，认识到艺术作品的意义能够以不同的
方式阅读、解释，不存在一种而是几种真实的解释，并且某些
历史时期赋予某些类型的解释以优先权。但是赫勒认为："在
《艺术哲学》中，卢卡奇进行了非常不同的陈述，其要旨是，
艺术作品不体现任何能够阅读、解释、解码的具体的意义。阅
读艺术作品因而不等于解释而是在它体现的大写意义交往中创

---

[1] Georg Lukács, *Soul and Form*, trans, Anna Bostock, Cambridge, Massachusetts: The MIT Press, 1974, pp.11-12.

造一种意义。"① 这样，阐释学就不是一种交往的特殊方式，它是交往的唯一可能的方式。如果这样，主体能够彼此理解吗？这是从心灵到心灵的道路吗？因此"误解"的问题就被提出来了。随着这些问题的提出，阐释学成为关于人类存在问题的核心。

赫勒对卢卡奇阐释学的变化虽然有所注意，但是她过分强调了《心灵与形式》到《艺术哲学》的区分，因为后者提出的艺术阐释学问题已经在前者有明显的体现，卢卡奇谈到了现代主体的理解与隔膜，他说："我们能够真正深深地存在于他者的生活中，然而每个人一直保持在他自己内在的命运中。每个人是孤独的，甚至就它自己的自我而言。"② 因此，理解本身在命运之轮下被碾碎。这种存在主义思想已经融入《心灵与形式》的许多具体交往现象的发现中。但是到了《艺术哲学》中，卢卡奇把这些上升到艺术阐释学的理论水平上。通过卢卡奇阐释学思想的发展，我们可以更加充分地认识到赫勒所称的"存在主义阐释学"应该是卢卡奇对现代个体存在的现实思考的投射。也就是说，误解不仅仅是一个艺术哲学的问题，而且是现代个体日常生活面临的问题。我们也可以说，卢卡奇的存在主义阐释学是一种现代性的阐释学，倘若如此，误解就是一个典型的现代阐释学的现象。赫勒在 90 年代左右才

---

① Agnes Heller,"The Unknown Masterpiece", in *The Grandeur and Twilight of Universalism*, New Brunswick, NJ: Transaction, 1990, pp.219-220.

② Georg Lukács, *Soul and Form*, trans, Anna Bostock, Cambridge, Massachusetts: The MIT Press, 1974, p.113.

集中探讨卢卡奇的阐释学的原因，与其集中思考现代性问题是联系在一起的。

赫勒主要从三个方面探索了误解的根源。赫勒首先从生活经验与艺术作品的关系引发的解释问题进行思考。对卢卡奇来说，人们只能通过艺术作品实现主体间的本真的交往。日常生活的主体是非本真的，不能进行直接的交往，这是现代主体的封闭性特征导致的。然而任何体验了一部艺术作品的人已经打开了她或他的主体性的牢笼，因为他或她分享着主体间的、无时间的意义。但是只有纯粹的审美形式，即范式性的艺术作品才能满足这种要求，因为它们是启示的，为每个人揭示真理，这样"范式的艺术作品不仅仅对许多不同的有时矛盾的解释开放。"因此，"可解释的无限性，可体验的无限性——这正是规范的艺术作品的本质的构成性的质性。"① 仅仅允许几种不同解释的艺术作品不能是伟大的规范的艺术作品。艺术作品能够产生真正的交往，通过艺术作品，交往的两极相互确认了一种大写的意义、意思、真理。但是他们仅仅确认他们各自的意义、意思、真理。"我的"经验从来不像"你的"，而且人们从来不以同样的方式两次体验同一部艺术作品。活生生的解释一直会是新的、不能重复的。这无疑只是一种理解的误解。

按照赫勒，误解不是卢卡奇的发明，而是援引了菲德勒（Fiedler）与里格尔（Riegl）的误解理论，卢卡奇只是在阐

---

① Agnes Heller,"The Unknown Masterpiece", in *The Grandeur and Twilight of Universalism*, New Brunswick, NJ: Transaction, 1990, p.226.

述他自己的理论中把他们的理论激进化了。在菲德勒与里格
尔的观念中，误解是艺术家的生活经验不充分的传达。而在
卢卡奇看来，艺术家在艺术创作内驱力之一的生活经验根本
不在已经创造的事物中得到表达。也就是说，艺术作品与艺
术家的生活经验完全无关。因此按照赫勒的理解，"误解是由
于这种情况，艺术作品似乎呈现为它们所表达的形式，一种
活生生的经验的形式。事实上，它们不是如此。规范的艺术
作品表现了意义、真理、意思。它们构成了所有可能本真的
生活经验的最终结果，艺术样式是所有特殊的主观的生活经
验的最终结果。结论是显而易见的：误解是唯一的直接的交
往模式。"①

　　生活经验是生活，艺术作品是所有本真的生活经验的最终
结果，尽管它不是任何主观的生活经验的表现。作为所有本真
生活的最终结果，它必须像生活一样。然而既然它不是任何具
体的生活经验的表现，那么它必须不像生活。艺术作品愈像
生活，它就是愈不像生活。因此最接近生活经验的那些作品
是无生活的。这样误解就再一次产生了。生活经验是非本真
的，不适合直接的交往，然而通过艺术作品能够进行直接的
交往，交往的艺术媒介把主体提升到规范本真性。因此艺术
作品不像生活，而是乌托邦现实，他们不预测未来，不回忆
过去的实现，所以赫勒认为："审美领域本质上是生活经验

---

　　①　Agnes Heller,"The Unknown Masterpiece", in *The Grandeur and Twilight of Universalism*, New Brunswick, NJ: Transaction, 1990, p.227.

的乌托邦，是生活本身的乌托邦。它本身是生活的假象，同时是生活的否定。"① 这个黄金时代不是在过去也不在未来，而是一直在这儿，因而艺术作品存在于此。因此"艺术作品，本身是一种误解，它助长了误解作品本身。"② 当我们的艺术作品、福音、救赎已经被创造时，我们最平庸的误解是对过去时代的渴求。我们把这种渴求错认为艺术作品的乌托邦，错认为这个艺术作品断然表达的生活世界。这是赫勒对卢卡奇的误解的第一种解释。

其次，赫勒还结合卢卡奇对艺术接受与文本自足性关系的分析来理解误解概念。我们在作为理解的体验中能够领会的不是创造者的情感、欲望、需求，因为在接受中，创造者已经消失了，作品已经被解放了。根据赫勒，当艺术家结束创造的过程，神奇的跳越就在艺术家那里发生了，只要他仍然在创造，艺术的船只仍然带着他的悲哀、欢乐、恶意、兴奋等。情感、意义、痛苦等已经被转变、选择与同质化。但是一旦艺术家放开作品，对他来说，一切丧失了，作品凝固为一个自己世界的微观宇宙，它走着自己的道路。因此设想我们与艺术作品的作者进行交往是一种误解，设想我们与任何过去生活的或者未来会生活的任何人进行交往同样是一种误解。赫勒认为这种对艺术作品的认识还涉及误解的另一方面，即艺术作品从来不会被

---

① Agnes Heller,"The Unknown Masterpiece", in *The Grandeur and Twilight of Universalism*, New Brunswick, NJ: Transaction, 1990, p.227.

② Agnes Heller, "The Unknown Masterpiece", in *The Grandeur and Twilight of Universalism*, New Brunswick, NJ: Transaction, 1990, p.228.

理解。因为艺术作品本身一直是封闭的。"它一直是凝固为永恒的陌生的微观宇宙。在审美领域的尘世的天国中，每一部艺术作品生活在完全的孤立之中。艺术作品既不连接着任何其他艺术作品，它们也不能与任何他者进行一次讨论。"① 虽然寒冷的星星暂时把温暖带入活生生的心灵，但是它们一直是无动于衷的、封闭的。赫勒认为："这是各种对立的误解最重要的根源：艺术作品是活生生主体的镜像，因为它们是我们存在孤独的永不褪色的象征。"②

最后，赫勒通过卢卡奇对艺术作品的历史性与永恒性问题来分析接受者误解的原因。完美的艺术作品是无时间的，但是艺术作品再现了时间的观念，艺术作品的形成、存在与效果都与时间相关。并且每一部完美的艺术作品必须是新的，只有新才能成为永恒。然而根据"新—不再新"理解的一切事物本质上是历史的。赫勒认为在双重意义上说明，艺术作品是历史的。它们就这个作者以前的作品而言是新的，正是历史时刻的新颖性为主观经验提供了材料，规范的主体领会与追求的正是这个时刻与它的新颖性。天才从来不设法形成永恒，而是形成暂时、新。他愈扎入其自己历史经验的新颖性，他的作品愈具有永恒性的可能。卢卡奇极力要解决的问题就是处理艺术的永恒性与历史性的问题。这样他不得不把他本体论结构历史化，

---

① Agnes Heller, "The Unknown Masterpiece", in *The Grandeur and Twilight of Universalism*, New Brunswick, NJ: Transaction, 1990, p.235.

② Agnes Heller, "The Unknown Masterpiece", in *The Grandeur and Twilight of Radical Universalism*, New Brunswick, NJ: Transaction, 1990, p.236.

试图把历史上的具体插入他的创造—艺术作品—接受的模式之中。历史性根据动机在创造过程中被引入，并且"审美的物质"在这个阶段能够被感知。与纯粹的技术物质不同，审美物质会被理解为"体验的内容"的复合体，因为这些内容来自形象孕育的动机。卢卡奇也连结了表达手段与被表达的事物的距离的精神特性的观念。这表明，我们的历史性被保持于规范的主体之中。同时，接受者也以历史的接受者的姿态呈现。接受者对艺术作品的内容无限性感兴趣，因而接受者以一种误解的姿态分割了内容与形式，这的确是误解，因为艺术作品"具有"的不是内容，看来像内容的是形式。然而接受者轻易地接受了一部满足"具有"一种特殊内容设想的艺术作品。每一个历史上具体的个体具有其自己的"完美"的图像，只有适合这种完美的艺术作品才会令人愉快。根据赫勒，这就是卢卡奇拒绝了康德《判断力批判》中的开放性策略的原因。赫勒所言事实上是指卢卡奇拒绝了康德趣味判断的普遍性、交往共通感的特性，而赋予审美判断以历史性。因为，趣味是美学最具历史方面之一。尽管没有趣味就没有创造也没有接受，但是趣味一直是审美意义上的矛盾现象。它分割不可分割的（内容与形式），目的是强化审美接受或者解释的误解。也正是这种分割内容与形式的"准备"把活生生的生物提升到一个乌托邦宇宙的领域。

因此卢卡奇从艺术作品的历史性与永恒性的思考中再一次看到了误解的根源。卢卡奇认为，每一部完美的艺术作品是新的。如果一部艺术作品为每一次"准备"体现为新，那么它是完美的；如果这个艺术作品能够在审美接受的主体中唤起规范的效果，那么它就是永恒的。这两种陈述都是重要的。这个艺术作品应该赋予规范的接受，但是这个艺术作品就接受"什么"没有发言权。这个"什么"将仅仅取决于历史的个体，即历史的接受者。卢卡奇认为，审美接受者没有挪用作品的"真实的"内容，他从来不领会它内在的结构。只有他自己的经验的元素，本质上是异质的同时不可交往的，这种经验在他的心灵中聚集为一个封闭的世界，结果他会体验这个世界，似乎这个世界就是作品，是独立于他的存在的东西。结果，作品愈是无时间的，那个作品的经验及其理智的解释就愈会屈服于时代的变化。这表明，接受或者解释只是一种误解。规范的接受者仅仅是规范作者的镜像而已。创造者愈深深地扎入他自己时代的唯一的、新颖的经验，他的作品愈有可能成为永恒的有效性。同时，一部作品愈是无时间的，它永远未完成的接受会更加是历史的、不断变化的。活生生的经验中的解释接着是这个作品的理智的解释。因而艺术品的无时间性预设了一种双重的历史性。历史的时刻被永恒化，永恒性被历史化。赫勒认为正是在此，误解被赋予了一种辩证的扭曲。"我们现在知道艺术作品是误解的化身。"① 正是因为艺术作品的永恒性与历史性的问题，导致了理解的误解。

　　赫勒从生活经验、艺术作品、接受者三方面探讨了误解的

---

　　①　Agnes Heller, "The Unknown Masterpiece", in *The Grandeur and Twilight of Radical Universalism*, New Brunswick, NJ: Transaction, 1990, p.240.

形成。接受者不可能体验作者的生活经验，不可能与封闭的艺术作品交往，而且理解的主体只是自己的封闭世界。这无疑导致了误解，这与卢卡奇对艺术作品的内在特性的设定是紧密相关的。正因为艺术作品是规范性的存在物，是历史性与永恒性的载体，它为交往提供了可能性，但是每一种交往同时是一种误解。赫勒对卢卡奇的误解理论的分析表明，误解是一个本体论的现象，"误解与理解都是生活。解释是生活本身的一个方面，而不是它的附属物。"① 每一种理解只是解释者的现在与艺术作品的过去的融合，或者如伽达默尔的视界融合，这种融合已经不同于他者的融合。并且赫勒后来还注意到，伽达默尔的视界融合是有问题的，因为我们不知道，只是相信这种融合。如果这样，解释纯粹成为一个主体的个人建构，这走向了多元主义阐释学。

三、艺术阐释学与社会科学阐释学

就阐释学而言，赫勒区别了理解（understanding）、解释（interpretation）和解说或者说明（explanation），并在这种基础上对艺术解释与史学解说的区别进行辨析，这是《历史理论》的一个重要内容。"理解"的意义取决于这个范畴运用的语境，理解包含了解释："每一种解释是一种理解，但不是每

---

① Agnes Heller, "The Unknown Masterpiece", in *The Grandeur and Twilight of Radical Universalism*, New Brunswick, NJ: Transaction, 1990, p.223.

一种理解是一种解释。我们理解的东西，我们不需要解释。"①
解释是一种严格意义的解说，"如果信息是显而易见的，那么
唯一充足的解说就是解释。"② 艺术作品的解释的全部对象是
超文化的有效的艺术作品。如果人们意在对一件单个的艺术作
品进行理解，那么他们不得不忽视关于此作品的每样事物，每
一种知识，每一点信息，并且只从作品中探寻这个单一艺术品
的意义。如果一个解释者解释《哈姆雷特》，那么该作品就是
唯一的解释对象（interpretandum），解释对象不是莎士比亚，
甚至不是莎士比亚的其他悲剧，也不是《哈姆雷特》构思的
时间，不是伊丽莎白剧场。《哈姆雷特》作为一部艺术作品是
自我解说的（self-explanatory），它恰恰是一部超文化的有效性
的艺术品，因为它是显而易见的。对众多解释者来说，它是一
个封闭的解释对象。每一个人能够与之交往，每个人能够使它
的信息与自己的时代、世界观、个体性调和，每个人能够以不
同的方式进行。赫勒对这种艺术解释的特性进行了把握："这
种解释不是累积的，但是它们事实上是无限的。因为它能够以
无限的方式被解释，解释对象比解释者站得更高，并且这就是
为什么它能够被称为'浓密的总体性'（intensive totality）。"③
赫勒把这种"浓密的总体性"比作卢卡奇所说的艺术作品的

① Agnes Heller, *A Philosophy of Morals*, Oxford, Boston: Basil Blackwell, 1990, p.22.
② Agnes Heller, *A Theory of History*, London: Routledge and Kegan Paul, 1982, p.162.
③ Agnes Heller, *A Theory of History*, London: Routledge and Kegan Paul, 1982, p.162.

"内在世界"。但是赫勒也看到，通过从解释对象探索我们问题的答案，探索《哈姆雷特》写作时未提出的问题的答案，解释者也能够比解释对象站得更高。所有这些意味着，艺术作品作为解释对象是无时间的，被解释的不是它在时空中的被创造的，而是作为永恒形式的无时间的有效性。赫勒认为，每一种显而易见的对象化成为无时间的，因而解释是对这些对象的唯一的充分的解说。解释使无时间的对象时间化，所有的解释都同样如此。结果，解释把无时间的对象化转变为解释者的时间与空间。一个处于时间中的主体在对象的无时间性中确认其自己，同时把对象的意义本身破解为对处于时间中的主体而言的意义。因此破解意义是意义本身与为主体的意义的同一。这样，赫勒充分地论述了为什么所有的理解也是一种误解。赫勒回到了青年卢卡奇的海德堡《美学》，即一种显而易见的对象化的解说作为一种"误解的理解"是唯一可能的。主客体同一仅仅在两者中一起产生。

当然这也是一个接受的问题，无时间性通过接受被时间化，进入时间中。"进入时间"意味着不再是自我解说的，它不得不被说明。如果一件以前没有被接受加以时间化的艺术作品后来被反复地时间化，那么它就"中止"了时间，换句话说它能够被解释加以说明。赫勒对这种解释与说明的辩证法认识具有重要性，这有利于人们认识解释学实践的内在演变特性，时间与无时间的辩证法表现出解释与说明的辩证法。根据赫勒，所有的艺术作品是历史的产物，它们在时空中被创造，结果在时空维度被解说，这样，它就不被解说为一件艺术作品，一件自我解说的对象化，而是被解说成一种历史的文献，这样艺术作品被说明，而不是被解释。所以赫勒认为："所有艺术作品也能够被解说（在狭窄意义上），但是在这种情况下，它们被解说为历史的而不是作为无时间的对象。"① 此外，如果人们要理解"莎士比亚的作品""伊丽莎白剧场"或者"莎士比亚"，那么他们不得不求助于说明，因为它们没有一个是一种浓密的总体性。因此赫勒认为解释与说明不得不融合，理解的方法不得不从时空维度转移到无时间的时间化，并且又从后者转变到前者。

从时间化角度看，一件艺术作品是无时间的，这种陈述只是从一方面表达的，它强调，解释抽离了作为解释对象的历史对象的时空维度。然而艺术作品具有自己的时间与空间。如果内在于所有艺术作品的时间与空间被领会，那么误解就成为理解的一部分，因为正是它的时间与空间使艺术作品成为自我解说的。没有解释者能够武断地决定一场戏剧在什么时候，在何处开始、结束。任何重构开始于坟墓的场景而结束于福丁布拉斯（Fortinbras）的孙子之死的《哈姆雷特》的解释者，不是对《哈姆雷特》的解释，任何解释一部交响乐的一段乐章就似乎是它整体的解释者，也不是在解释这部交响乐。艺术作品正如斯宾诺莎的实体是自因（Causa sui）的。甚至自因哲学作品，也不能完全被如此理解。称为自因的东西在时间中创造，

---

① Agnes Heller, *A Theory of History*, London: Routledge and Kegan Paul, 1982, p.163.

创造者与被创造的在时间中获得统一，但是这种东西仅仅是无时间的。不过，赫勒认为艺术作品不像斯宾诺莎的实体，它不是一种目的论的起源的自因。在时间中创造它的历史主体赋予他或她的创造以一种意义。正是这种意义构成了无时间的形式。没有其他人能够干涉这种事业的结果，没有一个其他人能够妨碍它或者促进它。其他主体能够共同创造或者再创造这种主客同一，唯一方式就是接受、解释，以一种由无时间的对象化引导的新的主体同一的形式。

赫勒通过艺术作品的解释的剖析透视出艺术解释的特征，这些特征区别于其他文本的解释。赫勒尤其区别了艺术解说与史学解说。史学在一种时空维度中重建过去—现在时代。其对象是社会生活的变化，然而变化的不是自因。就史学的组织原则来说，虽然组织原则"截取"并且"扩大"一种历史事件、结构，但是这种"截取"仍然不是绝对的，因为这种截取导致的断裂要被处于连续性中的史家所领会。如果不描述"前"与"后"，这种"截取"本身不能被完全理解。"前"与"后"都属于这种截取，但是又不属于它。"之前"的每一个单一时刻对"截取"后的东西能够具有说明的价值。"之前"与"之后"被设想为"截取"的成分，它们原则上能够通过解释理解，但是由于它们同时不属于这种"截取"，所以它们不得不通过说明关联着它。因而，赫勒认为，历史性的组织原则需要说明。共时性的组织原则也是如此。地理志的模式暗示了在所有社会生活的领域中可能性变体具有限制。人类的目的是重新设置这些变体，但是他们不能超越它们。某些模式根据其自己的"内在逻辑"发展，但经常联系着其他模式的内在逻辑。赫勒认为如果共时性的组织模式被接受，那么一个社会的转变的具体模式不能仅仅归因于人类意志与目的，制度本身的内在逻辑也得被考虑。这样，解释不是作为严格意义解释，而是一种说明，因为解释对象被考虑为解释对象之外出现的事情的原因。

通过赫勒的分析，我们可以认识到艺术解说与史学解说的区别，艺术解说主要是艺术解释，虽然也有说明，但这不是严格意义的艺术作品的接受。相反，史学解说强调了说明的重要性。赫勒对艺术作品与历史事件进行了比较，艺术作品被作为一种有意义的对象创造，因而是意义的载体。而一件历史事件从处于其中的不同主体的立场看，具有不同的意义或者根本没有意义。同一事件甚至作为一个特殊主体的意志的实现而发生，而对另一个主体作为盲目的命运而出现，甚至也许作为不同的、冲突的目的的结果而被理解，而不是实现一种目标。正如黑格尔，为了把历史事件理解为意义的载体，人们不得不把历史设想为最高理性的制作。赫勒认为，在这种情况下，历史以一部艺术作品相同的方式被理解为造物主的创造物，因而被理解为一种主体客体同一。历史被设想为主体客体同一，它仅仅能够作为一个整体，作为总体性才能够解释，历史中的所有事件可以被领会为按照其逻辑目的而写成的巨大的、不可测量的戏剧的场景。解释一部戏剧的任何人不再是它的演员之一。赫勒追问的是，一旦它被完成，我们怎么能够把这种特殊的戏剧时间化呢？在历史之外，就不再有时间化。但是无时间的解释不再是一种解释，它不再与不同的现在调和。它的对象是死的。我们因为是历史的演员，我们不能成为它的纯粹的接受者。这事实上指出了把历史解释为像一部艺术作品一样的意义所面临的矛盾性。赫勒拒绝把历史解释为一个创造者的创造物，特殊的事件不是一个单个意义的载体，与艺术作品不一样。因而赫勒认为："史家不得不采纳那些已经赋予这种事件以一种确定意义的人的观点并且解说其他人的态度，或者他或者她不得不重构不同的意义（使解释并列），因而通过联系多样的解释，通过解说（狭窄意义上）来理解这个事件。结果，如果史家不把历史中的每件事情思考为上帝（或者某些准上帝）的设计的实现，如果没有说明与解释的融合，任何类型的历史事件不能被赋予意义。"① 总之，赫勒认为历史事件与结构不是意义的载体，它们的意义被事件或者结构的演员所传接。事件与结构不得不在时空维度中被领会。它们不像艺术作品一样，它们不具有自己的时间与空间。"自己的时间"与"自己的空间"被意义携带。因此，"截取"在史学中是可能的、必然的，而解释者不"截取"艺术作品，因为后者是一个封闭的世界，这个世界没有"之前"与"之后"也能够或应该被理解。史家可以自由地决定在哪儿、在何时开始与结束。而艺术作品的解释者就不能这样。赫勒也注意到史学解说与艺术解释对新事实的要求的差异。她认为，最连贯的史学理

---

① Agnes Heller, *A Theory of History*, London: Routledge and Kegan Paul, 1982, p.166.

论对新的事实或证据的开放，它同样应该对这种理论的一个事实的可能错误开放。史学需要新证据的发掘，但是艺术作品的解释不一样，艺术作品通常不能发现新的"事实"，如赫勒列举的《朱庇特交响乐》（*The Jupiter Symphony*），而且即便有可能发现新的事实，这也不涉及到解释，因为艺术解释与史学解说不一样，"在艺术作品解释之内，没有错误（除了'阅读'的纯粹错误）。"①

进一步，赫勒考察了作为社会理论的史学与艺术解释的差别。史学作为一种社会理论始终是对意义的追求。如果一种文化对象化是意义的载体，那么对意义的追求就不重要。即使同一个主体调和一部艺术作品的内在意义和现在的主体，但是这种意义在解释开始之前就已经被设想了。然而对意义的追求没有设想一种内在的意义，正是这样，它是一种探求。简而言之，纯粹的解释不是理论，那儿没有《特里斯丹》（*Tristan*）、《伊索尔丹》（*Isolde*）或者《安提戈涅》（*Antigone*）的理论，即使有关于瓦格纳和索福克勒斯（Sophocles）的艺术理论。但是即使有这样的艺术理论，解释也一直与说明融合着。与艺术作品的解释相比，史学不能建立于解释基础上，但也不能完全建立于说明之上。史学也有对意义的追求，它需要说明，也需要解释。在解读证据时，史家要探求陈述的意思，符号与象征的意指，所有证据被假设具有一种认识的真理主张，这样当

---

① Agnes Heller, *A Theory of History*, London: Routledge and Kegan Paul, 1982, p.167.

阅读证据时，说明必须被暂时地悬置，这就需要解释。但是没有人带着空白的头脑阅读一个信息，这就需要前后事实的说明，需要"信息的准备"。不过，赫勒认为，史学阐释学这种特征也与艺术阐释学有别。她说："在证据解读中，说明仅仅能够被暂时地悬置，这指出了对证据的解释与对艺术作品的解释的差别。"① 对艺术作品接受的准备是主体—客体同一的准备，然而阅读证据的准备由两个非常不同的态度组成。第一个类似于主体—客体同一的准备，第二个恰恰相反，它是把对象与读者分离开来的一种准备。时空维度在证据的阅读中没有消失，证据不应该，甚至一会儿也不应该被视为无时间的。解释者的沉浸是无时间的，但是证据读者的沉浸是过去的现在时代的沉浸。其主体—客体同一的态度是与过去的人们的对话。赫勒说，假设这些陈述具有一种我们能够探测的意思，符号与象征具有我们能够解码的一种重要意义，这种假设本身是一种对话，这种对话被人类的相互理解的规范实质化。如果没有分离的过程，我们的误解将不涉及理解，并且它不能被视为严格适当的解释。但是赫勒认为，历史证据本质上很少是自我解说的。在证据中涉及的一切东西不能被这个证据的文本解说，一直存在着指向文本之外的陈述。如果这个文本被解释，指向文本之外的一切不得不被忽视。证据被阅读好像它是自我解说的，但是随着持续的意识，它并非如此。如对《格兰特船长

① Agnes Heller, *A Theory of History*, London: Routledge and Kegan Paul, 1982, p.168.

的儿女们》的隐语性解释，对此文献的阅读是历史阐释的基础，不列颠号轮船淹没在某个地方，而关于原因的问题就根本不能提出来。这种原因的结果指向了此文本之外的某种东西，这不是在文本中找到的。

赫勒对艺术解释与史学解说的分析把握到了两种解说的内在特性，这不仅仅涉及解说对象的不同特性问题，而且涉及不同的需求条件和不同需要的满足。赫勒这种分析发展了卢卡奇的阐释学思想，尤其把艺术阐释学不断地延伸到史学领域。

赫勒在《历史理论》的阐释学思想超越了艺术与哲学阐释学，而且开始把重点置于社会科学之中。在 1987 年左右写作的论文《社会科学的阐释学》中，赫勒集中探讨了社会科学阐释学的特殊性问题。她认为对理解与自我理解的追求是现代人探寻一种存在的阿基米德点的需求，社会科学就是适应这种需求而产生的语言游戏，带着他者的视角，我们能够判断我们自己的历史与制度，从他者的历史意识来审视我们自身的历史意识。所以阐释学是现代性的历史意识的产物。对赫勒来说，社会科学不同于自然科学，后者本质上是累积性的，注重解决问题，而前者尽管建立了许多知识，但是本质上它是非累积的。社会科学家创造意义，促进我们的自我理解，因此它更加接近于哲学而并不是自然科学，从狄尔泰起，阐释学已经很好地意识到这些。赫勒具体分析了社会科学阐释学的标准问题，可行性问题。尤其强调了这种阐释学要求真实的知识与客观性，通过这些标准建立一个库恩所说的科学共同体。在此文中，赫勒重新区别艺术、哲学阐释学与社会科学阐释学。首先，她说社会科学样式的语言游戏的理解强调科学的、客观的，然而"艺术与哲学都不以它们的'客观性'而自豪，客观性这个术语至少在哲学中被怀疑是折中主义"。① 其次，她还比较了社会科学阅读证据与解释一部艺术作品或者哲学著作的差异，这种区别不是因为阅读本身是一个更加严格的任务，而是因为阅读证据这种特殊的任务涉及许多不同类型的阅读。再者，赫勒思考了无限性问题。卢卡奇强调的某些文本是集中的无限性。赫勒进行了阐述，"就浓密无限性而言，一个文本能够被在无限的场合被重新阅读，以至于如果没有任何类型的说明框架的引入，每一种新的阅读就不同于每一种以前的阅读。"② 赫勒认为典型的艺术作品与哲学著作恰恰能够具有这种"浓密的无限性"特征。尽管社会科学不排除阅读浓密无限性的文本，但是这不是通常的事。其文本不构成它们自己的世界，不是浓密无限性的。我们认为，赫勒对社会科学与艺术解释、哲学解释的区别具有一定的合法性，尤其涉及社会科学阐释学要求的真实的知识与客观性，涉及无限性解释的问题，这有助于进一步把握不同类型阐释学的特殊性。但是赫勒过分区别了这两种样式，因为赫勒谈到社会科学的非累积性特征、任何理解是一种误解事实上是建立于赫勒与卢卡奇艺术阐释学基础之上的，也是艺术阐释学的特征，并且伽达默尔关于视界

---

① Agnes Heller, *Can Modernity Survive*? Cambridge, Berkeley, Los Angeles: Polity Press and University of California Press, 1990, p.26.

② Agnes Heller, *Can Modernity Survive*? Cambridge, Berkeley, Los Angeles: Polity Press and University of California Press, 1990, p.30.

融合的理论同样是一种哲学、美学、艺术理论。不过，赫勒的
阐释学在不断地从艺术阐释学、哲学阐释学向社会科学阐释学
扩展中认识到艺术阐释学的独特性与阐释学的多元性。

四、后现代阐释学建构

解释与现代性、现代审美文化现象与阐释学存在内在联
系，成为现代重要的想象制度。赫勒在 1993 年出版的《碎片
中的历史哲学》、1996 年的《杂食的现代性》①、1997 年的
《现代性的三种逻辑与双重束缚》、1999 年的《现代性理论》
中集中对这些内在关系展开了思考。她多次直接谈及阐释学与
现代性的密切关系，诸如 "作为意义归属或者意义产生的意
义的解释发展为现代性的最强有力的想象制度。"② "技术革命
的时代也是阐释学的时代。"③ "现代性的精神一方面产生了民
主，另一方面产生了阐释学。"④ 在赫勒看来，"阐释学是我们
的社团精神的最充分的自我表达。"⑤ 阐释学是包罗万象的，

①　Agnes Heller, "Omnivorous Modernity", in Richard Kilminster and Ian Varcoe, eds, *Culture, Modernity, and Revolution: Essays in Honour of Zygmunt Bauman*, Routledge, 1996, pp.102–126.

②　Agnes Heller, *A Philosophy of History in Fragments*, Oxford and Cambridge, MA: Blackwell, 1993, p.172.

③　Agnes Heller, "The Three Logics of Modernity and the Double Bind of Modern Imagination". 赫勒 1997 年 12 月在关于现代性的研讨会上提交了这篇论文。请参见网页 www. colbud. hu/main/pubarchivel/pl/pl-Heller. pdf。

④　Agnes Heller, *A Philosophy of History in Fragments*, Oxford and Cambridge, MA: Blackwell, 1993, p.189.

⑤　Agnes Heller, *A Philosophy of History in Fragments*, Oxford and Cambridge, MA: Blackwell, 1993, p.202.

反阐释学也是阐释学。阐释学调和着过去与现在，它们重新思考曾经被思考的东西，重新解释曾经被解释的东西或者颠覆这些东西。它们用被借来的意义产生意义，它们用陌生人的血液把生活注入现在。我们的世界不创造新的意义，我们的精神是无精神的，因为它依赖被借来的意义生活。现代人发现了文化与意义，恰恰因为他们依赖被借来的意义生活。因为我们的时代是杂食的。我们没有特殊的趣味，我们的思想吞没所有的趣味。在"浪漫主义"时代的现代哲学与艺术创造天才的一种显著的倾泻之后，我们成为无创造的。哲学在灰色中涂着灰色；它成为文化哲学。这样只有阐释才能赋予我们以意义。而解释就需要过去，赫勒早已认识到现代人与过去的特殊关系，她充分地阐释了对托马斯·曼所说"过去之井是深的"这句话的意义，"现代人的过去是不可穷尽的与无限的。"① 现代人是立法者，是阐释者。如果鲍曼认为，在立法者与批评家时代之后，阐释者将会获胜，以此确立现代性与后现代性的差异，② 那么赫勒是把阐释学纳入现代性到后现代性的整个过程之中，从而建构了具有后现代主义特征的阐释学。

（一）现代阐释学的神学特征

如果现代性的精神涉及黑格尔所说的绝对精神，涉及艺术、哲学、宗教的话，那么在宗教失去支配作用的现代，艺术

---

① Agnes Heller, *A Philosophy of History in Fragments*, Oxford and Cambridge, MA: Blackwell, 1993, p.37.

② ［英］齐格蒙·鲍曼：《立法者与阐释者：论现代性、后现代性与知识分子》，洪涛译，上海人民出版社 2000 年版，第 6 页。

与哲学重新扛起宗教的大旗，各自形成自律的领域。赫勒看到在现代性诞生之初，创造性的宗教想象的贫乏与艺术、哲学方面的丰富性，在文艺复兴时期与启蒙运动时期，它们两者成功地在绝对精神的王国占据了最高的位置，真理与美也被加冕，被神圣化。也就是说，它们在现代成为提供意义源泉的蓄水池。现代人对意义的渴求就是要不断地从这个蓄水池中挖掘，就像托马斯·曼所说的从过去的深井中挖掘。只有不断地挖掘，意义之泉才汩汩地流出，只有不断地阐释，现代人才找到生活的依赖。因此对赫勒来说，解释是一个接受的过程，是一个对崇拜对象的接受，是一种虔诚的思维，她说："阐释学实践是本真的'思维的虔诚'，无论它采取何种形式。"① 通过重新思考，被解释的东西复活了。重新思考能够是反讽的、游戏的，人们也能够以文本反文本，这就是解构主义的阐释学。赫勒对阐释学的神学本质进行了深入的探讨。

对艺术作品的解释是一种虔诚的实践。虔诚的对象是在此性（this-ness），古老文本或者古老事物的独特性（ipseity），而不只是它的物质、内容或者信息。当一个故事以几种方式被详细叙述时，正如一直发生在神话与历史中的一样，虔诚被寄托于带有最高权威的故事中，正如使徒的文本带有最高的权威一样。不过，赫勒认为在神圣文本与世俗文本的解释之间存在一种本质的区别。如果文本是神圣的，那么虔诚不仅追求文本

---

① Agnes Heller, *A Philosophy of History in Fragments*, Oxford and Cambridge, MA：Blackwell, 1993, p.202.

的载体，而且也追求文本之上的权威性，而且文本与权威性能够统一，如犹太人的神秘主义者主张整个《旧约》的前五卷（Torah）只是上帝的名字。如果文本是世俗的，那么虔诚只走向文本，即文本本身就是权威。因此，赫勒认为："对各种传统文本的各种解释是虔诚的实践，不管故事、文本、对象本身是神秘的或者是世俗的。"① 世俗的故事通过不断地解释的实践成为准神圣的。这发生在柏拉图、亚里士多德、毕达哥拉斯的哲学著作里。文本的解释愈虔诚，愈多的重要性会赋予文本的真实的或者虚构的作者。同样，如果一个文本被归属为享有很高尊严的人，那么这个文本就可能成为虔诚的解释实践的主要对象。伪赫尔墨斯或者伪狄奥尼索斯等的作品就是熟悉的例子。天才的培养是一种古代故事的现代形式。"天才"这个术语代表神圣的激发。

解释把"我们"连结到"他者"，连结到文本或者事物的真实的或者虚构的作者。通常作者是一个人，虽然现代性发明并培养作为一个集体作者的"人民"。它培养精英集团、大众艺术的集体创造。这个"他者"不能完全是他者，而是不得不成为"我们"。因为完全成为"他者"的东西对"我们"来说不能是虔诚实践的文本。毕竟，"我们"通过实践把文本转变为"我们的"虔诚的对象。

解释的精神直到最近几十年才实质性地被修正。但是赫勒认为解释仍然一直是虔诚的。在整个早期现代性中，作品被视

---

① Agnes Heller, *A Theory of Modernity*, UK: Blackwell Publishers, 1999, p.145.

为权威与秘密的看守者，一种为自己提供解释的象形文字。这样，作者权威性一直是关键的。并且没有理由回到一部古老的作品，没有理由质疑它，只有这种坚定的信仰，即如果人们思考那些资源并且无数次地质疑那些资源，那么人们仍然能够找到深刻而奇特的发现。一部艺术品或者哲学与一个宗教崇拜的文本一直是杰出的证言。它们能够不断地被带回到书架上，因为人们能够期盼，只要我们从不同的角度向它们询问新的问题，它们就能想出一个新鲜的、原创的与令人吃惊的话语。赫勒认为，解构与此类似，"作为一种激进阐释学的解构是这种实践以其他的方式进行的持续。" 解构经常侵犯文本，以文本的阅读反对文本，然而解构最辉煌的文本非常明显地使自己遵守最通常被解释的文本。这特别适合德里达。有时候，人们具有这种印象，人们正遇到一个绝望的解释者。如果那些杰出的见证人（不管是柏拉图还是康德）以古老的形式，即以低垂的眼神，以一种低沉的颤抖的声音谦卑地被质疑，他们强烈地拒绝提供新的答案，拒绝揭露未被揭示的秘密。人们就威胁那些见证人，人们不得不动摇他们以至于他们会提供新的证词。即使一个答案最初是明晰而深刻的，但是被人们接受多次后就变得枯燥乏味了。没有揭示新的秘密的文本不是活生生的文本，只是一具尸体。所以赫勒认为："作为普遍上的激进阐释学的解构也是一种最高程度的虔诚的解释。它通过荒谬、反讽、揭露、否定——一句话，通过挑衅使文本保持活力。"①

---

① Agnes Heller, *A Theory of Modernity*, UK: Blackwell Publishers, 1999, p.146.

赫勒对解释的分析是比较新颖的，尤其涉及对德里达的分析。通过这种解读，德里达的解构理论事实上是一种现代性理论的表现，只不过是最高意义的虔诚的解释实践。

赫勒对阐释学的神学本质的揭示，使我们可以理解解释在现代存在的根本性的基础，也就是说现代人需要阐释学，需要意义的不断提供，需要一种神圣的东西的膜拜，需要一种失去上帝之后的救赎。

（二）后现代主义阐释学建构

赫勒认为："现代历史意识是杂食的，因为它包括现代精神（知识）是绝对的一切（它不排除任何东西）。一切意味着为我们的一切，我们使一切说得通，我们解释一切，我们理解一切。对我们而言，没有什么是完全错误的。"[①] 赫勒把杂食文化、杂食现代性（omnivorous modernity）与解释连结了起来。

阐释学属于历史想象制度。历史想象已经为接受者打开了作为猎场的过去。到现在，过去保持广泛的开放性，不再是普遍的规范的特权的过去。古代埃及或者古代墨西哥的建筑物、石器时代的洞穴绘画、波斯的与中世纪的微型人物、前哥伦布的雕塑或者鼻环都没有区别，所有的实践与空间都受制于解释者。一部艺术作品是"原创的"还是一种模仿对资金数量仍然重要，但是对趣味来说不是如此。赫勒谈到了拉德洛蒂在

---

① Agnes Heller, *A Philosophy of History in Fragments*, Oxford and Cambridge, MA: Blackwell, 1993, p.178.

《赝品：造假及其在艺术中的地位》中的后现代主义研究。拉
德洛蒂把造假现象与后现代主义的出现联系起来，特别与作为
合法的艺术形式与风格的拼凑作品和引述的出现联系起来。不
仅 2000 年古老的原创作品，而且这个作品 200 年古老的模仿
品也是珍贵的，两者都古老，都应该是美的，都具有"古
色"。只要这种对象、事物具有古色，那么它就在实质上是古
老的，因为它唤起怀旧。一个建筑是哥特的，新哥特的还是新
新哥特的仍然有差别，然而不是以 50 年前同样的方式与同样
的程度有差别了。愈来愈重要的是人们是否能够从它那儿得出
一些意义，并且是为谁的与在什么程度上得出的。总之，赫勒
认为接受者的考古学愈来愈成为无时间的。

虽然解释的精神从希腊化时代以来直到不久前才实质性地
被改变，并且虽然目前的变化是否达到了表层下是一个不能确
定的问题，但是别的一切都变化了。"我们"这个解释者的准
共同体越大，解释的对象或者文本越少地被精选。在文艺复兴
期间，神圣的与有价值的文本的区分实质上已经模糊了。之
后，有价值的文本群开始扩大、增长。如果"我们"指"我
们德国人"，那么《尼波龙根》的英雄传奇与格林兄弟收集的
童话也将被包括进有价值的解释对象中。如果"我们"指
"我们现代人"，那么已经被探测为"已经是现代的"一切都
是虔诚解释的有价值的对象。如果"我们"指"人类"，那么
事实上是一种人类创造的每一样东西最终能够成为如此一种有
价值的对象，成为权威与秘密的载体。不过赫勒质疑，谁决定
一个文本是否是权威的载体与秘密的守护者呢？谁挑选值得虔

诚对待的文本呢？显然不再存在挑选的一种权威。在这种意义上，恰恰是"什么都行"。挑选任何雕塑、宗教文本、仪式、诗歌、歌曲等，并且以一种虔诚的精神质问它们，它们都期盼回答你并揭示它们的秘密。由于探寻解释对象的标准不再存在，那么任何对象都可以成为解释的对象，任何解释都是合法的，也就成为杂食的解释。赫勒认为："现代性已经成为杂食的，因为文本挑选、文本处理与文本准备的制度已经失去了根基并且消失了（正如黑格尔可能说，走向无根［*zu Grunde gegangen*］）。"① 只有市场这个巨大的杠杆处理。文化精英集团的消失一方面是所有文本的民主的条件，另一方面这种消失是所有文本的民主所导致的。最初，传统文化处理制度的权威缺乏助长了而不是阻碍了精英主义文化的出现。事实上，早期现代性非常成功地尝试生产一种建立于理智的价值之上而不是血统之上的文化精英集团。但是到现在，这已经成为过去的事。解构以一种凌乱的方式仍然维持着古老的文化精英集团的习惯的残余。甚至宣称不存在高雅文化与低级文化的差别的口号最初是"先锋派的"，因为它仍然突破禁忌，也许是最后的禁忌，并且在两个世纪中，正是突破禁忌的行为构成并维持着文化精英集团的声誉。赫勒的分析一直在通过现代性的内在连线的梳理或者一种现代性连续性的展示，来透视现代文化的历程，从早期现代到解构在赫勒看来是现代性的动力的结果。显然，她更少地关注断裂。

---

① Agnes Heller, *A Theory of Modernity*, UK: Blackwell Publishers, 1999, p.147.

　　赫勒认为，只要有一个相当好的被限制的"我们"，如
"我们犹太人"或者"我们人文主义者"，那么仍然存在一种
解释者的共同体。这个共同体包括活着的与死了的，也包括未
出生的，考虑到后两者应该加入这个共同体。这样，阐释学能
够成为我们的世界、意识、语言、文本与他者的桥梁。虽然
"解释者的共同体"的表达已经占据一种牢固的哲学位置仅仅
在近期产生，但是现在不再有这样的一个共同体，在眼前没有
一个。赫勒认为："虽然与实际上无限多的重要的、不重要的
'他者'谈话仍没式微，然而这样的桥梁被建得愈多，我们愈
囚禁在（或一直在）历史性的牢笼之中。"① 建立这些桥梁正
是我们社团精神所支配的。真理的一致性理论、早期现代主义
的傲慢已经在艺术中被边缘化了。存在着仅仅被单个人解释的
文本。如果某人发现一个非常模糊的文本还没有被任何人注意
到或者解释，那么这被认为是一个功绩。其他文本被由当代或
者近期著名的解释者的追随者组成的一群群的成员加工。被康
德的一个最近追随者任意地邀请到同一张饭桌上的两个人已经
阅读了同样的书籍，看见了同样的绘画或者对同样的哲学文本
具有同样的观念，这种现象几乎很少出现。因此，赫勒认为文
化讨论被束缚，几乎不可能。只有同样文本的专家在世界性的
同样的学术会议上能够交往。替代解释者的共同体，现在存在
破碎的微型共同体，即偶然的、流动的、暂时的群体，通过学

---

　　① Agnes Heller, *A Philosophy of History in Fragments*, Oxford and Cambridge,
MA: Blackwell, 1993, p.213.

术的、职业的或者政治的休息厅摆脱了麻烦。他们以亚当工作的方式解释，用自己的辛劳来谋求生活。

每一样东西能够在虔诚的实践中被解释并且被激活，但是到现在，正是单个人看来选择恰当的解释对象。单个人是偶然的，是解释对象。纯粹"特殊"不再起中介作用，个体直接联系着"物种"。"物种"在此不意味着"人类"的空虚范畴，而是包含人类思维、精神或者人手已经创造的每样东西。这个个体也许选择任何东西，不管其出生的时间与地点，但是这不意味着他或她事实上如此。正因为现代人的偶然性，同一个人会解释20世纪20年代早期的，来自俄亥俄州的玛雅人的花瓶，一首《圣经》中的诗歌，一盏墨砚，或者昨天的一部电影，这没有什么区别。一个人将什么挑选为他下一个解释对象不重要，但是重要的是，这个人已经自由地挑选了他或她的解释对象。赫勒认为："存在主义/本体论的偶然性与杂食文化是同一块币的两面。"①

赫勒的阐释学思想突破了伽达默尔所批判的神学阐释学，也突破了伽达默尔建立在语言本体论基础上的普通阐释学。伽达默尔认为，理解是本体论的，语言亦是人类普遍的本体论，所以阐释学必然是普遍性的，从而"接近了一种形而上学概念"。② 所以，赫勒也对语言模式进行了批判。她认为语言模

---

① Agnes Heller, *A Theory of Modernity*, UK：Blackwell Publishers, 1999, p.148.

② ［德］汉斯-格奥尔格·伽达默尔：《真理与方法》下卷，洪汉鼎译，上海译文出版社2004年版，第617页。

式很不足以适合恰当地描述这种当代文化宇宙的任务。语言模式及其多种变体 30 年来在哲学领域是一种文化时尚。与过时的意识模式相反，语言模式被认为已经最后"解决"了"不能解决的"问题，其中包括所谓的主体间性的问题。在这方面，那种时尚已经结束了。没有模式"解决"哲学问题，因为哲学不是关于解决问题的。每一种模式生产矛盾，尽管是生产不同的矛盾。在巴别（Babel）的文化之塔上，人们不断地改变语言。语言本身失去了它的权力，这种权力依靠句子或者说话者。赫勒尤其注意巴特（Roland Barthes）从语言模式的结构主义形式的接受到对这种模式抛弃的转变。就说话者而言，人们需要问一个传统上非常著名的问题，谁在说话？说话者是权威的载体，权威的载体揭示本真的信息。但是就后现代说话者而言，信息不被说话者携带，首先因为没有信息被说话者调节，其次因为我们几乎不能鉴定说话的人。

赫勒对之进行了具体分析。说话者的权威依靠只有他或她是说话的人这个事实。这个权威是空的，因为它纯粹认同说话的赤裸裸的"我"。通过解释而说明的解释对象的意义被单一个体的幻象保证。从文本推出意义的单一个体能够被认同为主体。它不是传统理解的认识论上的主体，因为不断变化的新的意义不必然传达新的认识，并且它不肯定地保证甚至宣称来保证它的功绩的真实性。这个世界解释的主体把它自己面孔的图像印在解释对象上。每一个解释者用他或她自己的硬币付钱。他或她通过其解释来印这些硬币。这样，从解释对象获得的意义是他或她的意义，更准确地说，是为他或她的意义。但是这不是"私人的"。正是仍然为了他人，这种意义才得以获得，因为解释仍然是虔诚的。

赫勒继续追问，谁是说话的人呢？解释不是其他解释者的一种引述吗？他或者她真是作为一个赤裸裸的眼睛用赤裸裸的眼睛与文本相遇吗？我们看见了那个解释者吗？如果他或者她戴着一个面具，那么肯定看不见。自从克尔凯郭尔及其人格面具以来，这是一个已经折磨现代人与后现代人的问题。人们能够说，一个人解释系列中显而易见的东西是根据这个人的世界，一个印有这个人、这个主体的面孔的世界。人们能够说，这个解释的文本是匿名的，也就是说，不仅解释的区间而且解释是秘密的守护者，最首要的是他或者她的身份的秘密的守护者。这样，文本的秘密转变为解释的秘密，作者已经死亡了。但是赫勒认为，即使我们不知道谁说话，但是某人仍然在说话。不是语言在言说。显然赫勒对作者之死、主体之死是持批判态度的。马尔库斯也对语言范式进行了批判，认为语言范式把人类与世界、人类与人类的关系都以语言取而代之，把语言视为社会对象化的模式："把人与世界和人群的关系根据语言的类似关系进行理解。"① 就如生产范式一样具有普遍主义特征，这是一种宏大叙事。

赫勒描绘了后现代杂食文化宇宙的一幅喜洋洋的图画。正如莱布尼茨的形而上学的宇宙的所有单子反映整个世界一样，

---

① György Markus, *Language and Production*：*A Critique of the Paradigms*，Dordrecht：D. Reidel Publishing Company，1986，p.14.

虽然他们每一个人以其自己的方式反映世界，因此所有重要的人们即上面理解的主体就以他们自己唯一方式从他们自己选择的解释对象的视角体现整个现代世界。所有主体一切保证现代杂食文化的生存。赫勒称那些重要的主体为杂食宇宙的"国王与王后"。通过赫勒的分析，杂食文化是现代个体偶然性的必然表现。这既是现代性的特征，也是后现代性的特征。

赫勒认为杂食宇宙的赤裸裸的国王与王后从围绕他们周围的所有人类生产的事物中获得工具，他们没有接管传统的文化处理的制度。他们不体现"恰当的文本"对抗不恰当的文本，他们不建立权威，他们不创造一个新的传统，因为他们不停留在一种持续而强烈的传统中。的确，无论什么时候人们从一个传统中挑选一种解释对象，他们一直把自己置于一种传统之中。但是如果人们从一个中国花瓶的解释移动到马克思的解释或者移动到象牙海岸（Ivory Coast）的木质雕塑，人们不得不使传统融合，即使人们过去仅仅被一些传统社会化了。因为赫勒看到，"在这个'多元文化'的世界，人们很少被一种传统社会化：人们具有不止一种'文化身份'，虽然在数量上有限。"① 因此，如果有一些传统，解释对象也从其自己传统的连续性中被排除了。没有"世界传统"存在。赫勒也看到最近一些人设法创造一个世界传统。例如有这样一个歌舞团，它演奏所谓的"世界音乐"，这种音乐从不同人群的流行音乐中

---

① Agnes Heller, *A Theory of Modernity*, UK: Blackwell Publishers, 1999, p.282.

创作。这个歌舞团到处成功地进行演出。解释宇宙的赤裸裸的
国王与王后不断地提供短暂的吸引观点。

尽管阐释学的规范已经模糊，但是赫勒也对完全脱离规则
的解释进行了批判。赫勒不主张解释完全的开放与自由，这事
实上容易导致没有真理的知识，一种主要接受技术想象支配的
危险。所以赫勒引述了尼采的话，即戴着镣铐跳舞是容易的。
"从镣铐中解脱之后跳舞更困难。如果不再有任何的舞谱，那
么跳起舞来就更难。"① 没有舞谱，就剩下一系列的自由的即
兴表演，因为舞蹈者表演始终是即兴创作。舞蹈者选择每一动
作，不知道他们的舞蹈是否令人愉快，是否向观众传达了一种
意义。人们不能确定现在或者将来是否有一个观众。人们即兴
表演，然而剧场是空的。这就是具有个体性、多元特性的后现
代阐释学，这种后现代阐释学包含了悖论阐释学的元素。

第四节 悖论阐释学的批评实践：如何理解
陀思妥耶夫斯基？

以赫勒为代表的布达佩斯学派，对阐释的悖论进行了深入
探索，把悖论性融入具体的文学阐释活动之中。其中，俄罗斯
著名文学家陀思妥耶夫斯基成为关注点。布达佩斯学派传承发
展了卢卡奇对这位文学家的悖论性阐释，通过多元阐释赋予了

---

① ［匈牙利］阿格尼丝·赫勒：《现代性理论》，李瑞华译，商务印书馆
2005 年版，第 211 页。

这位伟大现代小说家以深刻的美学与哲学人类学意义，显示出文学理论与文学批评的历史性与意识形态选择的复杂张力，既为陀思妥耶夫斯基研究贡献了独特的哲学思考视角，又为文学批评赋予了新型的悖论阐释路径。在此学派的典型文学阐释中，悖论性得到了彰显。

一、对作为长篇小说写作者的问题性阐释

作为 20 世纪杰出的马克思主义文学理论家和批评家，卢卡奇长期纠缠于陀思妥耶夫斯基诗学命题，从中找到文学与历史突破现代西方文化危机的新的可能性，彰显出长篇小说书写的危机。

卢卡奇 1916 年完成的《小说理论》把陀思妥耶夫斯基创作作为现代欧洲文化与小说样式危机的解决出路之一。此书从历史哲学的视角，通过比较长篇小说和史诗的异同，对长篇小说这种现代新型文体进行合法性审视。卢卡奇梳理了现代西方长篇小说的历史性演变，历经以塞万提斯的《堂·吉诃德》为代表的抽象理想主义类型，到以福楼拜的《情感教育》为代表的浪漫主义类型，再到以歌德的《威廉·迈斯特》为代表的心灵与现实融合的类型。但是这些长篇小说都不能掩饰自身的问题，无法实现主体心灵与社会现实的和解，长篇小说作为一种文体本身充满内在的危机。

在卢卡奇看来，歌德和托尔斯泰试图解决这种文体内在的危机。歌德在教育小说中调和主体内在性与外在世界的关系，在行动中实现内在意义，在长篇小说中注入史诗元素。对卢卡

奇来说，这最终没有解决长篇小说的问题："尽管他极力重视，把纯粹潜在的、主观的意义本质渗透到主人公可以实现自我的社会领域，但是整个大厦所立足的共同体观念要求，社会结构应该拥有更显著的更客观的实质性，相对于那些被征服的领域而言，社会结构应该更真实地充分适应这些规范性主体。"[①] 歌德试图以长篇小说开始，而以史诗结束，这不能解决内在危机，无法真正解决心灵与现实的问题，两者之间仍然横亘着深渊。托尔斯泰也进行了新的探索，试图超越社会生活形式，最大程度地把小说和史诗融合起来。他的长篇小说追求情感共同体生活，这种生活紧密地依附自然，亲密地与自然节奏和谐共振，生死往复，排斥任何非自然的结构。然而卢卡奇认为，托尔斯泰的自然充满悖论，他所追寻的自然并非史诗的现实本身，而是创造出来的自然，是被意指的自然，是一种文化。这种悖论成为托尔斯泰的小说不可能解决的问题，"他的史诗性意图必然导致充满问题的小说形式，这不是因为他自己不能克服文化，不是因为他与其所描绘体验的自然的关系是感伤的——不是心理学原因——而是由于形式原因，由于形式与其历史哲学的基础的原因。"[②] 在托尔斯泰的小说中，三种现实所对应的三种时间即惯例习俗的时间、永恒自然节奏的时间和个体命运的时间不能统一，悖论成为必然。

---

① Georg Lukács, *The Theory of the Novel*, Trans, Anna Bostock. London: The Merlin Press, 1971, p.141.

② Georg Lukács, *The Theory of the Novel*, Trans, Anna Bostock, London: The Merlin Press, 1971, p.146.

卢卡奇通过对现代文学发展的历史哲学的审视，指出创造新型文学的可能性还没有到来。正如费希特所说，长篇小说是绝对罪孽时代的形式，只要这个世界没有改变，长篇小说就仍然是主导的形式。可以说，长篇小说的文体危机是西方现代性的悖论性呈现。虽然托尔斯泰的长篇小说仍然处于抽象的、怀旧的状态，但是新时代的破晓的暗示则可以窥见。正是在这个重要的历史性时刻，卢卡奇在陀思妥耶夫斯基的小说创作中找到了希望，这在《小说理论》中称为"陀思妥耶夫斯基：一种前景"。这种前景可以通过其代表作《罪与罚》来确证：主人公拉斯科利尼科夫从人与世界的焦虑、人与自身的焦虑的神经质生存，逐步在女朋友索尼娅的坚韧的爱的行为中被转变，两人的生活被复活，从旧的生活走向新的生活："生活降临了，代替了思辨，他的思想应该改弦易辙，养成一种全新的习惯。"[①] 这预示了新的文学创作的可能性："但是这就要开始说另一个故事了，即一个人逐渐获得新生的故事，一个人逐渐再生，逐渐从一个世界进入另一个世界，逐渐认识一个新的、迄今为止完全无人知晓的现实的故事。"[②] 虽然《小说理论》论述陀思妥耶夫斯基极为概要，但是指出了其创作在欧洲现代文学史上尤其是小说史上的重要地位，主要涉及三点：一是其文学世界与欧洲 19 世纪浪漫主义没有密切的联系，摆脱了长篇

---

① ［俄］陀思妥耶夫斯基：《罪与罚》，臧仲伦译，湖南文艺出版社 1995 年版，第 661 页。

② ［俄］陀思妥耶夫斯基：《罪与罚》，臧仲伦译，湖南文艺出版社 1995 年版，第 662 页。

小说文体的危机，正如卢卡奇所言"陀思妥耶夫斯基没有书写所谓的长篇小说"[①]；二是作品的形式体现了文学的革命；三是作品预示即将到来的新世界的希望，虽然这些希望是如此微弱甚至现存力量可以轻易地把它碾碎。这不仅是文学本身的探索即长篇小说文体问题的解决，而且涉及在社会历史进程中的文学问题，现实地改变资本主义世界的可能性以及人的现实命运的问题。显然，这触及社会现实的转变。这在一定程度上表征着卢卡奇自身走向匈牙利革命实践的涌动。《小说理论》的"序言"清晰指出，虽然他对《小说理论》基于狄尔泰、席美尔、韦伯等为代表的"理智科学学派"的方法论持有怀疑，但是仍然高度肯定了此书的颠覆性价值，即追求符合人类本身的自然生存，"这来自于对资本主义的瓦解以及对没有生命的、拒绝生命的社会经济范畴的捣毁。这部著作的高潮是分析托尔斯泰和评价'没有书写所谓的长篇小说'的陀思妥耶夫斯基，这种清晰显示了《小说理论》的作者很明显不是寻找一种新的文学形式，而是寻觅一个'新世界'。"[②] 可以说，在卢卡奇看来，陀思妥耶夫斯基是长篇小说悖论性的解决。

但是悖论仍然没有彻底解决。1943 年卢卡奇撰写了《陀思妥耶夫斯基》一文，这可以说是《小说理论》的持续。他从现实主义美学与新人建构的立场出发，阐释其重要的理论与

---

① Georg Lukács, *The Theory of the Novel*, Trans, Anna Bostock, London: The Merlin Press, 1971, p.152.

② Georg Lukács, "Preface", in *The Theory of the Novel*, Trans, Anna Bostock, London: The Merlin Press, 1971, p.20.

现实意义，高度肯定其小说作品的提问方式及其和谐存在的黄金时代之梦想。在这篇精彩而深刻的文学阐释中，卢卡奇指出，陀氏在祖国甚至整个人类的危急关头，在创作上有决定意义地提出了问题，通过人物命运与内心生活的描绘"使得这个时代的问题的整个深度显露出来"，"陀思妥耶夫斯基的作品预示了文明世界的精神的道德的发展，这使得作品发生着不可抗拒的和长远的影响"。① 陀氏崇拜巴尔扎克，并翻译了《欧也妮·葛朗台》，显示出了对时代变迁以及人的心理、道德和世界观之变迁的洞察力，但是与之不同的是，他把巴尔扎克边缘的命题提升到中心地位，探索人物自身的精神世界。关注的核心不是行动而是在行动中认识自己，从最深处刨根问底地认识自己，追问个人主义的内在发展。在卢卡奇看来，陀氏在众多小说中揭露了个人主义的危机，描绘的事情"无例外地都是孤独的人所做的事，这种人根据他们对生活、环境和自身的了解，完全只信赖自己；因此他们这样深刻而集中地生活于自己之中，以致别人的心理对于他们永远是不可知的国度。别人总是作为外人、作为威胁力量而存在的，人们不是受这种力量的奴役，就是把它作为奴役的对象"②。陀氏不同于歌德、巴尔扎克等作家对自我的探索，而是走向了最高阶段，窥测到个人主义之孤独及其绝对的空虚。卢卡奇深刻地指出："沉溺于

---

① 中国社会科学院外国文学研究所、外国文学研究资料丛刊编辑委员会编：《卢卡契文学论文集》（二），中国社会科学出版社 1981 年版，第 431 页。

② 中国社会科学院外国文学研究所、外国文学研究资料丛刊编辑委员会编：《卢卡契文学论文集》（二），中国社会科学出版社 1981 年版，第 436 页。

自己的自我，无处能找到坚固的基础；过去暂时像是坚固基础的东西，都转化为它们的反面。完全主观化了的理想变成了有诱惑性的飘忽不定的时隐时现的海市蜃楼了。"① 这表现了时代的普遍精神，洞见到现代性的普遍精神即偶然性存在。"大家就像在车站上一样"这个比喻具有典型的意义，意味着短暂性的存在，人们站在车站上，等着车开，车站不是家园，火车只是一个过渡，一列火车由车站开出去了，人们再等第二列，但是车站仍然是车站。在现代社会，永恒的美不再存在，人类的家也不再永恒，而是卷入偶然时间之中。在卢卡奇看来，陀氏是从偶然性中建构内外的统一关系，建立社会结构与心理结构的统一关系。个人主义危机具有深层的社会根源，孤独和绝望的基础是毫无意义的社会与生活，是资本主义社会制度本身的问题与危机。因此陀氏的小说是现实主义的，也是反抗资本主义的。

卢卡奇还揭示了陀思妥耶夫斯基小说作品的结构性矛盾。这体现了两种斗争的方向，既作为作家和作为政论家的斗争关系。按照作家的身份来说，一切美的和丑的、真的和假的形式皆被打碎，因为这些形式不能完美表达孤独之绝望，人与人之间的交往规则与一切限制也被推翻，只剩下自发的坦率、极端的坦率，以至于毫无廉耻；而作为政论家身份，他相对保守。这就产生了文学创作和政治理想之间的矛盾。或者政论家身份

---

① 中国社会科学院外国文学研究所、外国文学研究资料丛刊编辑委员会编：《卢卡契文学论文集》（二），中国社会科学出版社 1981 年版，第 438 页。

战胜作家身份，受作家幻想所支配的非自觉的力量受到压制，或者人物独立起来，把自己的生活进行到底，"文艺创作中正确的提问方式战胜了政治意图，战胜了作者的对社会所作的答案"。① 作家的提问方式具有超越性和反叛性，指出了超越资本主义的未来的道路，指出了人类的不可摧毁的力量，也就超越孤独而走向乌托邦之梦："黄金时代：这就是真正的、和谐的人们之间的真正的、和谐的关系。"② 卢卡奇对陀思妥耶夫斯基的分析包含了丰富的美学思想，一是从提问方式中看到了现实主义的文学创作的深度，从原始现象的描绘洞察到时代与社会的普遍性，为现代欧洲社会与文化的危机寻觅到了新的路径；二是体现了审美现代性思想，从偶然性中见出时代精神及其社会根源，这与波德莱尔的现代性观念密切联系在一起，尤其与瓦尔特·本雅明对波德莱尔诗歌的审美现代性解读异曲同工，只是本雅明在诗歌中寻觅到了经验唯物主义的意义，而卢卡奇在小说经验的描绘中揭示了现代性经验，而且赋予了更多的批判性；三是卢卡奇看到了陀氏小说的复杂性、矛盾性、斗争性，这与巴赫金对陀氏小说的复调性与对话性的解读类似，区别在于巴赫金注重从话语角度展开，卢卡奇更侧重于从世界观与创作之间的复杂矛盾关系来理解，受到经典马克思主义文

---

① 《陀思妥耶夫斯基》，中国社会科学院外国文学研究所、外国文学研究资料丛刊编辑委员会编：《卢卡契文学论文集》（二），中国社会科学出版社 1981 年版，第 445 页。

② 《陀思妥耶夫斯基》，中国社会科学院外国文学研究所、外国文学研究资料丛刊编辑委员会编：《卢卡契文学论文集》（二），中国社会科学出版社 1981 年版，第 447 页。

艺批评的直接影响；四是卢卡奇从提问方式及其总体历史演进
的角度来理解陀思妥耶夫斯基的文学创作具有重要的方法论意
义，建立了文学形式与历史性的辩证方法论，"文艺作品的真
正使命过去是、今天还是：提出问题，通过塑造新的人和描写
新的人的命运来提出问题"。① 这种提问方式的阐释在阿尔都
塞那里得到系统的发展，从而对 20 世纪的马克思主义文艺理
论产生重要的影响，在一定程度上实现了文艺理论与批评的方
法论转型，包含着阐释的悖论性思想。可以说，卢卡奇这篇文
章不仅揭示了陀氏小说成就的重要的独特的价值，而且透视出
了文学阐释悖论性的一些新概念与命题，彰显了现实主义文学
批评的思想性、时代性与审美性的辩证张力。

二、对作为悖论的诗人的阐释

卢卡奇对陀思妥耶夫斯基的悖论性阐释影响了布达佩斯学
派重要成员费赫尔（Ferenc Fehér）和瓦伊达（Mihaly Vajda）
的文学阐释。他们的阐释有相同点，包含人道主义特征，但具
有差异性甚至对立性，正如费赫尔所说"这导致了悖论的情
形"。② 如果卢卡奇关注现代资本主义社会充满问题的个体性
及文体形式的生成，那么费赫尔则强调悖论的个体及其文体形
式的建构。费赫尔从作家人格（悖论的作家）、文学作品所展

---

① 《陀思妥耶夫斯基》，中国社会科学院外国文学研究所、外国文学研究资
料丛刊编辑委员会编：《卢卡契文学论文集》（二），中国社会科学出版社 1981 年
版，第 431 页。

② Fehér Ferenc, *Pesnik Antinomja*, Beograd：Nolit，1981，pp.287、236.

现的世界（悖论的世界）和长篇小说文体本身（悖论的文体）
角度展开对陀思妥耶夫斯基的阐释，体现了阐释的丰富性和复
杂性。

　　费赫尔在卢卡奇的指导下，在 1968 年左右完成匈牙利语
博士论文《悖论的诗人：陀思妥耶夫斯基与个体的危机》（*Az
antimomiak koltoje*：*Dosztojevkij es az individuum valsaga*）。该论
文于 1971 年出版。此书一共五章，第一章讨论个体的危机，
第二章讨论陀思妥耶夫斯基的伦理学，第三章讨论作为恶魔和
成功情爱的革命，第四章讨论基督模仿之不可能，第五章论述
危机性长篇小说。有国外学者指出，费赫尔的这部著作融合了
卢卡奇关于善恶并存理论，陀氏笔下的人物性格充满矛盾性，
诸如拉斯科利尼科夫在贫困的圣彼得堡所展现的两种极端性的
挣扎："从严峻社会矛盾背景中解放的第一步，就是反抗权威
力量，然而这种反抗又走向失败。"① 费赫尔对陀氏的阐释具
有新的时代意义，在延续卢卡奇文艺思想的框架中展现了新的
维度，展现了马克思主义阐释学的伦理学维度，是 20 世纪 60
年代布达佩斯学派文学伦理阐释的重要体现之一。他与妻子赫
勒对现代小说的道德解读一样，特别关注人格理论建构，并以
此来审视陀思妥耶夫斯基的悖论性人格。他根据马克思《政
治经济学批判》导言的思想，挖掘马克思主义对由商品关系
所主导的资产阶级社会的个体危机与共同体问题的思考，认为

---

　　① Margit Köves, "Ferenc Fehér （1933−1994）, Reflections on a Member of the
Lukács School", *Social Scientist*, Vol.23, No.4/6 （Apr.-Jun., 1995）, pp.98−107.

个体危机与共同体的危机只能通过重建新型的共同体来解决，这种新型的共同体就是超越资本主义社会的共产主义社会。这种共同体建构是人类解放的第三次革命，也就是基于个体危机根本解决的构建。因此，陀思妥耶夫斯基所标示的正是体现资本主义社会的个体危机，也就是个体的悖论，其伦理学无疑内在充满悖论，这种悖论与危机内在于小说作品本身之中。

费赫尔从陀氏的早期短篇小说创作所透视出的悖论揭示到成熟时期的长篇小说的危机与悖论的分析，展示了作家在世界基本结构、意识形态、小说本身等方面的悖论，总体地认为"这位作家是悖论的诗人"。① 费赫尔关于世界基本结构、意识形态、长篇小说三个方面的分析颇为深刻。

陀氏的基本世界结构意味着，他有意识地揭示了当时资产阶级社会的拜物教的、异化的本质，摒弃了任何抽象的生活形式与以往人类生存的表现，小说主人公走向个体化，反抗外在世界的异化，但是作者不能阻止个体的纯粹主观化，因而主人公之间的交往结构倒退到古代世界的本质结构之中。这种世界结构的悖论在于偶然的个体与外在世界无法构成现实的和谐的状态，根本原因是缺乏真正的共同体，资产阶级社会只是一种虚假的共同体。费赫尔指出，陀氏的悖论在意识形态的融合与分离上亦可以见出，主要表现在他与康德、黑格尔、克尔凯郭尔、俄罗斯革命民主主义者、尼采等五类意识形态理论家的矛

---

① Fehér Ferenc, *Az antimomiak koltoje*：*Dosztojevkij es az individuum valsaga*, Budapest：Magveto，1971，p.7.

盾纠缠。譬如，陀氏的贪婪者与尼采的超人的类似性，但是不同的是，前者的行为活动隐藏着灾难，而后者弥漫了欲望的扩张，因而前者更具有悖论性。

事实上就文艺理论而言，费赫尔对陀氏长篇小说本身的悖论分析最具有理论价值。《悖论的诗人：陀思妥耶夫斯基与个体的危机》第五章"危机性长篇小说"（Válságrengény）主要讨论长篇小说的问题性、空间、时间和情节。他在此延续卢卡奇《小说理论》的长篇小说文体阐释模式，但是重新探索了马克思主义文体理论的命题。他首先讨论的是卢卡奇《小说理论》的经典问题：长篇小说是问题重重吗？费赫尔通过对陀氏的作品的具体分析，在一定程度上质疑卢卡奇关于长篇小说文体的价值判定。他认为，卢卡奇的理论延续了席勒与歌德关于长篇小说与史诗价值所设定的文学观念，属于 19 世纪的历史哲学。费赫尔则与之辩驳："争论的基本立场在于：长篇小说不是问题重重，而是充满悖论的。"① 卢卡奇从浪漫的反资本主义立场分析长篇小说，更多看到这种文体的问题性，从而把长篇小说加以史诗化处理。费赫尔充分认识到，他的悖论的判定意味着长篇小说与现代资产阶级社会的关联性，长篇小说作为资产阶级社会的史诗，具有这个社会所固有的缺陷与危机，但是包含着解放的价值维度。为了深化这种悖论性，费赫尔充分挪用了黑格尔、戈德曼、哈贝马斯相关的理论话语，这

---

① Fehér Ferenc, *Az antimomiak koltoje：Dosztojevkij es az individuum valsaga*, Budapest：Magveto, 1971, p.19.

使他对陀氏的阐释突破了卢卡奇的视域。他通过黑格尔《美学》的解读，认识到史诗的普遍缺陷，这就是史诗及其主人公的集体性，而长篇小说的悖论消解了史诗的封闭的总体性，让主人公拥有自由的优越性，但是随着资产阶级社会普遍地被拜物教所支配，这种优越性沦为缺陷。借助于哈贝马斯1963年的《公共领域的结构转型》关于公共领域和私人领域的现代性理论，费赫尔探讨了长篇小说中的公共性的消失，主要涉及亲密领域即家庭的阐释。这种亲密领域具有公共领域的特征，但是又具有私人化的特征，家庭成为亲密领域但是又沦为非人道的动物状态，个体是自由的、主观的，但是又是琐碎的、非正常的。他明确指出："这里我们也能诊断出长篇小说的悖论性：家庭纽带的断裂同时是人类解放的阶段之一。马克思认为，自由发展的资本主义社会对血缘纽带的毁坏是普遍而积极的。因而人类物种的意识只能从'人类动物物种的动物学'中被创造出来。不过，一夫一妻制的资产阶级家庭本身具有伪血缘纽带的类似网络，因而成为人类解放的障碍。"[1]在史诗中，整个生活是有机的总体的，但是在长篇小说中，日常领域与非日常领域相互分离，体现出二重性，这种二重性的过程被客观地体现出来。立足于戈德曼的发生结构主义理论即长篇小说与市场资本主义的同构思想，费赫尔看到史诗中的个人与长篇小说中的偶然性个体的差异性，史诗中的个人仅仅承

---

[1]　Ferenc Feher, "Is the Novel Problematic? A Contribution to the Theory of the Novel", in Edited by Agnes Heller and Ferenc Fehér, *Reconstructing Aesthetics*, UK: Basil Blackwell Ltd., 1986, p.36.

担功能性的角色，而长篇小说的个体把自身个体化、合法化，并演变为教育小说中的个体，是解放性与散文性的并存。长篇小说本身是多元主义的文体，体现出对立性，既与市场同构，又与之对抗。它产生于资产阶级的时代，但是又蕴含着超越这个时代的可能性。

　　这些悖论性因素皆呈现在陀思妥耶夫斯基的长篇小说之中。费赫尔指出，"陀思妥耶夫斯基的伟大之处，在于他以有意味的形式创造了如此独特的结构，以至于他把各方面的危机提升到整体综合的高度。"① 费赫尔认为，巴赫金的代表性著作《陀思妥耶夫斯基诗学问题》深刻而伟大，提出了长篇小说的对话复调性命题。在陀氏的长篇小说中，对话双方充分发展自己的观点，各自的信息即观念事实上成为典型的意识交往，彼此不可分离，因而对话成为小说结构的核心元素。但是费赫尔也指出，巴赫金关于陀氏的长篇小说的复调性的论断是有问题的，具有突出的片面性，他把陀氏以前的从荷马到托尔斯泰的世界文学视为"独白"。费赫尔更多地看到长篇小说的悖论性，他分析的起点是："陀思妥耶夫斯基是悖论的诗人，其著作是悖论的产物。"② 在费赫尔看来，倘若把陀思妥耶夫斯基的对话书写同所有先前作为独白的世界文学进行比较，则可知他的对话写作的创新没有太多价值，因为现代所有伟大艺

---

　　① Fehér Ferenc, *Az antimomiak koltoje*：*Dosztojevkij es az individuum valsaga*，Budapest：Magveto，1971，p.22.

　　② Fehér Ferenc, *Az antimomiak koltoje*：*Dosztojevkij es az individuum valsaga*，Budapest：Magveto，1971，p.22.

术家的实质性手法就是将最喜爱的人物的世界观与其他令人厌恶的人物发生冲突，从而暴露一些矛盾、怪癖和弱点。也就是说，对话性是长篇小说的内在特性。费赫尔指出，"对话的最终解决是诗性悖论的解决的本质性结构。"① "复调音乐的真正创新在于它创造了一种独特的精神世界，然后传达艺术同质性的意识在对话中克服了这种精神世界。"② 费赫尔关于长篇小说的时空分析仍然有着巴赫金的影响，只是他更关注危机性长篇小说的时间技巧的悖论性。卢卡奇认为资产阶级拜物教把时间转变为空间的连续性，而陀氏与这种时间相对立，创造了类似于柏格森、普鲁斯特的绵延时间意识，但是与关注自身体验与回忆的意识流艺术作品不同，他表现了注意力集中的、动态的中介和主体间性。陀氏的悖论性书写是脱离人云亦云的常识状态而让真理性得以显现。在《罪与罚》中，人物的神经质的胡言乱语本身不是荒谬，而是真理的闪烁，就如主人公拉斯科利尼科夫的朋友拉祖米欣的认识："信口开河是人不同于其他动物的唯一特权。只有让人家胡说，把话都说出来，才能达到真理。"③

不难看出，费赫尔对陀思妥耶夫斯基的阐释延续着卢卡奇的文体阐释，注重分析长篇小说与现代性的关联，但是也逐渐脱离甚至拒绝卢卡奇的分析框架与价值观念，更多地认识到悖

---

① Fehér Ferenc, *Pesnik Antinomja*, Beograd：Nolit，1981，p.287.
② Fehér Ferenc, *Pesnik Antinomja*, Beograd：Nolit，1981，pp.287-288.
③ ［俄］陀思妥耶夫斯基：《罪与罚》，臧仲伦译，湖南文艺出版社1995年版，第239页。

论的长篇小说的积极意义，高度肯定其多元的解放功能与自由价值。费赫尔明确提出："小说不仅在它的'内容'，在由它的范畴构成的集体性的观念，而且在它形式上，表达了人类解放的一个阶段。"① 虽然费赫尔延续着卢卡奇总体性的框架，但是他关于陀氏的阐释凸显了价值多元主义的文艺阐释观。不过，费赫尔对陀思妥耶夫斯基的文学理解与文学趣味并没有达到卢卡奇的深度与原创性，而且他的阐释带有显著的模式化特征，他关于陀氏小说创作的分析与对菲尔丁、哥尔斯密斯、奥斯丁、歌德、托尔斯泰等作家的小说作品的分析遵循着相同的悖论性的话语模式的理解，虽然这可以较好地审视长篇小说的普遍的文体理论及其悖论性，但是忽略了陀氏小说创造的独创性与个体性。

三、对作为现代存在感洞察的现象学家的阐释

1993 年费赫尔因心脏病突然去世。布达佩斯学派成员瓦伊达撰文深刻缅怀，尤其关注费赫尔的代表性著作《悖论的诗人：陀思妥耶夫斯基与个体的危机》。这构成了关于陀思妥耶夫斯基的阐释的再阐释，也可以说是对陀氏的元阐释。瓦伊达对费赫尔的阐释具有后现代特征。他虽然肯定费赫尔的创造性阐释，但是对其宏大叙事的价值标准持有批判意见，认为陀氏并不是对资产阶级危机意识进行揭露与表现的悖论性诗人，

---

① Ferenc Feher, "Is the Novel Problematic? A Contribution to the Theory of the Novel", in Edited by Agnes Heller and Ferenc Fehér, *Reconstructing Aesthetics*, UK: Basil Blackwell Ltd, 1986, p.26.

而是一位深刻洞察现代个体存在的现象学家。这种解读不同于
巴赫金的阐释路径。具体来说，瓦伊达的阐释主要包括三
方面：

一是揭示费赫尔阐释陀思妥耶夫斯基的宏大叙事特征。在
瓦伊达看来，费赫尔的阐释是对陀氏的创造性误读，《悖论的
诗人：陀思妥耶夫斯基与个体的危机》在当时是高质量的杰
作，即使今天再次阅读仍然不失其价值。费赫尔的著作立足于
黑格尔、马克思与卢卡奇的理论，还没有清晰认识到宏大叙事
的终结，还不可能捕捉现代的矛盾与当代人的存在条件，仍然
追求着未来共同的集体社会，因此思想仍然局限在卢卡奇所引
领的宏大叙事框架之中。这是阐释的时代特征，也是时代的局
限。时过境迁，费赫尔的阐释不再具有价值，因为此书所奠定
的观念框架即宏大叙事已经瓦解了，而且作者本人后来也放弃
了这个观念框架。此书的世界观及其关于陀思妥耶夫斯基小说
艺术的理解不再是合理的。尽管如此，瓦伊达认为其阐释有启
发性，虽然在 70 年代宏大叙事框架是当时流行的理论，但是
费赫尔并没有把它强制植入阐释之中。瓦伊达认为，当费赫尔
把现代个体的失调或者碎片化视为个体的危机的时候，这不仅
仅是通过某种"和谐之人"的角度看到的：日常性的不可承
受的内在张力被个体充分地感受到，但是这个个体基本上没有
认识到，社会治理是以消除他的先验的无家和危机为目的的。
瓦伊达指出，费赫尔的荒谬与意识形态偏见，即从坚定的革命
清洗角度审视陀思妥耶夫斯基的不可饶恕的偏见，费赫尔这种
马克思主义不是官方哲学也不是卢卡奇的思想，也不是一种虚

伪的矫饰，而是有机地融入该著作之中。

　　二是讨论费赫尔与陀思妥耶夫斯基人格之间的复杂关系。在瓦伊达看来，《悖论的诗人：陀思妥耶夫斯基与个体的危机》最重要的部分是最后一章，主要论述陀思妥耶夫斯基小说书写的主要创新特征。其重要性不是从著作内容本身看而是从费赫尔生命的过程来看。费赫尔喜欢陀思妥耶夫斯基，两者具有许多共同的特点。费赫尔从陀氏那里看见了自己易于生气的性格特征，如同陀氏小说中从一个对立演变为另一个对立。费赫尔的本质是激情满怀与大义凛然，他深受导师卢卡奇的影响，对之感恩戴德，其扉页上写道："我把我的书献给我的老师和兄弟一样的朋友乔治·卢卡奇，为了他长期地信赖我，作为迟到的点滴回报"。① 瓦伊达认为，《悖论的诗人：陀思妥耶夫斯基与个体的危机》"是《小说理论》的延续，更准确地说，是《小说理论》的完成"。② 卢卡奇的《小说理论》只是简单引入了陀思妥耶夫斯基，把他作为"新视野"的开启者，费赫尔在卢卡奇的指导下完成了深入阐释陀氏的博士论文与著作。不过，费赫尔不仅脱离了卢卡奇解释的思想观念，进行180度的转变，而且指出正是反动的—浪漫主义观引导卢卡奇成为一位共产主义革命者。费赫尔在这里积极审视布尔什维克阶段的俄国革命。同时他也通过对比阅读英籍匈牙利作家阿

---

　　① 参见 Fehér Ferenc, *Az antimomiak koltoje*：*Dosztojevkij es az individuum valsaga*，Budapest：Magveto，1971。

　　② Mihaly Vajda,"Man in Transcendental Homelessness：in Memory of Ferenc Feher", *Thesis Eleven*, 1995, Num.42, pp.32-40.

瑟·库斯勒（Arthur Koestler）的著作《午间的黑暗》（Darkness at Noon）透视出俄国模式的宏大叙事的困境的实质。费赫尔的阐释具有这种超越卢卡奇的洞见，但是没有充分地理解这种实质，因而他的阐释具有矛盾性和张力。他一方面认同卢卡奇在《理性的毁灭》中对尼采的判断，认为《罪与罚》的主人公拉斯柯尔尼科夫具有尼采的超人个性；另一方面他坚定认为这位主人公的人格和行为是资产阶级个人主义似的自我反抗者，具有黑格尔的世界历史的个人特征。所以在瓦伊达看来，虽然费赫尔后来放弃了宏大叙事，但是它仍然具有有效性，在他的一生中产生重要影响。他坚定相信悖论的最终解决，虽然只是一种希望，但是这种希望最终能够实现。费赫尔清晰地揭示了陀思妥耶夫斯基通过社会革命而不是通过基督教方式进行世俗救赎的思想观念，他的揭示与自身对希望的坚守是内在一致的。瓦伊达指出，"这位诗人的阐释者与诗人获得同一性。"①

　　三是对个体性与共同体的伦理价值的辨析。根据费赫尔的研究，从陀思妥耶夫斯基文学界定的历史时刻中设置了两种世界生存模式即创造性个体与共同体过程，认为创造性个体的世界与公共体的世界不是一样的。费赫尔指出，陀思妥耶夫斯基虽然不愿意接受但是不得不描写：如果一个人希望形成自己的人格（personality），那么他必须对抗社会的权威力量。但是普

---

　　① Mihaly Vajda, "Man in Transcendental Homelessness: in Memory of Ferenc Feher", *Thesis Eleven*, 1995, Num.42, pp.32-40.

遍的解放的结果是什么呢？戴着镣铐的自由，因而自由是有条件的，每个人在这个条件下反抗所有权威力量，去追求自己的内在个性与理想。瓦伊达认为，费赫尔并不相信每个人具有自己内在的理想。可以肯定的是，每一个普通人被迫在选择生活的信条。在这种选择中，他是完全独立的并且在最矛盾的要求之间苦苦挣扎。正是在与权威力量的斗争中，一个人成为个体，成为选择的主体。这样，道德价值的实现只能借助于超人的斗争实现人格本身的价值。按照瓦伊达的观点，"只有通过不断捣毁其他的价值，人格才能实现自己本身"。① 这是自由创造的个体性世界，也是充满悖论的世界，这种悖论是不可超越的。因为在瓦伊达看来，共同体的世界是不能实现的，同时也是消除个体价值本身的世界。但是瓦伊达认为，费赫尔的著述坚持集体性与共同体，坚持自由选择的能够普遍实现的共同体，并把这种共同体作为解决资产阶级社会根本矛盾的办法。就此而言，费赫尔与陀思妥耶夫斯基相契合，两者都不屈服于资产阶级世界的条件，皆不认同自私自利的社会惯例。

瓦伊达的阐释透视了陀思妥耶夫斯基小说的新意义，就是对个体存在的悖论的现代性揭示，这是存在论的揭示，也是现象学的揭示。通过质疑费赫尔的世界观和宏大叙事框架，瓦伊达展示了布达佩斯学派 80 年代以来的后马克思主义分析特征，

---

① Mihaly Vajda,"Man in Transcendental Homelessness: in Memory of Ferenc Feher", *Thesis Eleven*, 1995, Num.42, pp.32-40.

同时融合了对个体性价值的坚守。瓦伊达的阐释不乏误解,如
费赫尔明确提出了现象学理解:"马克思在《1844 年经济学哲
学手稿》中的分析给我们提供了无与伦比的自我与他者之间
偶然接触与邂逅的现象学。就相遇的人格而言,场合与现象也
证明是偶然的:人们不能从一个人的人格中推出他成为交换行
为的一部分,他的产品成为商品,成功交换的对象的时刻,也
不能从中推出这种运作展开的环境。相应地,当人们思考着一
切——人、其存在、实体与资本主义'永恒的自然法',这些
法律在每个方面看来对个体的各种行为而言是不可改变的以及
决定性的——它们证明是由许多偶然的行为组成的。"① 尽管
如此,对个体性的价值建构无疑是布达佩斯学派 20 世纪 60 年
代的重要的价值属性,赫勒在 1968 年的《日常生活》所展示
的特性向个体性的提升,以达到对人格的日常生活现象学思
考,事实上折射在瓦伊达对陀思妥耶夫斯基的理解之中。从主
导趋势来看,瓦伊达已经转变了对陀思妥耶夫斯基的价值重
估,从黑格尔与卢卡奇的路径转向了尼采和海德格尔的维度,
从费赫尔的个体危机的解决走向了个体价值认同,从现代性批
判走向现代性重建。

可见,卢卡奇和布达佩斯学派从 20 世纪初到 90 年代对陀
思妥耶夫斯基的三种阐释显示文学阐释的复杂性和悖论性。卢
卡奇关注欧洲文化危机的解决,费赫尔更关注个体悖论与长篇

---

① Ferenc Feher,"Is the Novel Problematic? A Contribution to the Theory of the
Novel", in Edited by Agnes Heller and Ferenc Fehér, *Reconstructing Aesthetics*, UK:
Basil Blackwell Ltd, 1986, p.53.

小说类型的悖论，瓦伊达则关注现代偶然个体悖论的存在现象学。这些阐释既充分地关注当代关于陀思妥耶夫斯基研究的最新成果，又有效地融汇现代哲学人类学、现象学、发生结构主义等思想揭橥这位伟大小说家的思想与审美价值，阐释对象、阐释主体和阐释的历史语境都体现出共通性和差异性，这在某种意义上是马克思主义文艺批评的历史标准与美学标准的具体化与当代化。虽然布达佩斯学派的研究有哲学化的倾向，对文学本身的审美感受的理解还不够突出，尤其没有达到巴赫金对陀思妥耶夫斯基形式诗学的高度，因为巴赫金明确提出："陀思妥耶夫斯基在艺术形式方面，是最伟大的创新者之一。在我们看来，他创造出一种全新的艺术思维类型，他把它权且称为复调型。这一艺术思维的类型，体现在陀思妥耶夫斯基的小说作品中，然而它的意义却不仅仅局限在小说创作上，并且还涉及到欧洲美学的一些基本原理。"① 尽管如此，卢卡奇与他引领的布达佩斯学派的阐释仍然深入推进了陀思妥耶夫斯基文学创作的历史哲学意义和普遍的人类学价值的思考，也从一个独特的流派视角看到了文学阐释的复杂性和悖论性。如果说一个师门和流派对同一个文学对象的阐释存在矛盾和悖论，那么就普遍意义的文学阐释而言，悖论性则是具有本体论意义，彰显出现代人类存在论困境的根本方式。

---

① 钱中文主编：《巴赫金全集》第五卷，白春仁等译，河北教育出版社1998年版，第1页。

第三章

公共阐释论的悖论

在最近 10 年左右，阐释学在中国成为一种显学，形成了人文学科的浪潮。在新时代，中国学界在全球性的视野中，立足于中国本土视角与中西阐释学的理论资源，重新提出了中国阐释学命题，对西方现代文学理论进行所谓的"强制阐释"分析，进而提出"公共阐释"的系统论断，在学界广泛讨论之中不断激活阐释学的理论生命力与有效性。本章主要以张江提出的公共阐释论为研究对象，指出其理论的内在原创性和自身的困境，揭示其悖论性特征及其理论家对阐释悖论的自我意识。

第一节 "强制阐释论"

一、批判性突围

理论的力量在于对社会现实及其文化现象进行批判性分析，彰显出鲜明的批判性锋芒。正是这种锐利的锋芒，在现代文化思想中发挥着重要的创造性功能，推动着人类生活方式的转型与文化的更新。新时代的中国文学理论无疑要彰显并实践这种批判性，推动中国化的马克思主义文学理论发展及其中国当代文学理论的姿态，并在全球话语空间凸显中国的声音，这是中国文学理论自信与理论创新的重要路径。张江 2014 年发表在《文学评论》第 6 期上的文章《强制阐释论》为中国当代文学理论的批判性思考开拓了新的路径，以强烈的问题意识与鲜明的理论概括，探究西方文论的"根本缺陷"，"核心缺陷的逻辑支点"①，事实上就是文章的核心论题"强制阐释"，这种批判性的锋芒透视出新世纪中国马克思主义文学理论的新形态，值得深入研究和密切关注。

回顾中国文学理论的历程，不难看出批判性姿态始终没有充分地展开。中国传统文学理论以独特的文学审美体验与话语方式显示出其独特性，在世界诗学体系中可谓独具一格，并受到国外汉学家的推崇。但是这种文学理论更多是一种静观式的文学理论形态，不仅表现在基本观点的延续性，诸如"诗言志""诗缘情"等，而且在话语中强调静态的审美感受，理论话语与文学经验融合为一体，形成了文人士大夫的悠闲情调。汉学家眼中的这种话语方式与审美风格恰恰是异域的体验，对于中国文学理论的发展没有起到根本的推动作用。相反，中国现代文学理论的发展主要立足于西方话语，形成了新的批判性特色，以西方的文学观念与话语范畴批判传统文学理论的话语

---

① 　张江：《强制阐释论》，《文学评论》2014 年第 6 期。

与文学经验，体现出鲜明的动态的批判性，正如茅盾所说，中国传统社会根本没有严格意义的文学批评，只有建立西方意义的批评概念才能促进文学的进步。虽然茅盾强调了中国自身的立场，但是文学理论的西方价值观念在中国文学理论界获得了极大的优势力量，甚至形成了主导的文学观念。于是，随着西方文学理论的风起云涌，不同观点文学理论，从语言学符号学、精神分析心理学、结构主义与解构主义、存在主义、后现代主义、新历史主义、女性主义、生态主义，到文化研究、媒介理论等等，不断涌入中国文学理论的场域，形成了文学观念的多元化、复杂化，形成了文学理论概念范畴的漂浮与泛滥，形成了中国文学理论界对西方文学理论的复制、模仿、套用。这事实上失去了中国文学理论的批判性特色，失去了中国文学理论家探索的根基，失去了中国文学理论的原创性与独特的话语体系建构与阐释。难怪一些国外学者审视 20 世纪中国文学理论甚至美学时，寻觅不到独特的中国学者的探索，而更多着眼于中国传统的独特的静态的文学话语，只能以"长城""熊猫""孔子"等标识来理解中国现代与当代文化形式，这隐含着对中国现当代文学理论的漠视。"强制阐释论"的提出不仅意味着当代西方文学理论具有强制阐释的特征，而且直接针对当代中国文学理论现状与文学批评实践。

在中国文学理论的历史性梳理中，反思"强制阐释论"的文学理论建构的思路无疑是有启发性的，它重新打开了中国学者面对西方文学理论的批判姿态，表达了中国学界对西方文学理论的否定性思考，这是中国学者理论自信的表达。更为具体地说，这是从对西方文学理论的价值肯定走向价值否定。虽然这不是完全的肯定或者完全的否定，但是价值天平发生了根本的转型，也就是以肯定为主走向以批判为主，这种批判性形态无疑在较为沉寂的中国文学理论界传来一种震耳欲聋的声音，这是试图体现中国学界的话语力量与声音，标示出中国学者如何学理地审视西方话语。如果学术乃天下之公器，就必须以学术的追求对已有的研究进行质疑，以推动学术的进步，批判性内含于真正的学术之中，充分意识到这一点中国文学理论界似乎延缓了很长的一段时间，也许还会延长。

二、"强制阐释"的范式定位

这种批判性在于张江提出的新颖概念"强制阐释"，用"强制"与"阐释"组合成为偏正短语。这种组合是新颖的，西方有所谓的"过度阐释"，但是汉语的组合更特别。《现代汉语词典》解释"强制"则为："用政治或经济力量强迫"。① 根据张江的定义，"强制阐释是指，背离文本话语，消解文学指征，以前在立场和模式，对文本和文学作符合论者主观意图和结论的阐释。"② 通过对比，"强制阐释"改变了一般意义的"过度阐释""主观阐释""错误阐释"等概念，突出了西方文论的特征，更彰显了西方文论的根本缺陷，更具洞见。

当代西方文论在语言学转向的趋势中获得了新的形态。现

---

① 中国社会科学院语言研究所词典编辑室编：《现代汉语词典》，商务印书馆 1983 年版，第 918 页。

② 张江：《强制阐释论》，《文学评论》2014 年第 6 期。

象学涉及语言符号的问题，存在主义也是走向语言之路，俄国形式主义、英美新批评、法国结构主义、解构主义、精神分析心理学、后现代主义、接受美学等等，都与语言符号有着不可分离的关系。这种形态使得西方文学理论与 19 世纪及以前的文学理论形态有着重要的差异。《诗学》《诗艺》等西方传统文学理论在话语形态上类似于中国传统文学批评，重视经验规则的使命感。亚里士多德的《诗学》频繁地有"必须""应该""一定"等表述，譬如"情节的安排，务求人们只听事件的发展，不必看表演，也能因那些事情的结果而惊心动魄，发生怜悯之情"。① 如果说以前的文学理论看重文学经验技巧的概括，寻求文学作品的直接自发的体验，那么 20 世纪的西方文论强调文学的"意义"，审美体验被文学作品的"意义"所取代，这是当代西方文学理论的重要特征。由此，阐释的模式较之以前得到突出的表现。以意义为旨归就成为当代西方文学理论的阐释动向。胡塞尔的现象学追寻本质直观的意义，海德格尔的存在主义探寻存在的意义，并在 1927 年的《存在与时间》中提出，"任何存在论，如果它未首先充分地澄清存在的意义并把澄清存在的意义理解为自己的基本任务，那么，无论它具有多么紧凑的范畴体系，归根到底它仍然是盲目的，并背离了它最本己的意图。"② 符号学也就成为意义的科学，符号

---

① ［古希腊］亚里士多德：《诗学》，罗念生译，人民文学出版社 1984 年版，第 43 页。

② ［德］海德格尔：《存在与时间》，陈嘉映、王庆节译，生活·读书·新知三联书店 1987 年版，第 15 页。

学批评与文学实践不断建立意义规则与意义机制，解构主义成为意义的延伸，解释学则是文本与解释者的意义问题。虽然当代西方文论对意义本身的理解纷繁复杂，莫衷一是，但是都以意义为导向，形成了阐释形态，都在阐释，而阐释则需要阐释者，阐释者则有自己的价值立场。这样看来当代西方文学理论都属于阐释学，这就是鲍曼所提出的从立法者转向阐释者。①

　　基于阐释者的文学理论不断追求意义，这是文本的意义，但最终是阐释者的意义，在某种意义上都可以说是"强制阐释"。这种理论与实践无疑失去了作者的创作经验与意图，形成所谓的"创造性背叛"，也可以说是"强制阐释"。从 20 世纪的西方文学理论的发展来看，阐释形态是内在的，也可以说体现了现代的时代精神。按照赫勒的思考，西方现代处于阐释的牢笼之中，"作为意义归属或者意义产生的意义的解释发展为现代性的最强有力的想象制度。"② "技术革命的时代也是阐释学的时代。"③ "现代性的精神一方面产生了民主，另一方面产生了阐释学。"④ 在赫勒看来，"阐释学是我们的社团精神的

　　① ［英］齐格蒙·鲍曼：《立法者与阐释者：论现代性、后现代性与知识分子》，洪涛译，上海人民出版社 2000 年版。

　　② Agnes Heller, *A Philosophy of History in Fragments*, Oxford and Cambridge, MA：Blackwell，1993，p.172.

　　③ Agnes Heller,"The Three Logics of Modernity and the Double Bind of Modern Imagination"，www. colbud. hu/main/pubarchivel/pl/pl-Heller. pdf.

　　④ Agnes Heller, *A Philosophy of History in Fragments*, Oxford and Cambridge, MA：Blackwell，1993，p.189.

最充分的自我表达。"① 阐释学是包罗万象的，反阐释学也是
阐释学。阐释学调和着过去与现在，它们重新思考曾经被思考
的东西，重新解释曾经被解释的东西或者颠覆这些东西。它们
用被借来的意义产生意义，用陌生人的血液把生活注入现在。
我们的世界不创造新的意义，我们的精神是无精神的，因为它
依赖被借来的意义生活。现代人发现了文化与意义，恰恰因为
他们依赖被借来的意义生活。因为我们的时代是杂食的。我们
没有特殊的趣味，我们的思想吞没所有的趣味。在"浪漫主
义"时代的现代哲学与艺术创造天才的一种显著的倾泻之后，
我们成为无创造的。哲学在灰色中涂着灰色；它成为文化哲
学。这样只有阐释才能赋予我们以意义。② 但是阐释的意义因
为不断解释而有枯竭的危险。强制阐释可以说是枯竭的意义的
表现。基于技术想象逻辑基础之上的阐释无疑有着强制阐释的
弊病。

第二节 强制阐释论的新理据及其悖论

张江在《中国社会科学》2021 年第 2 期发表的《再论强
制阐释》一文，试图回到阐释学的元问题，进一步澄清强制
阐释的内在理据，从而为中国当代阐释学的建构奠定更为扎实

---

① Agnes Heller, *A Philosophy of History in Fragments*, Oxford and Cambridge,
MA：Blackwell, 1993, p.202.

② 傅其林：《宏大叙事批判与多元美学建构——布达佩斯学派重构美学思想
研究》，黑龙江大学出版社 2011 年版，第 243 页。

和合理的理论基础。这篇具有严肃的学术思考与缜密的逻辑论证的文章是张江继 2014 年首次提出"强制阐释"并进行一系列关键范畴的考辨和基本理论的论述之后，在阐释学方面的新进展、新思考、新方向，本身是一个螺旋式上升的阐释循环。虽然这种回环的学术理路对理论的完善不可或缺，但是强制阐释论的悖论愈益昭然。张江提出的"对象的确定性"不可固定，"阐释期望"和"阐释动机"不能根除，"整体论"难以周全，阐释学科边界的蔓延难以阻挡。强制阐释论陷入其批判话语的泥淖之中。当代阐释学的推进不能无视这种悖论性存在。悖论阐释学也就应运而生。

一、强制阐释论的新理据

张江的《再论强制阐释》在《强制阐释论》的基础上，聚集国内外学界的相关讨论，立足于阐释学的元问题，从对象的确定性、心理学论证、整体论与学科推演四个方面提供了强制阐释论的新理据。

第一，是阐释对象的确定性。张江指出："阐释是有对象的，对象是确定的，背离确定对象，阐释的合法性立即消解。"① 这不仅指对象文本的确定性而且关乎阐释主体的确定性。在张江看来，阐释学的本义就是对对象的诠、阐、解，因而必须要确定对象，关注对象。他以伽达默尔的凝目直接注意事情本身为根据，体现出对现象学的重视。在阐释文本的过程

---

① 张江：《再论强制阐释》，《中国社会科学》2021 年第 2 期。

中，阐释者需要把对象固定并始终不离开对象话语。否则，偏离对象，离开文本，说阐释者之意，则是强制阐释。张江极为精彩甚为绵密也颇为深刻地聚焦于海德格尔的强制阐释之路径，因为后者不论是对梵高的《一双鞋子》的理解还是对康德的形而上学的阐述，皆不过是偏离对象本身，没有确定对象，反而以存在主义的意图强加于阐释对象之上。这种偏离对象的阐释带来的强制性，也最终为海德格尔本人所承认。海德格尔的阐释学在西方当代阐释学中最具有原创性和本体性，成为伽达默尔、姚斯、伊瑟尔等为代表的当代德国阐释学、接受美学的重要理论资源，也激发了梅洛-庞蒂、利科等为代表的法国阐释学，影响深远。张江深挖海德格尔的强制阐释，意在颠覆海式的哲学根基，这对新型的阐释学的构建具有积极的意义。但是张江忽视了海德格尔回到事物本身的现象学方法，这种方法在《艺术作品的本源》中对梵高的画作的阐释中是得到强调的。海德格尔认为对物的概念的传统流行思维方式作为先入之见不能把握艺术作品的物性本身，"这种先入之见阻碍着对当下存在者之存在的沉思"①。

第二，借鉴最新心理学研究成果，论证强制阐释的认知心理机制，聚集于"前置立场和模式"即阐释的前结构，为阐释学的建构提供了新理解。在他看来，"当代心理学大规模的可重复试验及结果分析，清晰而有力地证明了所谓前结构中有

① ［德］马丁·海德格尔：《林中路》，孙周兴译，上海译文出版社 1997 年版，第 15 页。

关概念的不同意义，在阐释过程中的实际作用及由此而产生的客观结果。"① 张江重新回到施莱尔马赫开启的阐释学范式即语言学范式和心理学范式的命题。语言学范式已经得到较为充分的讨论，但是关于心理学范式的讨论国内学界还没有充分展开。《再论强制阐释》主要立足于期望和动机是核心概念的分析。期望与动机有着本质的差别，期望是对行为结果的预测性认识，是对未知的目标的意向性诉求，相当于海德格尔的前见，而动机是激发和方向性的驱动力量，是自觉的理性展开，类似于海德格尔的前把握。张江认为，强制阐释是一种动机阐释，是海氏、伽氏所言的前设或前把握。难能可贵的是，他把期望和动机与阐释的机制以及海德格尔的前见和前把握联系起来思考，创造性提出"阐释期望"和"阐释动机"的理论问题，这推进了对阐释的机制的思考，找寻到了强制阐释的心理学理据，弥补了《强制阐释论》的某些缺陷，深化了海德格尔关于阐释的前见和前把握的观念。这使我们认识到强制阐释的偏见内在于认知心理的机制之中。

第三，张江的《再论强制阐释》赋予整体性以新的意义。一部西方理论的历史是整体性概念始终受到关注的历史，把握部分与整体的关系成为有效的知识获取的基本逻辑规则。亚里士多德的解释论从词类到句子、命题、判断，形成了从部分到整体的内在逻辑；施莱尔马赫等现代阐释学家有意识地建立部分与整体的循环关系；海德格尔提出的艺术本质在艺术家和艺

---

① 张江：《再论强制阐释》，《中国社会科学》2021 年第 2 期。

术作品之间的阐释学循环之中。张江则是建立了双重的整体性意义，一方面是对整体性论加以"整体把握—部分分析—整体把握"的理解，克服从部分到整体或者从整体到部分的非完整的整体观；另一方面提出小循环与大循环的整体论。这种整体观具有中国认知思维的特性，融入了东方智慧。张江的整体论为超越强制阐释提供可能，因为强制阐释的发生，正在于没有有效地贯彻整体性，把部分作为关键因素，忽视了复杂整体的结构关系，最终必然导致阐释的偏误。如果说他挪用心理学意在阐明强制阐释的认知心理，那么整体性的新理解则是揭示强制阐释的有效逻辑规则的缺失。

第四，《再论强制阐释》从学科非法性蔓延方面揭示了强制阐释的学科机制。这包括两个方面，一是从 19 世纪开始的现代阐释学传统不断强化人文科学的特殊规律，以对抗自然科学的真理概念，构建以人文精神为基础的意义机制与价值诉求。从黑格尔、狄尔泰到海德格尔、伽达默尔、哈贝马斯，阐释学作为文史哲的意义理论的重要理论与方法，一浪高过一浪。在张江看来，把人文科学与自然科学对立起来，无疑是强制阐释的重要的制度性因素。因此，要避免强制阐释的问题，就必须重新建构新的理性，融合自然科学与人文科学的真理概念。张江基于数学计算统计分布、大数据可公度性、当代实验心理学重新提出阐释学的真理观。二是文学阐释的跨学科蔓延。强制阐释是西方当代文学理论的主要弊端。《再论强制阐释》更进一步看到，文学阐释不断向历史阐释、哲学阐释，甚至社会科学阐释蔓延扩张、推演，最终导致强制阐释盛行一时。《强制阐释论》提出"场外征用",也就是挪用非文学理论的其他学科诸如心理学、社会学、哲学等来分析解释文学文本,《再论强制阐释》则从文学阐释出发,一般性地推演到其他学科,从而导致了哲学社会科学的普遍性的强制阐释。从学科阐释的内在规则来审视强制阐释的生成机制,具有其合理性,因为每一个学科皆有着自身的价值规则、意义目标、共同体与方法论,文学阐释的学科跨界颠覆了其他学科已有的规则,这样强制阐释成为必然。

张江的《再论强制阐释》既有对强制阐释形成的复杂机制的洞察与对强制阐释的尖锐批判,也进一步奠定了中国阐释学的扎实基础。强制阐释的发生在于偏离阐释对象,带有期望阐释和动机阐释,缺失整体性意义,在于文学阐释的非法的学科蔓延。相反,如果要超越强制阐释,则需聚焦确定的对象,避免期望阐释和动机阐释,立足于小循环和大循环的整体性,规范文学阐释的学科边界。如此,中国阐释学在破与立的双重意义上,在西方与中国的理论话语的批判性吸收的基础上得以建立起来。可以说,《再论强制阐释》是张江阐释学理论建构的新进展。

二、强制阐释论的悖论

虽然张江关于强制阐释论的再论述不乏洞见,但是存在着不可避免的悖论,这削弱了其理论的有效性,也易于陷入强制阐释的困境之中。这些悖论主要有四个方面:

第一,阐释无法完全做到对象的确定性。在阐释过程中,对象具有确定性，但又不是绝对确定的。一方面，阐释对象对于阐释者而言总是随着历史而逐步敞开的。阐释对象是客观存在着的，这具有客观的物质性和明确性，但对象本身作为客观的他者只是外在的对象，是一个主体无法完全进入的客体，因为这个客体的具体性、丰富性和复杂性不能够完全向主体敞开。列宁指出，世界及其规律对人来说是完全可以认识的，"但又是永远认识不完的"。[①] 譬如，李白的诗《静夜思》，短短 20 字，对于一个不识字的幼儿来说，它敞开的东西是语音的能指性感受；对于已经有汉语基础的中小学生来说，该诗就彰显出更多思乡之情愫；对于一个饱经沧桑、背井离乡的游子而言，该诗就呈现了更多的人生意义维度。阐释对象的历史性呈现还涉及它的历史性生成。阐释的艰难与必要往往在于文本不是显而易见的对象，不是在固定的时刻中瞬间出现的自然现象，而是累积了时间和空间的意义，体现出历史积淀的层次感，经典的文本尤其如此，往往累积了诸多人的创作过程或者某个创造者的时间性生成过程。阐释的对象是社会历史过程的结果，对象的确定性是有限度的。另一方面，阐释者作为人类的主体也是历史地社会地生成的。这个主体在价值观的构建、知识视野的积淀与经验的感知等方面并不具有稳定而固定的常量，而是随着实践过程丰富和发展起来的。作为一个具体的阐释者而言，其主体性的建构是以其生命为限度，若生命不止

[①]　《列宁专题文集·论辩证唯物主义和历史唯物主义》，人民出版社 2009 年版，第 90 页。

步，则其建构不停歇。作为人类物种的集体主体而言，也是如此。马克思在《1844 年经济学哲学手稿》中深刻地认识到，人是实践的存在物，在实践过程中对象与主体建立起认知理解的关系，对象与主体同时是历史性地生成的。"任何一个对象对我的意义（它只是对那个与它相适应的感觉来说才有意义）恰好都以我的感觉所及的程度为限。因此，社会的人的感觉不同于非社会的人的感觉⋯⋯五官感觉的形成是迄今为止全部世界历史的产物。"①

第二，借鉴最新西方心理学的研究成果加以论证，反而陷入强制阐释的泥潭之中。其原因在于：一是尽管张江挪用了西方最近研究的心理学成果，但是对期望和动机的分析并没有新的进展，也可以说是心理学的一般观点。根据马斯洛的研究，动机不仅是理性的自觉心理，而且包括生理驱动、安全、归属和情爱、自尊、自我实现等驱动力。② 张江引述的心理学著作《心理学》确系当代心理学最重要成果的汇聚，但是他对该书所及的最前沿的心理学贡献的借鉴还不够，漠视了弗洛伊德的精神分析心理学和马斯洛的存在主义心理学对动机的理解，尤其忽视了语言、思想、人工智能、意识、无意识等问题的前沿探索，这导致了从心理学角度开启的阐释学建构的迷惑。《再论强制阐释》之前，张江已从心理学的自证（self-verification）角度来探索阐释机制，提出阐释即自证的观点。他指出，"在

---

① 《马克思恩格斯文集》第 1 卷，人民出版社 2009 年版，第 191 页。
② A. H. Maslow, *Motivation and Personality*, USA：Harper & Row, 1954, pp.35-46.

心理学视域下，无论从起源还是目的，阐释的本质为'自证'。阐释主体证明自我的心理企图和冲动，以自证满足为目标和线索而持续展开，不断确证自我认知与自我概念，最终实现意识主体同质化的自我建构。此为心理学意义上的阐释本质。"① 自证与阐释联系在一起，甚至两者同一。如果说强制阐释是有选择性的阐释，那么张江对心理学理论资源的挪用也是有选择性的，从而陷入其极力避免的困境之中。二是从心理学角度论述阐释，虽然清晰地认识到强制阐释深层的心理机制，但又使人们看到这些机制不可根除，任何阐释皆为强制阐释。这是因为阐释是自证，自证必然包括期望和动机，必然有着认知的图式，这就不可能回到事物本身。倘若如此，强制阐释论以建构中国阐释学为动机，不是陷入心理学的阐释机制之中吗？美国当代著名语言学家塞尔（John Searle）对自由、意识与表达的研究也有力证明了语言阐释的建构性与强制性。他借助于大脑的神经元在时间过程中形成的间隔（gap），认识到在行动中的自由选择的大脑机制，在一定程度上推动了语言表达和意义的新理解。在塞尔看来，合理性解说的结构与决定论的因果解说的结构不同，后者的逻辑形式是"A 事件引发了 B 事件"，而前者作为对人类行为的解释，其逻辑形式是"施动者 S 出于原因 A 完成行为 A"。② 人类的自由意志基于人

---

① 张江：《阐释与自证——心理学视域下的阐释本质》，《哲学研究》2020 年第 10 期。

② ［美］约翰·R. 塞尔：《自由与神经生物学》，刘敏译，中国人民大学出版社 2005 年版，第 21—22 页。

脑之神经系统，但又不仅是因果决定论的，是基于作出决定的时间时刻 t^1 和行动完成时刻 t^2 的众多间隔："在每个时刻，意识的状态都是由神经元的活动确定的，但是从一个时刻到另一个时刻，系统的全部状态从因果关系上说并不足以决定它接下来的状态。"[①] 塞尔的研究揭示了人类的阐释行为必然导致强制性的神经生物学基础，因为认知不能与对象统一，具有意识性、主体性、自由意志等特征。神经生物学对大脑结构与功能的研究充分证明了信息意义的客观物质性和个体的主观选择建构性。丘脑是重要的器官，其功能是"传递和过滤来自感觉器官的信息并把这些信息传输到大脑皮质"。[②] 丘脑不仅过滤感觉信息，而且强调一些输入信息，淡化其他信息，甚至关闭信息通道。因此，对对象信息的理解与判断必然带有主体性和强制性。此外，以制衡西方话语中心论之偏颇的强制阐释论又诉诸西方心理学理论，这背离了张江阐释学的初衷。

第三，张江的整体论无法避免强制阐释的发生。可以从两个方面加以分析，一是整体论的内在困惑。格式塔完型心理学是现代心理学的重要成果，它发现认知的整体性意义，突破传统逻辑学的部分与整体的结构关系。然而整体的认知是幻觉的结果，与对象本身并不相同："韦特海默对幻觉的解释发展了完型心理学，这种心理学方法强调，我们通常是对整体而不是

① ［美］约翰·R. 塞尔：《自由与神经生物学》，刘敏译，中国人民大学出版社 2005 年版，第 38 页。

② Daniel L. Schacter, Daniel T. Gilbert, Daniel M. Wegner, Mathew K. Nock, *Psychology*, Third Edition, New York: Worth Publishers, 2014, p.98.

对部分之总和进行感知。换言之，心灵对所感知的东西强加了一种组织形式，因此人们看不见实验员事实上所展示的东西（两束独立的光）；他们把诸元素看作一个统一的整体（一束移动的光）。"① 整体性认知不过是一场幻觉游戏。二是张江提出，理解的循环不仅是文本内部的小循环，而且是整体间的大循环即包括历史传统、当下语境、阐释主体在内的大循环。小循环和大循环的结合推进了对整体性的理解，但是在阐释过程中，大循环的整体不能绝对地确定，因为历史传统、当下语境、阐释主体这三个元素不能固定，每个元素能够变化，可以在时空中移动，三者汇聚到一起可变性就更大，在一定程度上具有无限性。在诸如《红楼梦》《窦娥冤》等具体文本的阐释活动中，大循环只具有抽象的框架意义，难以实际操演。因此，张江的整体论似乎可以被视为合理的阐释规则，并不能有效规避更不用说根除强制阐释。

第四，张江提出的有关文学阐释的一般性推演之论说不免牵强。强制阐释论在中国兴起的缘由，是对当代西方文学理论问题的诊断，以扭转中国文学理论话语西化之倾向："提出'强制阐释'的概念，目的就是以此为线索，辨识历史，把握实证，寻求共识，为当代文论的建构与发展提供一个新的视角。"② 这对中国当代文论与阐释学的重新出发具有刮骨疗伤的革命意义。然而张江的《再论强制阐释》认为，强制阐释

① Daniel L. Schacter, Daniel T. Gilbert, Daniel M. Wegner, Mathew K. Nock, *Psychology*, Third Edition, New York：Worth Publishers, 2014, p.21.

② 张江：《强制阐释论》，《文学评论》2014 年第 6 期。

是文学阐释的非规范的一般性推演，是其无限度的蔓延。要言之，要避免强制阐释，就得限制文学阐释。强制阐释的罪魁祸首是文学阐释。因而张江以哲学阐释和历史阐释为理想的学科范式进行中国阐释学的建构。从根本上说，他的阐释学的逻辑支点回到了科学逻辑。以科学的逻辑来建构阐释学并不是一条新路，而是现代语言论转向的基本范式。更有甚者，罗马尼亚"数学诗学学派"的重要代表马库斯（Solomon Marcus）以数学的方式阐释文学："数学诗学是善意地刺激数学家关注诗人、文学批评家、美学家和风格论者。其目的在于解说诗性语言的本质，深化其结构的理解。"① 数学解说依然也不能避免强制阐释，还没有得到阐释共同体的普遍认可，其对波德莱尔诗歌分析出来的数学模式只是文本阐释的基础或者条件，对诗歌文本的意义的洞达不能完全依赖于数学或者自然科学的逻辑话语。笔者认为，文学阐释在理论上具有丰富的启示意义，它向其他学科的蔓延，恰恰激活了这些学科的活力，催生了新的创造与可能性，譬如语言学范式对弗洛伊德的梦的解析，语言修辞分析对文化社会学的启示，文学作品的分析对现象学哲学的推进，语言符号学对文化人类学的象征阐释。文学阐释的复杂性与细腻性不仅深化了人类经验的理解，而且提供了重要的理论基础与方法论。如果中国阐释学不能有效地对文学文本加以阐述，那么它的合法性是难以奠定的。可以说，纯粹以科学

---

① S. Marcus, E. Nicolauj and S. Stati, *Introducción en la lingüístic'a matemática*, Barcelona：Editorial Teide, 1978, p.129.

逻辑作为阐释的逻辑，这是阐释学的倒退。

张江的《再论强制阐释》在对象论、心理论、整体论、科学逻辑论上试图澄清强制阐释的诸多重要机制，毋庸置疑为阐释学的深入讨论引入更为丰富的理论资源，开拓了伽达默尔意义上的新"视野"。然而，从理论本身来看，《再论强制阐释》仍然无法有效避免强制阐释，阐释的悖论不但不可根除，反而愈益彰显。虽然阐释学的元问题不断被提出和回答，但是这些问题仍然如其所是地被悬搁。因此，要推进中国阐释学，必须回到元问题的讨论。

三、阐释学的元问题

当代阐释学的推进必须不断回到阐释学的历史的和逻辑的起点，持续反思和回应元问题。张江的《再论强制阐释》对强制阐释论的回顾与反思，对元问题的重新讨论，具有重要的方法论意义。

第一，什么是元问题？汉语中的"元"意义丰富，《周易》对"乾"卦的卦辞则曰"元，亨，利，贞"，这标明"元"概念是中国思想之最重要的"乾"之首义，故有"乾元"之说。《周易·乾·彖》曰："大哉乾元，万物资始，乃统天。"《周易·乾·文言》曰："元者，善之长也。""乾元者，始而亨者也。"① 元就是事物之基础、根本，可谓本源。

① 上海古籍出版社编：《十三经注疏》（上），上海古籍出版社1997年版，第13—17页。

对元问题的追问与回答是确立一种理论的本体论基础。一种理论的本体基础不稳固，也就谈不上系统发展与持续推进，犹如沙漠之上的海市蜃楼，纵然煊赫一时，终归虚无。张江对阐释学的元问题的提出，其理论自觉与理论的内在性思考是有意义的，只要不断提出中国阐释学的元问题，当代阐释学就必然获得新的突围。文学研究的演进甚至革命，无不是在文学的元问题上纠缠不休，每一次对元问题的追问与回答都推动了文学的理解与实践。当代文学理论陷入诸多困境之中，元问题不断被提出，但是合理的回答还在未来的过程之中。

第二，阐释学的元问题是什么？已有的阐释学从不同的角度涉及此问题。从古至今，柏拉图、亚里士多德、施莱尔马赫、狄尔泰、弗洛伊德、海德格尔、伽达默尔、詹姆逊等人提出了阐释的本源性问题。正如张江的考察所示，中国对阐、诠、解等已有始源性探讨。他对关键概念、范畴的历史梳理，实则是寻觅阐释学的元问题。在我看来，阐释学的元问题是奠定阐释活动得以形成、发生和演化的根本性问题，主要包括阐释对象、阐释主体、阐释行为三个维度。阐释对象是指阐释得以形成的客观条件，是具体的文本对象，或者广义的文本对象。这可能是语言文本、图像文本、视觉文本、听觉文本等，也可能是客观世界、人类社会活动，它必须具有一个相对确定的对象，具有客观性。从这个意义上说，张江提出的"对象的确定性"是抓住了阐释学的元问题。阐释主体是阐释的执行者，既可以是单独的意识个体，也可以是阐释集体，这两种类型在传统社会和现代社会都存在。传统社会的阐释主体往往具有集体性或者群体性，而现代社会个体阐释占据主导地位。无论如何，阐释主体是根本性的元素，没有主体，没有具体的人的存在，阐释不可能发生。张江从阐释的心理学思考，可以说深得阐释的要旨。对这一元问题的追问，就关涉诸多复杂的问题群，诸如阐释的神经生理、生命、精神、意义、期望、欲望、情感、想象、动机、目的、愿望、能力，不一而足。阐释行为是阐释学的核心，是阐释过程本身，它是一种实践性的复杂的意指化活动，既包含着对阐释对象的关注，依赖于阐释对象，又体现阐释主体的介入。同时它是外在对象化的客观化活动，具有社会性、伦理价值的规范性。也就是说，阐释行为是一种社会伦理行为，涉及阐释的语言符号、文化、规则、伦理、政治、意识形态等问题。张江对阐释逻辑的思考主要集中于阐释行为这个元问题。海德格尔和伽达默尔的阐释学在当代影响如此深远，恰恰是他们的阐释学回到了阐释的元问题，通过现象学和存在论重新建立起阐释对象、阐释主体与阐释行为的关系，特别关注语言规则的命题。张江的《再论强制阐释》纠缠于海德格尔的阐释学不止，意在挖掘阐释学的元问题，但是对阐释主体和阐释行为的论述还不够清晰透彻，似乎是以元问题的名义回归到传统认识论的理解。

第三，如何从元问题审视强制阐释？张江提出的强制阐释论深入到阐释学的元问题。近几年来，张江的中国阐释学建构始终绕不开强制阐释，不论他的系统性文学理论设想，还是基于公共理性的公共阐释论纲，抑或阐释的无限与有限的阐释逻辑的建立，抑或对这里集中讨论的《再论强制阐释》，悉皆试图针对、规避、超越强制阐释，赋予阐释学以公共性的共识规范。然而，强制阐释现象诚如他所论证的那样不仅具有一定必然性，而且是众多著名阐释学家所不能完全避免的。它之所以难以避免，是因为它卷入了阐释学的元问题。只要这些元问题存在，只要阐释存在，强制阐释就存在着。从西方语境来看，从古希腊到绵延数千年的当代阐释学都试图规避强制阐释，确立正确的阐释或者合法的阐释或者真理性的阐释，虽然洞见不断，硕果累累，但仍然留下众多的强制痕迹。海德格尔的初衷是回到事物本身，但是不得不违背初衷，偏离阐释对象。在中国，对强制阐释的困惑早就有之，《周易》载："子曰：书不尽言，言不尽意。"① 刘勰的《神思篇》提到语言表达"半折心始"："意翻空而易奇，言征实而难巧也。是以意授于思，言授于意；密则无际，疏则千里；或理在方寸，而求之域表；或义在咫尺，而思隔山河。"② 文字表达（书）、语言言说（言）与意图意蕴（意）之间存在着悖论性关系，这是人类的存在性困境：语言阐释难以达到对意义的充分理解与表达，语言的有限性与意义的幽微奠定了阐释的必要性，也带来了阐释的强制性。况且，面对阐释学的元问题的三个重要维度即阐释对象、阐释主体、阐释行为，作为最直接的阐释行为既是主客体的真理维度，又是社会伦理价值行为，必然性与自由价值的

---

① 上海古籍出版社编：《十三经注疏》（上），上海古籍出版社 1997 年版，第 82 页。

② （南朝梁）刘勰著，黄叔琳注，李详补注，杨明照校注拾遗：《增订文心雕龙校注》，中华书局 2012 年版，第 373 页。

错位难以得到完美的解决。可以说，强制阐释深入到阐释学的元问题的肌理之中。

张江对强制阐释论的再论述是中国阐释学的新进展，从阐释学的元问题着眼，追问强制阐释的机制，在讨论中进一步完善了自身的理论系统，激活了阐释学的传统命题。但是他仍然不能有效地规避强制阐释，其提出的建构性策略反而彰显自身的悖论。阐释的悖论犹如事物的矛盾不可根除。阐释学的未来不仅是从破到立的线性发展，而且是破中有立、立中有破的悖论性演进，这将催生具有张力和悖论的阐释学，一种蕴含着"和而不同"智慧的阐释学范式。

第三节　公共阐释论的提出及其限度

在人类个体与不同历史文化语境中，理解的丰富性与歧义性同时存在，如何建构具有社会性的公共阐释，一直困扰着理论家。张江 2017 年的文章《公共阐释论纲》一文，通过从强制阐释论到公共阐释论的梳理，奠定公共阐释论的学理基础。但是公共阐释具有其悖论性和限度。

一、从强制阐释论到公共阐释论

如果说当代西方文学理论主导范式是"强制阐释"，并成为其根本的缺陷，那么是否有摆脱这种范式的可能性呢？

张江在批判西方当代文学理论的同时表达了新型文学理论建构思路即新理论系统。如果说强制阐释在于"场外征用"

"主观预设""非逻辑证明""混乱的认识路径"四个特征，那么他提出的新型文学理论则是克服场外征用、抛却主观预设、严格逻辑证明、澄清认识路径，这是重新回到"文学理论及批评的本体特征"，使文论立足于文学。也就是说，文学理论与批评必须坚持总体性和系统性原则，"当代文学理论话语的建构必须坚持系统发育的原则，在吸纳进步因素的基础上，融合理论内部各个方向和各个层面，建构出符合文学实践的新理论系统"。① 基于逻辑系统发育与整合的新理论系统无疑超越了当代西方文学理论的破碎性、矛盾性、复杂性、多元性，也是具有科学意义的文学理论观念，这既有可能超越当代西方文学理论的基本特征及其根本缺陷，也可能超越中国传统文学理论的话语系统，显示出了中国学者的理论建构能力，同时显示出苏联 20 世纪 60 年代的综合科学工程的文艺研究态势，譬如斯托洛维奇的审美价值与功能的系统研究，卡冈的文化价值系统的研究，等等。

值得反思的是，张江的新理论系统是否摆脱了当代西方文学理论的基本范式？这个问题涉及新理论系统突破的关键问题，也涉及中国当代文学理论突围的问题。根据已有的研究进展，新理论系统还没有达到让文论回顾文学的状态，没有达到使文论直面文学实践的问题，从符号学角度来说新理论系统仍然是元理论的层面，也就是关于理论的理论层面。如果说当代西方文学理论具有强制阐释的特征，那么已有的新理论系统仍

---

① 张江：《强制阐释论》，《文学评论》2014 年第 6 期。

然带有这种特征，仍然具有"背离文本话语""消解文学指征""前在立场和模式"、张扬主观意图等特征，在某种意义上这是很难根除的，因为正如张江所深刻提出的，文学是人文学科，"文学创作是作家独立的主观精神活动，作家的思想和情感支配着文本。作家的思想是活跃的，作家的情感在不断变化，在文本人物和事件的演进中，作家的意识引导起决定性作用，文学的创作价值也恰恰聚合于此。而作家的意识、情感不能被恒定地规范，由此，文本的结构、语言，叙事的方式和变幻同样不能用公式和模板去挤压和校正。"[①] 文学的非理性化特征使得文学始终在规范与超越规范之间发生激烈的撞击。这意味着文学批评与理论始终具有主观创造性，理论在主观性的基础上向客观性推进，这种客观性不是科学意义的客观性，而是具有主体间性的客观性，也就是交往共识的形成。进一步审视，理论始终无法回顾文学本身，回顾文学实践本身，因为理论始终是抽象的话语体系，而文学经验与实践则是感性之活动，这两者始终存在着理论普遍性与经验活动特殊性的张力，存在着语词概念与审美经验的错位。这些张力使得强制阐释不可避免，理论判断与文学批评的"错误"不可摆脱。阿多诺、赫勒、费赫尔等对现代美学学科话语的洞见可以作为参考。阿多诺尖锐地批判了传统美学即哲学美学，认识到美学的过时，"哲学美学曾经面临乏味的抉择，它或者追随微不足道的一般概念或共相，或者基于约定俗成的抽象结果对艺术作出独断的

---

① 张江：《强制阐释论》，《文学评论》2014 年第 6 期。

陈述"，因此它"抓住一般普遍性（generalities）不放，可这些原则对具体的艺术作品既不适合，而且还固定在本身要死的不朽价值之上。"① 赫勒与费赫尔认为，现代重要的美学都是一种历史学的学科，具有史学精神，各种艺术的审美价值最终将取决于哲学体系，因此"真正充满历史学精神的美学是足够傲慢的，就是说，仅通过创立一个历史时期的等级，它就足够地确信其创造一个艺术等级和艺术分支的普遍排列原则的价值"②。阿多诺所言的"独断的陈述"、赫勒与费赫尔所言及的"傲慢"无疑是强制阐释的典型表现。

总之，强制阐释论的提出重新确立了中国学者面对西方文论的批判态度，提出了中国文学理论建设的新理论形态，是值得关注并进一步推进的，在全球化的语境具有确定坐标的意义，在世界文论话语中显示出了中国的声音。在某种程度上标示了中国文学理论发展的新方向，不过也面临着新的困境，如何突破强制阐释，还需要进行深入的多维度的探究。

在《强制阐释论》中，张江对当代西方文学理论进行批判性分析，并试图重建中国当代文学理论，提出符合文学实践的新理论系统；"强制阐释是当代西方文论的基本特征和根本缺陷之一。各种生发于文学场外的理论或科学原理纷纷被调入文学阐释话语中，或以前置的立场裁定文本意义和价值，或以

① ［德］西奥多·阿多诺：《美学理论》，王柯平译，四川人民出版社 1998年版，第 559 页。

② Ferenc Fehér and Agnes Heller, "The Necessity and the Irreformability of Aesthetics", in *The Philosophical Forum*, Vol.7, No.1（1977），pp.1–21.

非逻辑论证和反序认识的方式强行阐释经典文本，或以词语贴附和硬性镶嵌的方式重构文本，它们从根本上抹杀了文学理论及批评的本体特征，导引文论偏离了文学。其理论缺陷表现为实践与理论的颠倒、具体与抽象的错位，以及局部与全局的分裂。当代文学理论话语的建构必须坚持系统发育的原则，在吸纳进步因素的基础上，融合理论内部各个方向和各个层面，建构出符合文学实践的新理论系统。"① 近年来，张江通过深度批判与对话西方当代文学理论，本土理论建构不断推进，在批判中建构，《公共阐释论纲》一文可以说是标志性的展示，按照文章所言，"'公共阐释'是一个新的概念，是在反思和批判强制阐释过程中提炼和标识的。提出这一命题，旨在为建构当代中国阐释学基本框架确立一个核心范畴。强制阐释概念提出以后，学界进行了广泛讨论，提出许多好的意见和建议，对本文作者深入思考当代中国阐释学元问题具有重要的启发意义。公共阐释论就是对这些问题的进一步延伸，期望学界以此为题继续讨论和批评，在阐释学领域做出中国表达。"② 文章明确提出"建立当代中国的'公共阐释'理论"。

这是从世界话语博弈中确立中国制造与中国智造的过程，是当代中国文学理论的理论自觉与话语自觉，对于推进中国文学理论的合法性无疑颇为重要。张江的理论选取的立足点是阐释，通过对阐释的元语言分析，剖析当代西方文论的阐释机制

---

① 张江：《强制阐释论》，《文学评论》2014 年第 6 期。
② 张江：《公共阐释论纲》，《学术研究》2017 年第 6 期。

及其根本问题，实现中国学界对西方文学理论价值判断的转型，从西方话语中心主义转向批判性审视西方文论话语。在批判中包含着张江自身的理论意识与理论话语创造生产机制，因此在批判西方话语伊始就包含了新理论系统的考量。但是，如何建构中国文学的新理论系统？此新理论系统具有怎样的合法性？这需要理论家的理论洞见与历史的积淀，需要理论家切入中国社会现实土壤，深入中国民族文化传统，领会当代中国人的精神文化特征及其需求。在此意义上说，《公共阐释论纲》则是"新理论系统"的具体化表达。张江所提出的公共阐释论通过公共理性的奠基，确定阐释的真理性与交往公度性，从而彰显阐释的社会功能与精神文化的共享，试图超越西方文学理论的强制阐释的困惑。

二、公共阐释论的理论根据与规范美学

公共阐释论试图超越当代西方文学理论的阐释形态，以阐释者为中介建构作者、文本与公众的交往关系，这不同于作家中心、作品中心、读者中心的文学阐释，事实上是以公共阐释来确立规范美学形态。在后现代多元主义热潮之后，提出公共阐释论具有价值，也具有明确的学理根据。

《公共阐释论纲》为公共阐释论提出了较为系统的理论根据。公共阐释论以公共理性为核心，重新确立了理性在阐释中的规范性基础，主要包括三种维度，一是真理性与确定性的目标界定，是规范价值的同一性设定，是最为核心的理据。确定的真理性存在着，成为公共阐释的可能性基础。二是立足于语

言交往的普遍规则，强调阐释的形式规则与逻辑机制，因为语言建立了主体间性的可能性，形成了意义与精神交往的媒介形式与逻辑框架。三是依据大数定律与可重复性，共识、公度性、社会性、集体经验就与之联系，构成了阐释共识的可能性基础。因此，通过理性、语言与共识建构了人类阐释的公共性，公共阐释也就得以建立，从而为规范性美学确定了理论基础。

应该说，在中西文学理论史上，对规范美学的建构始终在推进，建立一种公共阐释是大多理论家和批评家的共同追求。《周易》的卦符及其变化无疑是为宇宙立法，《十翼》亦是建构儒家规范性价值理性。《尚书》也包含了丰富的规范性思想，最具有代表性的篇章则为《洪范》，所言"洪范九畴"，实则确立了宇宙人伦的价值规范。中国文化重视礼制，礼即理也，建立社会交往的规则体系。可以说，公共规则的自觉意识与表达是一个民族进步的重要标志。古代中国文学批评中，孟子提出以意逆志模式、知人论世事实上在于追求阐释的共通性。《吕氏春秋》曰："伯牙鼓琴，钟子期听之。方鼓琴而志在太□，钟子期曰：'善哉乎鼓琴！巍巍乎若太□。'少选之间，而志在流□，钟子期又曰：'善哉乎鼓琴！汤汤乎若流□。'钟子期死，伯牙破琴绝弦，终身不复鼓琴，以为世无足复为鼓琴者。非独琴若此也，贤者亦然。虽有贤者，而无礼以接之，贤奚由尽忠？犹御之不善，骥不自千里也。"寻求阐释认同的知音一直是中国文学批评的重要问题，曹丕在《典论·论文》中提出的观点是在寻求文学大业的价值规范：盖君子审己以度人，故能免于斯累而作"论文"，超越个人之己见，以超越时空，获得公共性。刘勰的《文心雕龙》则是详尽论及文学阐释的公共性以避免文人相轻与良莠不辨，他的公共性是来自于实践经验的积淀，"凡操千曲而后晓声，观千剑而后识器；故圆照之象，务先博观。"① 刘勰提出六观以沿波讨源，彰显隐含的真情意图，虽然"未为时流所称"，但经沈约"谓为深度文理"之后，成为中国文学批评的公共知识。但是中国传统的文论阐释并没有形成较为系统的公共阐释论。就西方学术界而言，公共阐释论的探讨则是系统而深入的，这是因为西方有着古老的理性传统，通过理性建立阐释的合法性根据。哈贝马斯认为："如果说过去的哲学学说有什么共同的地方，那就是他们都试图解释自身理性经验的途径，来思考世界的存在或世界的统一性。"② 在现代哲学，康德的探索具有重要的启发，他提出的三大批判建构了科学阐释、伦理阐释与美学阐释的规范性基础，他从人的主体性角度思考带来了诸多困惑。青年卢卡奇以"艺术作品存在，它是如何可能的？"问题追问作者、作品与读者的交往可能性，以规范性范畴建立起中介。哈贝马斯则进一步从普通语用学出发确立交往理性的可能性，直接成为交往共同体建构的重要根基，为审美领域的规范性建构确立了基础。我曾指出："在审美的公共领域中，文

---

① （南朝梁）刘勰著，范文澜注：《文心雕龙注》，人民文学出版社 1958 年版，第 714 页。

② ［德］哈贝马斯：《交往行动理论》第一卷，洪佩郁、蔺青译，重庆出版社 1994 年版，第 14 页。

艺作品获得承认或者批评，通过言语论断从而获得价值的合法性或者权威性。如此看来，哈贝马斯关于审美领域的规范性基础可以成为文艺学学科的规范基础。"① 但是在中西学界，公共阐释论没有得到明确的理论建构，尤其是在文学理论界没有很好展开研究。

公共阐释论是在诊断当今中西人文学界尤其是文学理论界之时弊基础上提出来的，是中国马克思主义文论的进一步发展，是钱中文提出的以人文精神为基础、以交往为机制的新理性精神文艺观②的进一步开拓，这对中国规范美学的建构起着重要推动作用。

三、公共阐释论的限度

公共阐释论对中国当代人文学科发展是颇有启发的，建构意识与建构目的值得高度肯定，但是仍然存在一些限度。

一是阐释真理性的确定目标的困惑。真理或者意义是以作者的意图来界定还是以阐释者的公共理性来确定，还是以公众的公度性来界定，文章表达了这三种路径，但是以公共阐释来如何统一三者，是值得进一步思考的。公共阐释论的真理观存在两种意义的混淆，一是传统认识论意义、理性意义的真理观，强调确定的同一的逻辑的客观真理；二是以语言交往为基础的具有社会学意义的共识观。前者指自然科学意义的真理

---

① 傅其林：《论哈贝马斯关于审美领域规范性基础的阐释——兼及文艺学规范性之反思》，《四川大学学报》（哲学社会科学版）2010 年第 1 期。

② 钱中文：《新理性精神文学论》，华中师范大学出版社 2000 年版。

观，后者指社会科学意义的真理观。前者指向确定性、本真性，后者意味着大数定律与公度性。康德清晰地认识到科学的真理性与伦理道德理性的相同及其差异性，甚至悖论性，因此两者的混淆导致了公共阐释的理据还不够稳固，学理意义还不够明确。

二是公共理性概念的阐释效力问题，公共理性的哲学基础仍然不够澄明。张江先生把公共理性立足于人类理性，立足于理性本身，理性本身又体现为语言表达与语言规则，事实上重新回到传统哲学的理性、思维、逻辑、语言的统一命题。但是语言规则具有多元性：亚里士多德话语类型、卡西尔的两种话语、雅各布森的普通语言与诗性语言区分、塞尔言语行为类型中的虚构话语与非虚构话语。

三是阐释的政治意识形态性决定了公共阐释的限度。如果阐释是一种理性，归属一种话语，那么话语本身就是意识形态的生产。话语的意识形态性意味着话语内在价值的矛盾、分歧、对抗，这就存在中国传统文学阐释的意识形态、西方现代文学阐释的资产阶级意识形态和马克思主义阐释的意识形态之间的复杂关系。这就必然导致公共阐释的有限性，导致人类理性统一性的瓦解，或者可以说只具有理性的形式符号框架，而具体意识形态与价值取向存在多元互动。

四是时空差异性导致公共阐释必然是历史性的，必然是空间化区域化的。人类历史意识的流转形成阐释的不同范式。跨文化与全球性的交往、中西文化差异导致人类阐释的误解蔓延，语言规则、逻辑规则无疑具有文化的差异性，不同文化族群如何找到公共理性和公共阐释的纽带？

五是公共阐释的实践机制问题，仍然不可避免强制阐释的风险。公共阐释试图从个体阐释走向公共性，从私人领域升华为公共视域，如本雅明所提出的从评注走向批判，从客体内容走向真理性内容，这无疑是一条有效的阐释路径。但是公共理性如何在文学公共阐释中发挥作用，个体阐释如何建构个性与公共性的统一，仍然缺乏实践性机制。因而，主体如何开展公共阐释工作？公共阐释的经典个案有哪些？这些问题需要澄清。

因此，公共阐释论虽然为规范阐释和规范美学的建构有助益，但是在理论限度上也是明显的，一种更为合理的且能推进阐释本身的公共阐释论还需要深入思考与论证。

四、公共阐释论的辩证建构

公共阐释论打开了当代文学理论新的哲学基础与理论空间，有望推进中西精神交往共同体的建构，对于人类命运共同体的建设是有促进意义的。此理论拥有广泛的意义生长点。在本人看来，公共阐释论仍需要在五个方面进行理论论证。

一是区分理性概念的多种意义。人类理性是作为一个宏观范畴，是世界不同文化所内含的，虽然各自以不同的概念加以命名，如中文中的"理性"，英文中的"reason"，德语中的"Grund"，俄语中的"причина"等等，即使在同一语言文学系统之中理性概念都具有多元的意义。公共阐释作为当代公共空间与阐释的整合，以公共理性作为基础，应该在人类普遍理性的理论论证基础上充分论析理性内在的分化，处理理性分化之间的异同。因此需要在学理上批判地审视康德认识工具合理性、道德实践理性与审美实践合理性三种理性概念，韦伯关于现代科学、伦理、艺术领域的合理性分化的理性概念，尤其充分讨论哈贝马斯的交往合理性概念与赫勒的两种理性概念。对已有超过的批判性讨论无疑会稳固公共阐释与公共理性的学理基础，辩证地正确地处理自然科学阐释与人文科学阐释的关系，重新提出解决趣味无争辩的论题。

二是探讨公共阐释的同一性与差异性辩证关系。目前公共阐释论考虑了阐释的确定性与真理性，颇有洞见地提出阐释的多元与宽容，提出了"公共理性认证确定语境下多元语义的确定性，宽容同一语义的多元理解"，这种多元是有限的多元，"有边界约束"的多元，"文本阐释意义为确当域内的有限多元"。① 赫勒曾通过阐释韦伯的理论提出了这一现代性理论问题，韦伯提出现代社会不是一个神而是多元的有限的神，各自共同体通过趣味判断延伸到共同体群体，形成所谓的普遍规范与审美规则："每个趣味判断在审美上成为一个赋予规范（即被扩展为一个规范，在自我解释的过程中成为某种概念的东西），它表达了许多现存社会阶层或群体之一的现有趣味共同体。这是它的普遍性即成为共通感的界限。不过，它作为既定的趣味共同体，它是它的存在的充分根据。"② 这些理论资

---

① 张江：《公共阐释论纲》，《学术研究》2017 年第 6 期。

② Agnes Heller and Ferenc Feher eds., *Reconstructing Aesthetics*, UK：Basil Blackwell Ltd，1986，p.16.

源可以为同一性与差异性思考提供理论参照。

三是处理公共阐释、个体阐释与私人阐释之间的辩证关系。这是思考公共阐释的意义与真理目标如何得以有限生成的问题。实施公共阐释的阐释者如何形成公共阐释？这是公共阐释的实践基础与运行机制。虽然公共阐释论考虑了公共阐释与个体阐释、私人阐释的复杂关系，但是仍然不够清晰。一方面认为"集体经验构造个体阐释的原初形态"，另一方面认为"在公共阐释被承认及流行以前，有创造性意义的个体阐释是公共阐释的原生动力"。这存在着明显的矛盾，需要从阐释者个体存在的历史经验与个体经验的复杂机制，从神经意识系统、心灵系统、交往系统、社会系统等的关系与传递中探讨公共阐释的发生机制及其可能性问题。

四是把握公共阐释的共时性与历史性辩证关系。公共阐释试图建构共时性的意义交往关系，在阐释学层面实现托尔斯泰提出的艺术论，从作者到媒介到读者的共通性，确立康德意义上的共通感基础。但是如托尔斯泰与康德一样，没有深入考量共时性的空间元素与历史性维度，更像基于人类普遍性话语。尤其是在跨文化语境下、在全球化空间，世界与民族、全球与本土、现代与传统等都在撞击当代人类存在与阐释者的价值立场。如果公共阐释论内含着这两个维度，其合法性与阐释力必然增强。

五是整合公共阐释与审美经验的辩证关系。公共阐释论虽然立足于普遍的哲学基础，关乎所有阐释文本及其实践文本，具有相对的普遍适应性，但是在本人看来是试图确立人文科学尤其是文艺阐释的规范性基础。这就涉及辩证处理公共阐释与文艺审美经验的内在性问题，也是处理理性与感性的古老问题。如果文学文本是审美经验的凝聚与符号化，是作者微妙意旨的对象化，那么阐释者就是建立这种文本化的公共阐释。这种文学阐释的复杂而矛盾的机制需要进一步理论思考，需要把公共阐释超越个体阐释的"升华"与"融合"具体化与合法化。

公共阐释论对强制阐释的超越，试图在差异性、多元主义文化的泥潭中重建人类阐释的公共性，确立人类真理与意义共享的阐释范式，体现了中国理论的原初性与现实性。其理论空间的拓展将深化中国文学理论的当代建构。

第四节 公共阐释的再讨论

《探索与争鸣》2020年第1期刊发了周宪的文章《作为阐释学根据的公共理性》。该文抓住公共理性核心概念的创造性理解，在一定程度上拓展了学界对这个概念的界定，为中国当代阐释学的建构注入了活力，带来了诸多启示。然而深究此文，周宪从根本上陷入公共理性与公共阐释的漩涡之中，他与张江一样没有明确界定公共理性的内涵，而是回到阐释的公共性也就是公共阐释的概念，因而公共理性本身只是一个抽象的符号。就公共阐释而言，周宪从语言学转向的角度来探讨公共阐释，这一方面是张江充分肯定的，另一方面也是对公共阐释概念的偏离。因此需要进一步追问，到底该如何理解公共阐释的基本内涵呢？

一、公共理性的问题

在回应张江的文章《论阐释的有限与无限——从 π 到正态分布的说明》中，周宪的文章试图以公共理性概念建构阐释学的内在根据，并从现代西方语言学的角度来重新理解这一概念，彰显出扎实而细密的西学涵养，这在一定程度上弥补了张江对公共理性概念理解的缺陷，进一步深化了对"阐释何以可能"的探究，从而切入张江整个阐释学的内在逻辑的思考。简而言之，阐释何以可能就是阐释的根据是什么。

周宪的文章较为严密地论述了索绪尔和维特根斯坦开启的语言学转向与张江关于阐释的有限与无限命题的内在联系。文章认为，20 世纪西方发生了"语言学转向"，阐释意义的问题成为重要命题，文学研究从意义的再现转向意义的媒介，"回到语言乃是语言学转向的基本取向"。[1] 语言游戏的规则是确定语言的疆域与意义的疆域，这实质上关乎诠与阐、阐释的有限与无限的辩证关系。周宪依据《新牛津英语词典》对英文"interpretation"的两层含义来理解诠与阐，第一层的意义"翻译"或口译类似于诠，第二层的意义"扮演"或"演奏"就相当于阐，从而建立了张江关于诠与阐的西方对应概念。可以说，张江的阐释学根据可以在西方的语言学术语中得到理解。

阐释的有限与无限的关系体现了哲学的辩证法与数学的精

---

[1]　周宪：《作为阐释学根据的公共理性》，《探索与争鸣》2020 年第 1 期。

确描述，这是周宪对张江的肯定性描述但是他并没有去深究。更为重要的是，周宪紧紧抓住有阐释的有限与无限之间的媒介点即语言。这就是通过语言学来界定张江没有明确界定的公共理性的概念。他敏锐地指出："张文在讨论复杂的阐释有限性与无限性张力关系时，时常归诸一个终极性的概念——'公共理性'。这个概念在文中出现了 30 多次，成为贯穿全文的一个核心概念。虽然作者并没有明确对公共理性进行界定，但从对这一概念的使用来看，它是确定阐释有效性的关键环节。"① 在周宪看来，公共是指公众整体或社群或共同体，理性就是推理和逻辑，因此公共理性也就是公众中合乎推理与逻辑的事物或行为，就文学阐释学而言，公共理性亦即公众依据推理和逻辑所展开的书写、思维或行为。因此公共理性就是阐释的推理和逻辑。这就是西方语言哲学深耕细作的命题。在维特根斯坦看来，阐释的公共理性就是语言的用法，而语言的用法又涉及词语和句子的使用规则和场合，既包括语言的公共规范，更包含使用时的特定语境。周宪认为，阐释学家赫什仍然赓续了维特根斯坦的理念：阐释的目标不是认识言者说了什么，而是要搞清"公共语言规范"所认可的意义是什么，因此虽说词语意义与作者、阐释者或读者的不同理解相关，但是语言规范的类型和方式才是把握文本意义的根据所在。言语行为理论家塞尔也从日常语言的思考中认识到阐释的公共性，指出阐释背景是一切阐释行为与交往的前提条件。阐释背景这种

① 周宪：《作为阐释学根据的公共理性》，《探索与争鸣》2020 年第 1 期。

"意向性网络"，在周宪看来，可以被视为维特根斯坦语言用法或语言公共规范和语境的进一步说明，或是对乔姆斯基所谓语言能力的另一种表述。但是只有把塞尔的阐释背景与文学理论家卡勒在语言学模式基础上的"惯例和期待系统"结合起来，才能理解阐释的公共理性，因为任何文本意义与价值均立足于这种关联与期待系统。阐释就是立足于惯例与期待，用语言去创造惯例与期待，因此文学阐释的推理或逻辑，在相当程度上就是这些阐释的惯例与期待。这也符合库恩关于科学共同体的范式理论。由符号、形而上学、价值和范例组成的范式，在周宪看来，就是公共理性的推理与逻辑。因此，周宪得出公共理性的确切结论：公共就是学科或学术共同体，理性所基于的推理与逻辑就是库恩的范式内容。也就是说，公共理性是学术共同体的符号、形而上学、价值和范例，简而言之就是学术共同体范式。

　　我认为，周宪对阐释的公共理性的界定值得反思。第一，他对公共理性的界定存在着矛盾，既认为公共理性亦即公众中依据推理和逻辑所展开的书写、思维或行为，又认为它是学科或学术共同体的符号、形而上学、价值和范例，前者是属于严格意义上的语言逻辑，后者融合了语言符号与共同体的形而上的信念、价值，这已经是在隐喻意义上使用"逻辑"一词。这种内在矛盾在于把维特根斯坦、赫什、塞尔、卡勒、库恩的相关概念与语言哲学的基础统一起来，忽视了各自关于解释观的差异性，尤其关于文学阐释的分歧，此不赘述。第二，周宪对公共理性的界定没有实质性推进。在张江看来，公共理性呈现出四层基本意蕴：它呈现人类理性的主体要素，是个体理性的共识重叠与规范集合，是阐释及接受群体展开理解和表达的基本场域；其目标是认知的真理性与阐释的确定性；其运行范式，由人类基本认知规范给定，由同一语言组合而成的共同体，遵照基本语言规范运行思维并实现表达；公共理性的同一理解，符合随机过程的大数定律，是可重复并且可被检验的。立足于张江的四层界定，我们看到周宪的界定无疑是关于公共理性的运行范式即语言规范的延伸。第三，从语言学转向来界定公共理性不仅削弱了公共理性的丰富内蕴，而且从根本上说没有阐明公共理性这个概念的内涵。就此，周宪的文章与张江的界定存在着共同的致命缺陷，即表明："公共理性"这一个概念是空洞的、抽象的。我认为，到目前为止，"公共理性"这个偏正短语或词组是一个累赘，因为正如张江反复强调的，理性是普遍的、公共的。既然如此，公共与理性的术语组合有实质的意义吗？难道启蒙的工具理性不是公共的？难道韦伯的目的性理性不是公共的？难道哈贝马斯的交往理性不是公共的？

二、公共阐释的再定义

如果把公共理性的界定转变为对公共阐释的理解，那么周宪的文章启迪更多。在我看来，他的文章以作为阐释学根据的公共理性为题眼，而实质上在题目和论述过程中，在很大程度上在限定阐释学尤其是文学阐释的有限与无限的推理与逻辑规则，也就是公共阐释的逻辑规则，从而赋予了公共阐释的内在可能性基础。这种努力是值得高度肯定的。更准确地说，从西方语言学转向的学术知识出发，公共阐释的阐释逻辑可以得到更充分更深入的理解，尽管这些知识极其复杂甚至彼此矛盾，如塞尔与哈贝马斯关于言语行为的规范性和文学语言的非定义的观点。

　　然而，从语言逻辑来理解公共阐释忽视了公共阐释内含的丰富性元素，是对张江系统整体界定的剥离或者偏离。在我看来，张江对公共阐释的理解包含了认识论、语言学、逻辑学、社会历史学、伦理学、美学、数学等维度，可谓是一个系统复杂的概念。上述所言的公共理性的四层意蕴基本上被统摄到公共阐释的界定之中，因为理性的主体性与阐释的真理性的界定属于认识论中的核心元素，也就是康德意义的知；理性的确定性、运行方式属于语言学、逻辑学或者科学；理性的同一性、共享性属于逻辑学、数学的理解。张江指出："公共阐释的内涵是，阐释者以普遍的历史前提为基点，以文本为意义对象，以公共理性生产有边界约束，且可公度的有效阐释。"[①] 公共阐释具有六个特征：公共阐释是理性阐释，是澄明性阐释，是公度性阐释，是建构性阐释，是超越性阐释，是反思性阐释。虽然这六个特征从不同角度限定公共阐释，但是基本上是理性逻辑的界定，也就是从根本上说公共阐释就是理性的阐释。

　　不过，张江对公共阐释的理解是多层面的、丰富的，是尝试中西贯通的一种新建构。第一，类似于周宪对语言逻辑规则

---

① 张江：《公共阐释论纲》，《学术研究》2017 年第 6 期。

的理解，张江认为，阐释是语言的阐释。有效的理解和阐释，以公共语言为载体和内容，阐释的合法性，以词语和规则的确定性为前提，文本的确定语境规定了阐释的确定维度，为语言共同体所接受。这种理解类似于维特根斯坦的语言的公共规范。第二，是词源学上的定义。张江立足于缜密而烦琐的汉语言文字学考辨，从"阐""诠""理""性""解""释"六个关键词的语言文献溯源，奠定了"阐释学"而非"诠释学""解释学"的学科合理性，事实上奠定了公共阐释的内在根据。"阐"赋予了公共阐释的内涵之一，因为诠是立足于文本，而阐是开放、共享、对话，"'阐'之公开性、公共性，其向外、向显、向明，坚持对话、协商之基本诉求，闪耀着当代阐释学前沿之光。"①"理"也是如此，由中国古代理之正、通义为纲，坚持阐释的确定性、通达性、知识性的目标准则，构建当代阐释学主导思想，赋予了公共阐释概念的确定性。在张江看来，阐释之本质是将现象之道理或本质释之于人，说服人，争取人，乃阐之根本，"解"为"达"讲，符合阐之目的。这六个范畴的梳理透视出一个基本结论：阐释是公共的。第三，是社会学的界定。阐释涉及阐释的主体，是人的意义生产的活动，而人是社会的人，具有社会性与公共性。张江明确指出，人的本质在于其社会关系的公共性。这是马克思对人的本质的透彻理解与定义。也就是说，阐释具有社会学意义上的公

---

① 张江：《"阐""诠"辨——阐释的公共性讨论之一》，《哲学研究》2017年第 12 期。

共性，有着社会历史的普遍基础。第四，是人性的共通感的界定。这个定义没有引起公共阐释论者足够的重视，值得深入挖掘。阐释的主体性及其主体间性，有着人的"性"的基础，从身体到心灵的共同基础，这个基础不同于逻辑理性、语言规则，而是感同身受。这实质上是康德所理解的共通感。张江对之有明确的认知："所谓共通感也由五官功能而起，上升为心之相通。阐释何以可能，此乃阐释学构成的核心原点问题。我们的回答是，以人之心理、情欲、直觉及以此为基础的共通感，使阐释成为可能。人类对此在的生存感受基本一致，对未来生存的自然渴望基本一致，是阐释生成与展开的物质与心理基础。我们主张，阐释是公共行为。公共者，公众之共同也。在人口众多、利益众多的世界上，公众之共同何在？最基础、最普遍的是，且只能是，物质与心理同构的共通感。此为阐释由性而起，阐释的起点在性的最可靠根据。"[1] 第五，认知的普遍真理性设定。这是来自认识论意义上主体对阐释对象的真理性发掘与散播、交往、共享。第六，是数学的可计算与可重复性的界定。按照周宪的理解，张江从 π 和正态分布图的数学形式来确定阐释的有限与无限的辩证关系，以大数定律获得普遍的可公度性，从而赋予阐释以公共性。

可以看到，公共阐释的内涵是多层次的、复杂的，也是较为深刻丰富的。这些界定远远胜过了对公共理性概念的界定，直接关乎对中国当代阐释学的重新理解，这也是张江不断推进

---

① 张江：《"理""性"辨》，《中国社会科学》2018 年第 9 期。

和深化这一概念的缘由。我认为张江的多元界定是较为合理的，有助于澄清公共阐释的内在根据。但是，仍然存在一些困惑。在公共阐释的具体界定中，他以强制性的公共规范性抹杀丰富性、复杂性、矛盾性，把公共与理性等同，阐释与理性等同，阐与理等同，等等。这种强制性统一归化，必然会导致公共阐释内在的悖论。因此，与其说公共阐释是公共理性的阐释，不如说公共阐释就是理性的阐释，公共理性这个概念可以忽略不计。当然，我们还可以进一步说，理性也可以忽略，甚至公共也可以忽略，因为在公共阐释的一系列论述中，我们不难发现，阐释是理性的，是公共的。倘若如此，周宪围绕公共理性来界定公共阐释，事实上只是在一个层面深化了西方的语言逻辑。无疑，这既忽视了公共阐释概念的本土的深厚滋养，又剥离了这个概念已经蕴含的丰富性。

三、公共阐释论的潜能

周宪的文章事实上有益于洞察公共理性概念的空洞，同时引发对公共阐释的重新界定。虽然张江对公共阐释的缜密的编织存在着一些困境，但是我认为，公共阐释的概念是中国当代阐释学的一个原创性概念，只是亟待进一步在学理上耕耘。

第一，在中西融通对话的基础上，对现有的公共阐释的几层限定加以内在的理论建构，真正形成新的理论发育系统。中西资源的攫取需要进一步体现在公共阐释的理解之中。我在前面谈及这个概念的六层意义，这只是一种建构，但是在张江的表述中并不是系统的、逻辑自明的。而且，在中西融通方面还存在某些偏误。张江的公共阐释概念包含了丰富的中国智慧与思维特征。譬如，他明确指出："汉语言文字起源之初，勠力于象形。一字一词皆为整体图形，形即义，义即形，视之读之，其形其义共时共在于此。尤以公众共见之象为标志而明义，非隔、非臆、非折转，其公共性、共同性大开。此造字之法，从根本上影响汉语言民族之思维方式，使其呈现出重直观、重开放、重共享之特点。《论纲》谓阐释之公共性，乃阐释的本质特征，此为重要根据之一。"① 但是，在中西融通之过程中，张江偏向了西方的逻辑，中国传统的资源只是在过程中存，而在终极点上依然回到西方的理性概念。张江之所以批判当代西方文论的强制阐释模式，是因为文学理论的场外征用、主观预设、非逻辑证明、混乱的认识路径。他试图以公共阐释来超越强制阐释论，就是扭转这些本体性缺陷，就是关注文学与文学理论本身、客观真理性、逻辑证明、从实践到理性的认识论，从根本上说是科学逻辑的信赖。按照张江的理解，"一切科学，包括各类精神科学，都必须以完备的逻辑基础为支撑，都必须服从理性的逻辑要求。"② 这种逻辑规则就是不能自相矛盾，不能进行无效判断，不能循环论证，不能无边界推广。从这种意义上说，周宪的文章抓住了张江阐释学的关键点，语言逻辑是公共阐释的最基本的限定。悖论的是，正是这种逻辑规则的科学性限定，透视出公共阐释是有限度的，在无

① 张江：《"阐""诠"辨——阐释的公共性讨论之一》，《哲学研究》2017年第12期。
② 张江：《阐释逻辑的正当意义》，《学术研究》2019年第6期。

限之中是有约束的。因此，重建公共阐释概念，就需要充分挖掘中国式的理性与思维逻辑模式，真正做到中西融通，真正融合东方的实践理性与西方的认知理性。

第二，增强公共阐释的人文性价值维度。周宪的文章通过库恩的科学家共同体的范式已经看到这点。库恩的范式除了符号概括和范例之外，还包括形而上学的信念和价值内容，涉及人的规范性元素。张江的公共阐释也包含了价值的含义，看到阐释的真理性价值与有效性、意义的共享性，但是人文性没有得到充分地彰显。如果说公共阐释概念主要适用于文学、历史和哲学领域，那么人文性应该占据核心地位，不能以形式逻辑的普遍性规则压制人文性的价值规则与规范。人文学科的价值规范是公共阐释内在的核心要素。在追求真、善、美的价值统一体的过程中，阐释所认同的价值规范也是有各自的相对分化的，也是存在差异的，传统的儒家阐释强调仁、义、礼、智、信，道家追求无为与自然，释家则关注解脱与涅槃。而社会主义先进文化的核心价值则是国家层面的、社会层面的和个体层面的差异性系统，这些价值共同组成社会主义核心价值观，毋庸置疑这是新时代公共阐释的主导价值规范。

第三，明确界定公共理性概念。前面已经看到，公共理性概念事实上是一个抽象的符号，所以学者们一涉及此概念，就不得不退回到公共阐释概念。是否存在着公共理性这个中介性或者基础性的命题，值得展开深入讨论。就文学阐释而言，公共阐释的内涵要整合感性与理性两个维度，重建两者的可能性关系。我认为，如果说存在文史哲方面的公共理性的话，可能就是建构感性与理性统一的新理性或者新感性，这不是理性脱离了纯粹的启蒙理性或者说科学的逻辑理性，感性也不是纯粹经验的、瞬间的、偶然的、稍纵即逝的碎片。感性与理性的统一体是身心的统一，是共通感基础上的理性把握，这意味着理性始终不脱离感性，理性逻辑积淀着感性的体悟，感性本身成为理论的，实践成为理论的。这是马克思主义理论的重要观点。就此而言，张江在关于"理""性"的辨析中已经注意到了，并涉及中西语境中的共通感概念。北宋邵雍认为："是知我亦人也，人亦我也，我与人皆物也。此所以能用天下之目，为己之目，其目无所不观矣。用天下之耳，为己之耳，其耳无所不听矣。用天下之口，为己之口，其口无所不言矣。用天下之心，为己之心，其心无所不谋矣。"[1] 基于此，张江指出："阐释何以可能，此乃阐释学构成的核心原点问题。我们的回答是，以人之心理、情欲、直觉及以此为基础的共通感，使阐释成为可能。人类对此在的生存感受基本一致，对未来生存的自然渴望基本一致，是阐释生成与展开的物质与心理基础。"[2] 但是在他的公共阐释的理解中，感性的共通感必须被西方的理性逻辑所规范，从而陷入理性殖民感性或者感性被理性强制支配的西方经典模式之中。可以说，基于感性与理性融合的公共理性之基础上的公共阐释，既是经典的文学阐释所彰显的范式，也是理论家和批评家直面文学经验的可能路径，这真正有

---

① （宋）邵雍撰，李一忻点校，王从心整理：《皇极经世（卷62）观物内篇之十二》，九州出版社 2003 年版，第 465 页。

② 张江：《"理""性"辨》，《中国社会科学》2018 年第 9 期。

可能超越强制阐释的困境，使文学理论成为有文学的理论。

综上所述，受周宪的讨论的启发，结合张江的阐释学思想，我认为，公共阐释应该在新的公共理性的基础上，突出真善美及其知情意的统一性，在一定程度上体现以真为基础的客观的科学性与逻辑性，以共通感为基础的审美心理基础、情感结构、社会心理、时代精神，以实践理性为基础的价值规范性。以此为基础的中国阐释学，将蕴含着无限的生机与可能。

第五节　公共阐释论的演变、张力和裂痕

张江关于中国阐释学的元理论建构在国内外引起了一场关于阐释学的基本理论问题讨论的热潮，在国内文艺学界表现得异常活跃。这种理论空间的状态代表了中国文艺理论的新的希望和新的力量。从资深学者、中年领军到青年才俊再到研究生，不难看出，对张江提出的一系列中国阐释学命题的讨论异常激烈。争论的焦点主要围绕公共阐释论。我们主要立足于张江在《中国社会科学》2022年第11期上发表的文章《公共阐释论》，结合2017年的文章《公共阐释论纲》，探讨公共阐释论向知识体系建构的演变，考察公共阐释论的张力，洞悉公共阐释论的裂痕。

一、公共阐释论的演变

公共阐释论是张江对中国阐释学建构的突出贡献。立足于中西阐释学的世界视野，饱含对中国学术未来的内在焦虑与强

烈关注，张江以中国的理论立场和文化自信，提出公共阐释的概念，阐述公共阐释论的理论命题，可以说在理论界掀起了一场波澜。这场波澜不仅改变了对西方阐释学的考量与价值定位，而且刺激了中国理论家的价值理想、理论表达与理论自觉。张江的理论自觉，集中体现在以公共阐释论为核心的中国阐释学构建之中。这种构建是一种历史性的推进，呈现出鲜明的历史性和时代性，也彰显出理论家个体思考的发展。

对比张江 2017 年的文章《公共阐释论纲》和 2022 年的《公共阐释论》，可以深入地审视公共阐释论的演变轨迹。这两篇文章的题目虽然相差一个字，按照语义信息学原理，两个题目的差别根本不大，都是谈及公共阐释这一核心概念和命题，"论纲"和"论"也是没有根本差别，只是"论纲"侧重于纲要、轮廓、框架，而"论"则是一个普遍的理论建构。仅从题目来理解，"论"则是"论纲"的具体化，基本概念和理论框架是相同的。从这个意义上说，从"论纲"到"论"，体现出一种稳定的理论设定，有诸多不变的普遍规律，可以超越历史和时代的束缚，这也意味着理论的普遍性和客观理性，也是一种普遍的价值规范的体现。但是两者之间，存在着十分显著的演变，不仅是从"论纲"到"论"的具体化，而且存在着向更为系统的理论建构的走向，发生了对公共阐释论的知识体系和逻辑论证的重组。按照张江本人来说，"2017 年 6 月，笔者所著《公共阐释论纲》发表后，引起各方关注。许多学者发表文章，对公共阐释提出商榷。5 年来，笔者与国内外各方学者广泛对话，持续交流，从中国阐释学建构角度，撰写多篇文章，深入探讨有关阐释的公共性问题，有了一些新的体会和认识。本文对学界提出的部分问题做了回复，修正调整一些不够严整和完备的提法，对公共阐释概念及命题作出新的补充和阐发。"① 这是在交流对话过程中的修正、补充和阐发。张江公共阐释论的演变主要体现在如下几个方面。

一是公共阐释论的演变可以借助关键概念界定的演变来审视。这主要聚焦于"公共理性"概念的嬗变。可以说，在关于张江的中国阐释学讨论中，这个概念是学界争论最多的概念之一。我们通过 CiteSpace6.1.R6 软件制图（如下图）发现关键词共现图谱，在张江的阐释学话语中，"公共理性"与"阐释学""中国阐释学""公共阐释论"几乎同等重要和突出。

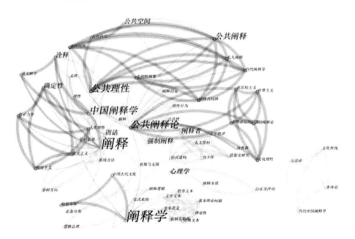

在《公共阐释论纲》中，张江提出公共理性概念，认为

---

① 张江：《公共阐释论》，《中国社会科学》2022 年第 11 期。

阐释就是"多元丰富的公共理性活动":"在理解和交流过程中,理解的主体、被理解的对象,以及阐释者的存在,构成一个相互融合的多方共同体,多元丰富的公共理性活动由此而展开,阐释成为中心和枢纽。"① 所谓公共理性,其意蕴在于四个维度:公共理性呈现人类理性的主体要素,是个体理性的共识重叠与规范集合,是阐释及接受群体展开理解和表达的基本场域;公共理性的目标,是认知的真理性与阐释的确定性;公共理性的运行范式,由人类基本认知规范给定;公共理性的同一理解,符合随机过程的大数定律,是可重复并被检验的。这四种维度涉及到共识性、真理性、确定性、规范性、重复性等,无疑其含义是丰富而多元的,具有自然科学的真理性、重复性、确定性,也有人文科学的共识性和规范性,具有较为广泛的阐释潜力。但是公共理性与公共阐释的内在关系没有得到深入的理解,公共理性还是一个较为抽象的概念,如果把公共理性理解为理性,那么也是完全不会影响理论思想表达的。

在《公共阐释论》中,公共理性获得真正多元丰富的含义。它在公共阐释论中获得了至高无上的本体论意义,成为公共阐释的根本或核心,"公共理性是公共阐释的核心概念……公共理性为阐释立法。"② 在张江看来,公共理性的内容具有三方面。一是均衡的理性能力,公共理性是独立个体理性能力的无限重叠,相克而后相生的集体能力。二是理性规范与准

---

① 张江:《公共阐释论纲》,《学术研究》2017 年第 6 期。
② 张江:《公共阐释论》,《中国社会科学》2022 年第 11 期。

则，理性运用所必须遵守的基本规范，阐释空间成员的情感、意志，以及社会心理与价值观的复杂交织，不仅是康德的纯粹理性，也有中国思想所体现的集合为复杂的智慧理性，还具有精神理想，或具体化的阐释期望。三是度量标准，公共理性以认知标准存在。以范式为标准理解现象并加以阐释，如此理解与阐释，有最大可能 被阐释空间成员所认同，一种新的认知或阐释是否被接受，主要由公共理性所决定，公共理性的接受，可以概率论的中心极限定理描述。虽然从《公共阐释论纲》四个维度简化为《公共阐释论》的三个方面，但是公共理性的内涵被充实了，均衡的理性能力被赋予了首要的意义，作为一种集体能力与作为中国智慧的理性理解融入公共理性概念之中。公共理性概念不仅被拓展，而且被赋予了新意义。尤其值得关注的是，公共理性的实现形式或者存在方式得到了新的阐述，使此概念获得了更为具体的特殊内涵。在张江看来，公共理性是人的特殊的精神存在，是隐性而非显性存在，是自由而非强制地接受，它与个体理性相互依存，是流动而非固化的。如果《公共阐释论纲》的公共理性概念主要是基于显性的理性意义加以理解，那么《公共阐释论》的理解实现了显性与隐性的结合，无疑是对公共理性的探索的深化。如果《公共阐释论纲》的公共理性概念主要是西方理性概念的延伸的话，那么它在《公共阐释论》中获得了中西融通语境下的自主性意义，内含着文化自信和理论自信的力量表达。可见，公共阐释论的核心概念发生了显著的变化。

二是公共阐释论的核心框架的演变。在《公共阐释论纲》

中，张江关注的是纲要，涉及的关键点是阐释的公共性、公共阐释的定义与特征、文献准备与批判、个体阐释的公共约束四个部分。通过四个部分来建立公共阐释论："本文提起的讨论是：从阐释发生及效果的意义上说，阐释本身是公共行为还是私人行为；对一切文本，包括对历史及实践文本在内的阐释，是否可为任意阐释而无须公共认证；公共阐释的定义与内涵如何界定，其历史谱系与理论依据何在；无公共效果的私人阐释是否可能。讨论的目的是：建立当代中国的'公共阐释'理论。"① 如果去掉对文献准备与批判这个部分，这篇文章所涉及的关键点是阐释的公共性、公共阐释和个体阐释这三个部分。作为一篇具有原创性的论纲，这些观点是重要的，也是阐释学的关键问题。在《公共阐释论》中，张江的公共阐释论体系更为完善和系统，是基于《公共阐释论纲》，又凝聚了最近几年左右时间推进公共阐释论的诸多重要论断。这种系统性是学术演进的结果，体现在《公共阐释论》中，则是形成了公共阐释论的理论大厦。这座大厦具有较为坚实的地基，地基之上具有承重的关键性柱子，也有遮挡风雨的屋顶。《公共阐释论》分为四个部分，第一部分论述阐释在公共空间展开，由此阐释空间概念被凸出来。这是在张江的阐释学思想中的一个新概念，在这里得到了详细的深入辨析。第二部分论述阐释的公共前提，即共通感与集体表象、语言与逻辑、知识信念与知识准备三种主要的前提。第三部分论述公共理性及其阐释学

① 张江：《公共阐释论纲》，《学术研究》2017 年第 6 期。

意义，解决的是公共理性与阐释的内在统一性命题。第四部分论述阐释自觉，包括主体自觉、理性自觉、公共自觉、真理自觉四种。从建筑系统来看，阐释的公共前提为建筑的地基，阐释空间、阐释自觉、公共理性则是建筑物的关键性柱子和屋顶。虽然现在还不能确切弄清晰哪些是柱子哪个是屋顶，但是一座理论大厦已经建立起来。因此，相对于《公共阐释论纲》，《公共阐释论》更为系统。尤其是阐释空间的提出，使公共阐释论得到更为具象化、立体化的理解，使得阐释学的元理论更为可靠、可感、可信。公共前提概念和命题的提出也是一种创新，赋予了公共阐释更为坚实的地基，也是具有历史性的设定。阐释自觉也是一个新概念，并赋予了深刻阐释学的意义。以亚里士多德的四因素论，张江的公共阐释论是完备的，它具有质料、形式、动力和目的因素，符合一座建筑的构型元素，体现阐释学的本体论与方法论的系统构建。

三是公共阐释论的批判意识的演变。张江的中国阐释学建构具有鲜明的批判意识，这种意识在演进之中。在《公共阐释论纲》中，张江的公共阐释论直接针对西方文艺批评中的强制阐释问题，指出20世纪30年代以来，"由海德格尔、伽达默尔，以至德里达、罗蒂等重要学者所开创和发展的当代阐释学理论，深度继承和张扬了叔本华、尼采、柏格森等人生命与意志哲学的遗产，且以狄尔泰、布拉德雷的精神体验、情感意志说为根据，引导20世纪西方主流阐释学，构建起以反理性、反基础、反逻各斯中心主义为总基调，以非理性、非实证、非确定性为总目标的理论话语，使作为精神和人文科学基本呈现方式的阐释及其研究，走上一条极端相对主义和虚无主义的道路。"① 可以说，西方阐释学是突出的强制阐释。针对西方阐释学的弊端，《公共阐释论纲》提出公共阐释的构建，以扭转国内阐释话语的西化倾向，从而确立理论自信和文化自信的中国阐释学立场。《公共阐释论纲》直接延续着张江的《强制阐释论》批判西方话语的立场，彰显出鲜明的以中批西的立场。在《强制阐释论》中，张江虽然肯定了西方当代文学理论的贡献，认为西方当代一些重要思潮和流派、诸多思想家和理论家，以惊人的想象力和创造力，造就和推出无数优秀成果，为当代文论的发展注入了恒久的动力，但是他敏锐地指出，一些基础性、本质性的问题，给当代文论的有效性带来了致命的伤害，"当代西方文论的根本缺陷到底是什么，如何概括和提炼能够代表其核心缺陷的逻辑支点，对中国学者而言，仍是应该深入研究和讨论的大问题。"② 因此《强制阐释论》的核心问题是当代西方文论的根本缺陷，即演绎强制阐释。这种批判意识内在于《公共阐释论纲》之中。几年之后的《公共阐释论》仍然透视出鲜明的批判意识，但是发生了演变，体现从西方理论的强制阐释的批判向中国的网络化公共空间批判的演变。

在《公共阐释论》中，虽然对西方强制阐释的批判意识仍然有所呈现，但是更突出的是通过公共阐释论的建构对现实

---

① 张江：《公共阐释论纲》，《学术研究》2017 年第 6 期。
② 张江：《强制阐释论》，《文学评论》2014 年第 6 期。

文化现象加以批判，这主要表现在以阐释空间的论述批判网络空间的乱象，从而推动大数据时代网络公共空间的建构与维护。在张江看来，网络空间是无限的自由空间，但是没有得到约束，出现了严重问题，"就阐释空间而言，最核心的问题是，公共性的明显退化，造成诸多方面的严重危机"。① 张江深刻地揭示了网络空间的四大严重危机，一是理性危机，网络主体常常缺乏理性约束，非理性意志、情绪、冲动成为网络行为的基本动力，非理性泛滥的网络空间，其公共性损害程度，已到令人难以承受的状态；二是身份危机，千万粉丝聚合的群体，失去身份保证，公共关系趋于支离破碎；三是共识危机，甚至某个荒唐说法却为数量极大的拥趸所狂欢，绝非公共理性的作用，而是群体极化的结果；四是导向危机，某个人、某小团体、某大集团性经营公司，为种种利益所驱动，采取多种方式和手段操控话语、博眼球、带节奏，制造舆论假象。可以说张江对当下的网络空间的严重问题的诊断切中肯綮，具有强大的现实批判力量，体现出马克思主义鲜明的批判意识。他对资本导引网络空间的批判尤其犀利，对现实有强大的针对性，"资本的大量介入，甚至可以使网络的公共性走向反面"。他指出："在网络空间，资本的力量远大于理性的力量。理性为资本收买，话语为资本出卖。资本可以制造话语一致，可以凝聚强大队伍，可以伪装正义与公共。尤其是资本参与制造和控制

① 张江：《公共阐释论》，《中国社会科学》2022 年第 11 期。

舆论，以舆论影响人心与世界，使网络的公共性退化以至消亡。"① 通过公共阐释和公共空间的创建，张江对当代网络空间出现的严重问题给予了尖锐的批判，体现出公共阐释论对社会现实的批判性，实现了从理论批判到现实批判的演变，彰显出公共阐释论的现实意义，从某种程度上确立了公共阐释论的合法性。

因此，从 2017 年的《公共阐释论纲》到 2022 年的《公共阐释论》，公共阐释论呈现了新体系、新概念和新批判，发生了一系列内在和外在的演变。这种演变既是中国阐释学的构建主体探索的深化，也是源自社会现实问题的激发，既是学理的演变也是时代的推动，这是公共阐释论走向成熟的历史演变。

二、公共阐释论的张力

在公共阐释论的历史演变中，中国阐释学的理论体系日益成熟完善。张江的《公共阐释论》是对中国阐释学的核心即公共阐释论的系统构建。作为一种较为成熟的系统理论，公共阐释论体现出辩证的张力，使得该理论具有包容性和阐释力，也进一步确立了其理论合法性。公共阐释论的张力主要表现为人文性与科学性之间的张力，非理性与理性之间的张力以及个体性与公共性之间的张力。

一是公共阐释论具有人文科学（精神科学）与自然科学

---

① 张江：《公共阐释论》，《中国社会科学》2022 年第 11 期。

的张力，体现出人文与科学的辩证的对立统一。人文性追求人的价值与尊严，是对人与社会的本质性的探索，追求人之为人的哲学思考、历史性存在与感性确认。在《公共阐释论》中，这种人文性得到了张扬。首先，张江把阐释作为此在在世界中存在加以本体论的思考，认为阐释空间或者公共空间从根本上说是此在的精神性活动。阐释空间的阐释者是独立自主的个体，所谓"独立主体"。这种独立主体在阐释活动之中，具有鲜明的人的本质属性。张江对阐释空间的特征的概括，实质上是对阐释主体的丰富性的确立，这种主体具有自由性、平等性、宽容性、公共约束和共识性追求。这五个特征是人文性的集中体现。进一步说，公共阐释论的人文性吸取了西方阐释学的人文传统。西方阐释学从 19 世纪到 20 世纪的发展，人文性逐步得到加强，在海德格尔和伽达默尔的存在现象学阐释学中，获得了本体论的意义。张江的公共阐释论虽然对之进行了尖锐的批判，但是并没有抛弃西方当代阐释学的人文性。同时，公共阐释论追求科学性，强调科学的理性原则。在《公共阐释论纲》中，"公共理性"被明确界定为人类共同的"理性规范及基本逻辑程序"，"无论何种阐释均以理性为根据"，"非理性精神行为可以参与阐释过程，精神性体验与情感意志是阐释生成的必要因素，但必须经由理性逻辑的选择、提纯、建构、表达而进入阐释"。不论是"理性规范""逻辑程序"，还是"理性逻辑"，都强调了自然科学的理性概念及客观性、确定性、普遍性追求。在《公共阐释论》中，这种科学性有所弱化，如公共理性包含了中国智慧，是特殊的精神存在，但

是仍然是一种主导的倾向，追求阐释的逻辑性与知识性。张江
认为，"我们立论阐释是理性的，其重要根据是，阐释必须以
逻辑的运用为保证，简单的话语表达才可能提升为理性的阐
释。"① 公共阐释必须以逻辑的运用为保证，否则不可能有效
展开，也无法获得共识的结论。这种科学性还体现在公共阐释
论对知识的看重，要具备"知识信念"，这奠定了公共阐释论
的知识论基础。在张江看来，以知识证明及证实阐释，是阐释
生成和有效的必要条件。张江的知识论倾向于自然科学，"在
自然科学领域，知识的成立立足于两点。一是客观性。即主观
认知与客观存在的一致性，也就是所谓'符合论'的表述。在
自然科学领域，就人类对客观物质世界的认识而言，客观性是
第一位的。二是共识性。即人类对客观性知识跨越时空的共同
承认。在这个领域，因为真理而共识，因为共识而真理，真理
与共识是一致的，知识的可靠性无丝毫漏洞。"② 虽然张江的
知识论也关涉精神科学的有限共识的特征，但是更坚定地以自
然科学的确定性逻辑论证作为主导，因为知识是可靠的、可以
信任的；知识之真理性在于其表述与事实完全相符，这具有压
倒性的说服力量；知识可以被检验，阐释者的引证，有效地证
明自己、说服他人，就是新的检验，可以反复证明知识的真理
性、可靠性，不断巩固对知识的信念。可以说，张江以知识信
念建立的知识论使得公共阐释论在当代具有了新的意义，推动

① 张江：《公共阐释论》，《中国社会科学》2022 年第 11 期。
② 张江：《公共阐释论》，《中国社会科学》2022 年第 11 期。

阐释向科学理性、向技术理性敞开大门，向 ChatGPT 所产生的科技力量敞开大门，在一定程度上是向当代科技理性致敬。公共阐释的科学性倾向与人文性倾向构成了对立，形成了张力，彼此统一于阐释的实践活动之中。

二是非理性与理性的张力。这种张力虽然涉及人文科学与自然科学的张力，但是具有不同的意义，因为不能把人文科学等同于非理性，也不能把自然科学等同于理性。在公共阐释论中，非理性得到了较多的关注。在《公共阐释论纲》中，非理性的因素对阐释起着重要作用，这主要指无意识的集体经验。公共经验与记忆是阐释的必要准备，这是非自觉的、无意识的前见。张江指出："非理性精神行为可以参与阐释过程，精神性体验与情感意志是阐释生成的必要因素。"[1] 这种非理性元素在《公共阐释论》中得到进一步阐述，成为"阐释的公共前提"的重要类型。张江认为，隐性的非理性前提是以人的生命本能形式为阐释提供准备。非理性前提在于共通感和集体表象。张江指出，共通感和集体表象，其存在与发生，不为阐释者所察知，也无须阐释者主动、积极地调用，完全以非自觉、下意识的方式发生作用，为理解和阐释提供初始准备："共通感与集体表象为人类所共有，此为阐释之所以可能的起始条件。"[2] 人类能于诸多基本感知上有共同体验，实现人与人之间的基础性沟通和理解，共通感是原生性第一渠道。人类

---

[1]　张江：《公共阐释论纲》，《学术研究》2017 年第 6 期。
[2]　张江：《公共阐释论》，《中国社会科学》2022 年第 11 期。

共通感则是生而有之，也是感受同一。阐释因共通感而可能生成和理解。集体表象是各民族在历史与实践中所产生的共同感性体验，生出诸如尊敬、恐惧、崇拜，以至于真、善、美的原始心理体验与情感，经过漫长的历史积淀以至基因定型，逐步上升为整个民族所共有，且可遗传的集体心理结构与深层认知模式，建构民族独特的精神历史。张江以荣格的集体无意识概念来理解集体表象，指出集体无意识由原型构成，是超越个体的一般性心理基础，普遍存在于人类先天心理结构之中。集体无意识及其原型构成，将影响甚至左右阐释者的认知和阐释，而阐释者却毫无自觉的意识把握。"只要是阐释，包括在理解和认知基础上的理性阐释，都无法摆脱集体无意识的影响和作用。"张江通过对中国传统和西方的共通感和集体表象的阐述，清晰地表明，公共阐释要依赖于非理性的元素，不能脱离非理性而存在。另一方面，公共阐释是理性的。在《公共阐释论纲》中，张江指出，公共阐释是理性阐释："阐释是理性行为。无论何种阐释均以理性为根据。阐释的生成、接受、流传，均以理性为主导。"① 在《公共阐释论》中，理性不断被强调，阐释的共同前提涉及理性的前提："显性的理性前提，以人的理性能力积极参与为阐释提供准备。诸如语言、逻辑，特别是知识的确证，其存在与发生，为阐释者所清醒知觉，并以主体的能动力量，自觉、主动地调用，保证阐释以积极的理性方式生成和展开。语言能力、逻辑能力、知识能力，是无可

① 张江：《公共阐释论纲》，《学术研究》2017 年第 6 期。

争议的理性能力。”[①] 张江在《公共阐释论》中，对公共理性的论述以及阐释自觉的分析，都张扬着理性的光辉。可以说，公共阐释论蕴含着感性和理性的张力，这是集体感性与公共理性的张力。

三是个体性与公共性的张力。一方面公共阐释论重视个体性。所谓个体性，主要指阐释的个人理解或个体阐释，公共性则是主体之间或超验个体的集体性。这对张力与感性和理性有关系，但是侧重点是不同的，因为个体既有感性，也有理性，公共性有感性也有理性。公共阐释最直接的意义则是相对于私人理解或个体阐释而言的。张江的公共阐释论一方面认识到个体性的存在。在《公共阐释论纲》中，个体阐释得到了详细的阐述，公共阐释的确立实质上要回应“阐释本身是公共行为还是私人行为”,“无公共效果的私人阐释是否可能”。所谓私人的个体阐释,“以直接体验的本己感悟，生成伫留于个体想象之内，且不为他人理解和接受的阐释”。[②] 本己感悟、个体想象成为个体阐释的主要特征。张江指出，有创造性意义的个体阐释是公共阐释的原生动力。在《公共阐释论》中，个体性也是被看重，主要体现于阐释空间的建构中。阐释主体在公共空间的自由性、平等性、宽容性无疑在确证个体性，阐释本身是阐释者作为个体的自我确证。张江认为，阐释是意识主体的自觉行为。阐释的目的，从心理学说，是阐释者主动向外

① 张江：《公共阐释论》，《中国社会科学》2022 年第 11 期。
② 张江：《公共阐释论纲》，《学术研究》2017 年第 6 期。

获取自我确证，从自我以外的他者获取自证满足。个体性确保了阐释的主体性身份，这是公共阐释的基本要求，只有具有独立的个体，才能在公共空间进行阐释活动。按照哈贝马斯所言，只有独立的自由个体，才能构成公共领域。张江认为："公共空间的成员，以确定的合法身份进入。以确定身份明示于他人，既可证明本人主体责任，亦可为他人所信任。坚持自我定位，一切阐释均为自主之言；保持思想独立，不为潮流和舆论裹挟；在各种复杂纷争面前，保持理性立场，不阳奉阴违，不随波逐流，不背叛自我。"① 可以说，公共阐释论对个体性给予了极为重要的关注，甚至到达了最核心的关注，因为个体性是理性的承载者，是阐释得以启动、进展、实现的载体，也是公共阐释的载体。另一方面，公共阐释论聚焦公共性，也是公共阐释论必须不断论证的关键点。为了论述公共性，张江做出了一系列的尝试，可以说形成了较为系统的语言逻辑论证。在《公共阐释论纲》中，张江指出，阐释本身是一种公共行为。这表明，只要个体进行阐释，他的阐释行为就是公共的，具有公共性。公共阐释依赖于公共理性，理性是公共的。阐释是语言的阐释，"语言是公共思维活动的存在方式。生活共同体就是语言共同体。语言的规则必须统一，为语言共同体所遵守。没有规则的语言不成其为语言。语言是交流的。"② 在《公共阐释论》中，公共性得到了更为系统的讨论，

① 张江：《公共阐释论》，《中国社会科学》2022 年第 11 期。
② 张江：《公共阐释论纲》，《学术研究》2017 年第 6 期。

构成公共阐释论的内核。阐释在公共空间中展开，阐释空间是公共空间的重要形式；阐释的非理性和理性的公共前提，为阐释的公共性作了充分的准备；公共理性成为阐释的公共性的根本依据、积极动力、框架标准和基本尺度；阐释自觉则是阐释公共性的本质要求。阐释空间、公共前提、公共理性和阐释自觉都指向着阐释的公共性。因此，公共阐释论体现了个体性与公共性的张力。

公共阐释论的张力是丰富复杂的，这里选取的三种张力分析较为昭然。虽然三种张力存在彼此的牵连，但是各自有着不同的语境性。人文性与科学性之间的张力是在现当代社会历史发展语境中来加以审视的，直接针对西方阐释学所展现的人文科学与自然科学的对抗性发展态势；理性与非理性之间的张力是基于人类的感性与理性的能力发展而论的，既是中西理性概念的整合，也是个体和谐生存的基础；个体性与公共性的张力是从个体与社会之间的共时性结构关系着眼的，是立足于个人与集体、个体与公众、私人与公共等问题展开的。三种张力的存在透视了公共阐释论的丰富性与复杂性，也蕴含着该理论的阐释力，因为在三种张力之间的移动会产生更为复杂的概念含义与理论形态。

三、公共阐释论的裂痕

公共阐释论通过短短数年的演变，其内涵的张力使得阐释力不断增强。理论的系统性也意味着理论的封闭性，这种封闭性并非贬义，而是自成体系。这是张江理论自信的表现。《公

共阐释论纲》无疑是纲，是较为匆忙的纲，而《公共阐释论》
则是数载的潜心构建与学界对话之后的结晶。前者 6000 字左
右，但参考文献有 10 条；后者为长文，26000 余字，但没有
一处注释，没有一个参考文献，可谓独立主体的话语论证，体
现了理论家的阐释自觉。但是，《公共阐释论》仍然留下一些
裂痕，需要进一步弥补。

　　一是公共阐释论作为理想规范和事实基础的裂痕。在理想
规范与事实基础之间的裂痕，是理想与现实的某种错位，两者
只是在彼此克服之中，但是不可能获得真正的统一。在某种意
义上，这种裂痕具有本体论的意义。公共阐释论陷入这种裂痕
之中。它以理性为基础，确立公共理性的核心范畴，通过公共
空间而进入阐释的有效性和合法性的领域。张江是为公共阐释
立法，确定阐释有效的衡量标准。他以公共阐释的价值规范对
西方阐释学、当代西方文论进行批判，对数字化网络空间加以
比照，确立了公共阐释的理论有效性。这种理论有效性的确
立，是为中国阐释学奠基，具有鲜明的价值规范性，是一种理
想的规范设定。张江对此回应说，"公共理性不是不切实际、
无法实现的所谓'理性理想'，而是正当阐释的必然要求，是
人类思维和理性运行的客观必然。"① 他认为公共理性是人类
思维和理性运行的客观必然，也就是从人类理性思维运行轨迹
路线之中，必然会走向公共理性。这种认识是一种过于主观的
判断，以客观必然性否定了"理性理想"，他的表述里明确地

─────────

　　① 张江：《公共阐释论》，《中国社会科学》2022 年第 11 期。

指向"正当阐释"。何为正当阐释？简而言之，就是公共阐释。毫无疑问，在张江的价值判断中，公共阐释高于、优于强制阐释。如果说西方阐释学是强制阐释，张江的公共阐释则相对于西方阐释学更具有效性。虽然张江强调了公共阐释的客观必然性，也就是充分认识到公共阐释的事实性和历史性，但是他更多走向了规范性的价值判断。对公共阐释的追求变成一种理想状态。这是由一系列具有规范性的阐释元素来建构的。阐释空间是一种创建，是不同于网络空间的理想设定，在这空间中，自由性、平等性、宽容性、共识性等都是具有价值性的设想。他对阐释本身也进行了价值判断，因为阐释本身是理性行为，是公共行为。这种理想规范的设想使得公共阐释获得了普遍的有效性，但是不能回到事实本身，不能从实践性活动中汲取思想力量，也难以对阐释活动本身形成有效的分析和评价。张江强调，公共阐释以公共理性作为核心的动力根基。但是他明确指出，公共理性"内容广大，复杂玄奥，很难确切定义"。公共阐释立足于无法确切定义的公共理性概念上，无疑会面临巨大的风险。在直面阐释实践活动时，困惑就更多。对比张江的公共阐释论和哈贝马斯的交往共同体理念，虽然两者具有理想化特征，都提出了新概念，一个是公共理性，一个是交往理性，都强调语言论证的重要性，但是张江的公共阐释论的理想化更加突出，缺乏哈贝马斯交往共同体思想的历史性基础。这种历史性基础是西方早期资产阶级的文学公共领域。哈贝马斯指出："公共领域和公共意见概念首先诞生于 18 世纪，这并非偶然。它们从具体的历史语境中获得特有的意义。"① 立足于历史性基础，结合普通语用学的分析，以交往理性为关键，较好地建构起交往共同体的理想化世界，虽然遭遇一些理论的困惑，但是具有广泛的阐释力。根据缺乏历史基础的公共阐释论，我们能够有效理解王国维的《〈红楼梦〉评论》吗？可以有效分析这个评论的公共理性吗？

二是公共阐释论对个体性理解的裂痕。如前所述，公共阐释论形成了个体性和公共性的张力，认识到个体阐释或私人阐释或私人理解的原动力、创造性。但是对个体的理解是片面的，主要关注独立个体、身份确证、理性自觉，从而在一定程度上否定了或者简化了个体阐释的原动力。为了追求阐释的公共性，为了构建阐释的公共性，张江极力寻找为之有用的论据，正如他自己所阐释的，"在心理学视域下，阐释的本质为'自证'——阐释主体证明自我的心理企图和冲动，以自证满足为目标和线索而持续展开，不断确证自我认知与自我概念，最终实现意识主体同质化的自我建构。"② 公共阐释论则是张江自证的结果。但是这种自证忽略了个体的丰富性存在的理解。个体的感性存在是极为复杂而幽深的，不能被贬低，个体的知觉活动也不能被理性殖民而边缘化。张江的阐释的公共前提论及人类的共通感和集体表象，将它们作为集体无意识加以理解，作为公共性前设来理解。但是这种理解忽视了个体的感

---

① Jürgen Habermas, "The Public Sphere", *New German Critique*, No. 3. 1974, Autumn, pp.49−55.

② 张江:《阐释与自证——心理学视域下的阐释本质》,《哲学研究》2020年第 10 期。

性存在。这种感性存在不能完全被集体化和公共化。虽然张江的公共阐释论强调了个体性，但是他所强调的是个体理性和个体自觉，他没有充分理解他所提出的"独立个体"。个体的本能、欲望、情感、想象是基于个体自然生物基础，也是基于个体与社会环境的互动的结果，不能以理性之名而作简单化的理解。个体之感性是不能被理性完全殖民的。根据伊格尔顿的理解，感性的身体一方面可以被理性所统治，被理性刻下深深的烙印，但是感性可以对理性进行反抗，瓦解理性的逻辑力量："自由和同情、想象和肉体情感都极力使人们能在强制性的理性主义话语中听到自己的声音。"① 可以说，公共阐释论无法正确对待日常生活中的个体性，还无法阐明在日常生活理解中的个体如何成为公共阐释中的理性个体。在张江的理解中，这种日常生活的个体要么上升为公共阐释的空间，要么沦为私人空间而被淘汰。这两种路径都误解了日常生活的个体。公共阐释的个体是始终基于日常生活的个体。个体阐释与私人阐释是公共阐释的潜在形态，也会不时地呈现在公共阐释之中，不能完全被公共理性所遮蔽，或者被完全格式化。张江说，阐释的全部前提来源于公共、立足于公共。这是难以置信的。阐释的公共前提能够缺乏个体本身的原动力吗？

　　三是公共阐释论的理论原创性的裂痕。公共阐释论作为中国阐释学建构的核心命题，彰显鲜明的理论自主性和原创性，

---

　　① ［英］特里·伊格尔顿：《美学意识形态》，王杰等译，广西师范大学出版社 1997 年版，第 16 页。

这是中国理论家遭遇全球化语境与全球知识话语力量而体现的
主体性意识。"公共阐释""公共理性"等概念体现出原创性。
张江指出："公共阐释是一个新的复合概念。在目前的历史视
野内，尚未发现有关'公共阐释'概念的自觉建构。"①

　　公共阐释论是基于公共阐释概念的原创性的系统构建。在
《公共阐释论》中，这种系统建构借助于阐释空间、阐释的公
共前提、公共理性和阐释自觉得以形成。如前所述，这是一种
理论大厦。但是，对这座理论大厦进行观照，我们不难发现，
这座原创性的大厦并不是完美无缺的，其原创性受到质疑。如
果说，阐释本身是一种公共行为，那么这个判断就是公共阐释
论的元命题。从这个元命题中推演出其他命题，阐释是公共的
阐释则是这种推演，进一步阐释是在公共空间中展开的，进一
步阐释的公共前提为公共阐释作准备，公共理性成为公共阐释
的根本动力。这表明，公共阐释论是基于一个判断句子的逻辑
演绎，因为元命题，于是就有推演的其他命题，从而形成一个
富有逻辑性的话语体系。不过，这种话语体系并不是严密的逻
辑推演，从一个命题到另一个命题之间不是必然而充分的，如
果说阐释是一种公共行为，并不必然意味着公共理性的出现，
公共理性并不必然导致公共阐释，公共阐释也不必然导致真理
性阐释。况且，这种逻辑演进缺乏演进的内在动力，而是在元
命题之中转圈圈。这意味着一开始就断定，阐释是一种公共行
为，阐释本身就是理性的运演。基于这种断言，公共理性实质

————————

① 张江：《公共阐释论纲》，《学术研究》2017 年第 6 期。

上陷入徒有其名的尴尬，因为理性本身是公共的，何来公共理性这个复合词，谁能够否认理性的公共性？既然阐释是公共的，那么公共阐释这个复合词又有什么意义呢？如果阐释本身是公共行为，那么公共空间不是多余的概念吗？如果阐释是公共行为，那么阐释的"公共前提"还是必然的吗？如果阐释本身是理性的，那么阐释自觉概念还有必要吗？如果阐释是理性的，那么个体理性与公共理性有区别的必要吗？如此等等，不一而足。公共阐释论从元命题的断言开始，这导致了所有其他的论证都来确认、证明这个结论。这是典型的先立论后论证的思路。先立论，后论证，也可以建立一种理论大厦。康德的体系以知情意构建，纯粹理性与实践理性形成两个巨大的支柱，而以情为基础的判断力则把这两个对立性支柱架构起来，建筑的结构感知是很明显的。黑格尔以理念的历史性的演变，形成绝对精神的系统阐释，建筑的层级体系也是很显著的。但是公共阐释论的论证不是立论的推进和深化，而是不断回到立论本身，每一次回到这个本身，就无法构建理论的层级性或者树立大厦的有力支柱。这样，公共阐释论陷入语言游戏的平面性的后现代境地，看似建立一种理论大厦，实则停滞在一个语句的假设之中。公共阐释论这种大厦面临两种风险，一是以理性的力量支撑起阐释空间、公共理性、阐释自觉，一句话支撑起阐释的公共性，大厦以理性之根基、支柱、屋顶来构建，但是没有人愿意入住；二是它因差异性的缺失导致理性的单一化，导致大厦无法形成人可以入住的空间。要么是大厦空间的抽象化、形式化，要么没有空间可言。如此理解，这种具有原创性的公共阐释论还具有理性的理想性吗？

综上所述，公共阐释论在历史发展中不断演化，不断走向阐释的系统性和合理性，它以丰富的张力带来多种可能推进的潜力，彰显出理论本身的阐释力和对话性。这种阐释理论立足于中国的理论价值立场和中国阐释学智慧，充分汲取了西方阐释学的思想资源，具有鲜明的中国性、时代性和批判性。虽然它留下一些裂痕，但是这些裂痕不影响公共阐释论进一步拓展和完善的可能性。

悖论阐释的必然：在哈贝马斯、
赫勒和张江三者之间

　　悖论阐释学是在中西当代阐释学的基础上提出的。具体来说，是在哈贝马斯、赫勒与张江的阐释学的基础上产生的。哈贝马斯的交往共同体理想在西方批判阐释学中影响深远，赫勒长期与哈贝马斯展开批判性对话，深谙阐释的悖论命题。张江的公共阐释论与哈贝马斯展开了面对面的交流。在这三者之间进行阐释学的思考，悖论阐释学则成为必然。

　　公共阐释论激活了对阐释学进行新一轮讨论的可能，这是新的时代语境和人类新的历史意识所引发的可能。历史的车轮滚滚向前，人们也在车轮的视域中建构稳定的意义尺度。但是公共阐释论倘若具有理论上新的可能性，它就必须经受理论本身的检验，尤其要与阐释学本身展开对话。阐释学的思想和形态是复杂而多元的，我们主要立足于赫勒的差异性阐释学思想来对话公共阐释论，以期寻觅公共阐释论发展的可能性机制。赫勒的阐释学思想涉及对海德格尔、伽达默尔、哈贝马斯、理查德·罗蒂（Richard Rorty）、卢曼等理论家的深入考量，在学科上涵盖了文艺批评、美学、伦理哲学、政治哲学、社会哲学等众多领域，提出了"存在主义阐释学""激进阐释学"等概念，她所关注的阐释的规范性基础、共识命题、价值交往等问题域，是哈贝马斯的审美公共领域所关注的焦点，也是张江的公共阐释论所不容回避的问题。

一、阐释的规范性基础

阐释学的合法性需要确定规范性基础，这种规范性基础在张江的系列论文中得到较为深入的考察。张江主要从公共理性的人性基础来思考，更多是从共时性角度切入论证，而赫勒的阐释学立足于现代性的理性原则，在一定程度上奠定了意义阐释的规范性基础。她对这种规范性基础的思考主要来自韦伯的现代文化分化的理论，即由于社会分化形成科学、伦理道德、文化等各自相对独立的领域，即所谓的学科自律。这种学科自律遵循着各自的规范与规则。学科的规范与规则无疑就是各学科阐释的规范性基础。譬如，我们不能以经济学的规范性基础去讨论美学的规范性基础，也不能以美学的规范性基础讨论经济学的核心问题。

哈贝马斯同样立足于韦伯的现代社会分化的自律基础，但是他并没有深度切入阐释学问题。赫勒对此进行了细致讨论，有助于对社会科学的阐释学的可能性与特性加以把握。赫勒指出，在现代文化不断进步、区分的过程中，社会科学建立了具体科学的主导地位，把这种科学视为天职。在现代，政治、法律、美学、经济、宗教等领域形成彼此独立的相对自律，"每一个领域包含着其自己内在的规范和规则，这些规范和规则与其他领域的规范和规则是不同的"。① 各个领域的规范与规则确保其领域内的活动合法化，不仅是知识生产活动而且接受理解活动都遵循规范与规则，从而取得科学的地位，创造各自的意义以及对现代人的自我认知作出贡献。在这种意义上，赫勒关于现代社会科学的分析是基于阐释学意义上的合法性分析。

　　这种合法性分析的基本点在于自律的规范与规则的形成。那么什么是规范与规则呢？赫勒往往借助于社会学意义的群体认同来把握，也就是科学共同体的认同。这种认同不是超越时空的虚假认同，而是基于现代性的历史意识的表达，也就是黑格尔所说的时代精神来表达，或者说处于时间的牢笼之中。这种历史意识不是神话中神秘化的历史意识，也不是古希腊在有限性特性中探索一般性的历史意识，也不是中世纪普遍神学的历史意识，而是源自启蒙运动在法国大革命以来占据主导地位的反思的普遍的历史意识："西方男女们开始理解他们的时代是世界—历史进步的产物，每一个阶段包含自己的可能性与局限性，它也要被另一个阶段所取代。"② 这种反思的普遍主义催生了歌德笔下的浮士德似的人物，这些人物颠覆所有禁忌与束缚，渴求知道一切，渴求实现一切愿望，然而不能摆脱其时代所给予的限制，因此包含着内在不可克服的悖论。赫勒指

---

① Agnes Heller, *Can Modernity Survive*? UK：Polity Press，1990，p.13.
② Agnes Heller, *Can Modernity Survive*? UK：Polity Press，1990，p.11.

出，寻求理解和自我理解也涉及对当下历史，或对历史的当下，或对我们自己的社会的认知，要探寻对我们社会的真实认识，但是我们如何懂得我们的认识是真实的呢？赫勒认为，为了克服这种悖论，就必然要寻找一个阿基米德点。社会科学作为一种语言游戏试图克服这种不可能克服的悖论而诞生，试图确证这种悖论纯粹是一个假象。在赫勒看来，社会科学所提供的这个阿基米德点具有两种不同的类型即普遍解说社会科学和阐释社会科学（nomothetic and hermeneutic social sciences）。通则解说社会科学认为，只要我们能够建立某种普遍的历史—社会规律，就能够运用到所有历史和社会，使我们自己的历史、社会、制度能够得到充分而真正的解说和理解。这样，我们能够运用自己的历史意识的潜能克服历史意识的束缚。阐释社会科学也获得类似的效果，它设想我们能够与过去的人们或者陌生文化的人们交流，我们能够真正读懂他们及其文本，如孟子所说"一乡之善士，斯友一乡之善士"，以至于"又尚论古之人，颂其诗，读其书"。① 这样，我们能够以陌生的眼光，从他者的文化语境来审视我们自身。赫勒认为："只有我们能够让这些'他者'提出他们的问题，从他们的角度即他们的历史意识来评估并判断其历史和制度，我们才会在我们自己的文化之外建立一个阿基米德点。"② 这种超越历史意识的束缚和通则解说模式一样，都是表达了历史性意识，是我们的历史意

① 上海古籍出版社编：《十三经注疏》（下），上海古籍出版社 1997 年版，第 2746 页。

② Agnes Heller, *Can Modernity Survive?* UK：Polity Press，1990，p.12.

识的产物。赫勒的论述表明，阐释学是现代社会科学的基本范式，然而超越历史的阐释则又是历史意识的产物，仍然无法摆脱悖论。结果，现代解释的规范性基础也具有不可根除的悖论。

赫勒关于历史意识与阐释学的思想触及公共阐释的可能性，是历经了解构主义之后的阐释学再思考，显然避免了前现代的天真性、自发性，也避免了宗教的普遍主义或现代反思普遍主义的救赎性、宏大叙事。这意味着，在后现代的历史意识中，阐释的公共性仍然具有可能性基础，学科自律的规范与规则确保了阐释公共性的形式框架，现在与过去的对话，自我与他者的对话的可能性仍然存在。同时也应看到，这种形式框架本身具有无法根除的悖论性，并不存在一个放之四海而皆准的普遍规范，而是有限度的公共阐释，这个有限度的具体的延伸或者拓展的时空仍然取决于阐释共同体达成共识的可能性。

二、共识达成的限度

公共阐释在很大程度上体现最大范围人群的共识。张江在与哈贝马斯的对话中认为，"实现公共阐释需要相互倾听，彼此协商，平等交流，以达成共识。"① 对此，哈贝马斯理想的交往共同体思想是一个不错的理论基础。赫勒长期与哈贝马斯的交往理论纠结在一起，2017 年的《论题十一》上专门刊登

---

① 张江、[德] 哈贝马斯：《关于公共阐释的对话》，《学术月刊》2018 年第 5 期。

了两位思想家彼此回应的文章。哈贝马斯的文章仍然坚持普遍的共识的追求，尽管首先承认交往中异议的重要性以及解释的多元性①。赫勒的文章仍然认为，哈贝马斯基于话语基础上的交往共同体理论存在着超验的普遍主义与经验实践的断裂，"普遍的一致性在经验意义上是不可能的"②，而赫勒通过对日常生活的此在分析（Daseins-analysis），认为现实交往的共识是有限度的。

赫勒认为，哈贝马斯提出通过话语讨论形成参与者的共识来建构交往共同体，从而提出规范的普遍化和规范程序的普遍化："哈贝马斯为了所谓的普遍化的基本原则（理论）的接受而展开论证，把这种原则视为唯一的，同时也是形式的道德原则。他把话语伦理学视为人们借以能够遵从道德原则必然律的程序。"③ 赫勒，主要基于规范及其程序的普遍化，对他的话语伦理学所形成的道德哲学进行了分析批判。哈贝马斯试图从康德的道德律令的范畴必然性，从指定性的普遍法则转向参与者讨论认可的共识规则，从而建构新型的道德必然性。在赫勒看来，这种思想的局限性至少有四点：一是哈贝马斯所设想的道德必然性的普遍化在实际行动中的错位，也就是理想的普遍

---

① Jürgen Habermas,"Response to Ágnes Heller", in *Thesis Eleven*, Vol. 143, No.1（Dec.,2017）, pp.15-17.

② Agnes Heller,"On Habermas：Old times", in *Thesis Eleven*, Vol.143, No.1（Dec.,2017）, pp.8-14.

③ Agnes Heller,"The Discourse Ethics of Habermas：Critique and Appraisal", in Agnes Heller and Ferenc Feher, *The Grandeur and Twilight of Radical Universalism*, New Brunswick：Transaction Publishers, 1991, p.477.

的规范性在实践行为中是无效的，不能提供有效的行为指南。譬如一个人在公共领域的讨论群体中被迫表达违心的观点，在这种情况下形成的共识规范或者话语伦理学是有问题的。二是道德哲学中的普遍化原则根本不重要。例如，"要有人的尊严"可以作为普遍的标准，但是这个标准具有有效性吗？这里以孟子的话来印证赫勒对哈贝马斯的批判。孟子注重规则与法则，认为"男女授受不亲"是普遍意义的"礼"。但是"嫂溺不援，是豺狼也"，所以孟子解释说"嫂溺援之以手者，权也"。① 何者为"权"？宋代孙奭疏为："权之为道"在于"所以济变事也，有时乎然，有时乎不然，反经而善，是谓权道也。"② 事实上这出现了道与礼的错位，出现了礼的规范性和实际行为的错位。孟子与淳于髡的讨论可以说是话语伦理学的一个具体例子，这个例子说明了哈贝马斯的话语共识的问题。赫勒认为，哈贝马斯的普遍化的道德必然性真正束缚了人们的理智直觉，所谓的普遍化规范"要有人的尊严"事实上不能满足每一个话语参与者的兴趣。三是规范程序的普遍性问题。哈贝马斯试图建构一个普遍的公正的程序，以确保共识的达成或者规范的普遍性。赫勒认为这同样面临着困境或者悖论，因为公正的程序在对称性互惠的环境中可以作为调节性的实际性的观念，在非对称性互惠的环境中仍然可以适用，这种程序只

---

① 上海古籍出版社编：《十三经注疏》（下），上海古籍出版社 1997 年版，第 2722 页。

② 上海古籍出版社编：《十三经注疏》（下），上海古籍出版社 1997 年版，第 2722 页。

是涉及判断而不是涉及行为本身。如此，要通过程序正义来形成规范共识，两者之间并没有必然性，"普遍程序导致的结果不是能够具有普遍有效性的规范"。① 四是哈贝马斯混淆了道德规范和社会政治规范，因为社会政治规范的有效性等同于合法性，规范的选择奠基于合理性。道德规范涉及到价值，如果一个人选择价值 x，另一个人选择价值 y，那么他们的道德规范就是不同的。道德规范通常不是通过合理性选择确定的，它也不是借助于话语来获得有效性的。虽然道德规范的选择可以进行话语论证，但是这种论证程序不能等同于对规范的合理性奠基，一个人选择某种规范而反对另外的规范，其中原因是复杂的，还包括"倾向性、需要、趣味、人格结构、习俗等"。②

可以看到，哈贝马斯以普遍语用学或者言语行为理论来确定交往共识的达成是存在根本问题的，具有内在的矛盾性。哈贝马斯一方面强有力地拒绝绝对的文化相对主义，主张普遍性规范的共识追求；另一方面又陷入了绝对的文化相对主义，所有参与者的自由的共识达成只是一个抽象的形式设定，是缺乏实质价值的语言游戏。当然，这种话语游戏又是扎根于西方文化传统和现代历史意识之中的。赫勒的批判透视出，要通过哈贝马斯的交往共同体来构建公共阐释是走不远的学术路径。如

---

① Agnes Heller, "The Discourse Ethics of Habermas: Critique and Appraisal", in Agnes Heller and Ferenc Feher, *The Grandeur and Twilight of Radical Universalism*, New Brunswick: Transaction Publishers, 1991, p.481.

② Agnes Heller, "The Discourse Ethics of Habermas: Critique and Appraisal", in Agnes Heller and Ferenc Feher, *The Grandeur and Twilight of Radical Universalism*, New Brunswick: Transaction Publishers, 1991, p.483.

果公共阐释仅仅在于设定一种阐释所到达的公认度，一种最大可能性的范围的认同，而不是自说自话，那么这仍然在哈贝马斯所设想的抽象形式的层面，还处于形式框架的论述中。不过，赫勒认为虽然哈贝马斯的普遍化原则与道德规范的合法性建构没有相关性，但是其伦理话语值得重视，因为话语伦理学涉及规范的解释，在一定程度上是有必要的。

赫勒认为共识达成是一种理想的言语情境的规范。这种规范要求参与对话者是对称互惠的，彼此相互理解。这需要一个基本标准的实现，即参与者使用的语言必须是完全能够转变为其他参与者的语言的，也就是彼此语言完成相互转换，如果没有这个标准的实现，作为相互理解的交往就不可能发生，也就不能形成共识。社会科学的阐释追求对社会与自我的认知，也需要理解与解释，追求客观性与可行性，也需要理论的奠基，但是仍然达不到相互理解的程度。虽然这种阐释学形成了独特的语言样式与学科规范，体现出对理解与解释的平衡方式，运用解说与解释的恰当比例，操纵核心维度与边缘维度的结构模式，阐释者在实践智慧的审慎判断下可以充分解释文本与现象，误解的可能性较少，但是仍然涉及误解问题与错误，甚至一些解释即使遵循客观性标准仍被人们彻底摒弃，因为其根本陈述是错误的。因此，赫勒认为，社会科学的解释仍然是误解。这样，对话参与者的解释就成为误解的汇聚，形成维特根斯坦所谓的家族相似的状态，这种状态不是共识。而且，社会科学的解释规范与共识达成的理想言语情境构成错位。赫勒认为："社会科学家能够接受理想言语情境的规范，就其而言能够进行对话，好像这种规范是构成性的。然而，由于研究的对象是客观精神的领域，这里理想的言语情境的规范是反事实的，因此社会科学要么必须放弃对真实知识的追求，只要上述的规范是反事实的，要么它必须承受共识主张的限制。"①

　　社会科学家之间达成共识是困难的，达成共识也是不必要的。如果完全认同一篇文章的一切观点，那么这不是科学主张而是辉煌的幻觉。原因在于，第一，最伟大的社会科学家通常对其研究成果的重要方面和次要方面进行区别，与最重要方面达成一致，就是他们追求的共识，而次要方面是需要修正的。第二，有的社会科学更相信科学的进步，期望其解释进一步完善。特别是视角主义社会科学家，一种视角难以与其他视角的解释形成共识。第三，面对同一文本采用不同的方法进行解释，文本愈加重要，解释的不一致就更明确。即使许多学者认为一个理论是真实的，但是几乎每位学者都会通过突出某个方面而进行不同的理论描述。因此赫勒指出："即使存在一个共识'理论 X 真实而正确的'，但是就理论 X 究竟完全是关于什么的，就理论 X 真正的意思是什么，绝对不存在着共识。"②社会科学包括文化、价值、群体视角、传记的差异，包括在理论中具有安排组织事实材料的无限可能性，涉及特有范式的个体性，研究主题也并非相同。

　　但是赫勒没有走向总体相对主义，认为存在着共识。就社

① Agnes Heller, *Can Modernity Survive*? UK：Polity Press，1990，p.32.
② Agnes Heller, *Can Modernity Survive*? UK：Polity Press，1990，p.35.

会科学而言，只存在一种共识，即社会科学中没有共识这种共识。如果说，社会科学中根本不存在共识，达成共识是毫无意义并最终是没有希望的，这是一种充满悖论的总体相对主义。而赫勒所主张的视角主义认为，社会科学家要按照社会科学学科的语言游戏样式进行游戏，就要遵循其规范和规则，要通过同行认同去探索真实的知识，要努力遵循客观性规范，这是一种形式共识。但即使形式共识也值得批评，因为有些形式共识来自不正当的行为，体现某种个别的公开或者隐蔽的甚至无意识的意愿。如果形式共识有可能达成的话，那么实质性的共识则更难达到。因此，如果共识意味着完全一致的话，那么共识是不可能达到的，因为所有的理解和解释都是一种新的理解和新的解释，或者说都是误解。

张江的公共阐释论则与之不同，不在于对误解的探索，而在于阐释的内在机制的探索，试图通过中国传统的阐释学思想与当代文学活动的分析，来重新寻觅共识的理论基础。尽管张江也涉及阐释的多元性，但是他的问题意识与现实语境具有中国特色，对共识的追求也具有学理建构的宏大旨趣。其对阐、诠的辨析，显然具有厚重的历史积淀，也揭示了中国传统学者对意义明晰性和透彻性的追求，尽管在文人那里以"含蓄蕴藉""言外之旨""韵外之致"等为审美的特性。正是因为中国传统文化悠久、历史积淀之深、文化符号的复杂、实践积淀的体悟的意义深度，阐释成为中国文化的重要传统，理、性也成为具有共识基础的概念。应该说，张江的共识建构具有合法性基础。但是对意义共识的达成的复杂性、悖论性的探索仍然需要推进，共识的张力需要从理论上和实践上进一步求证。

三、价值交往的可能性

张江认为，公共阐释得以形成，在于人类的公共理性的存在，而阐释本身是理性的。这是对公共阐释的存在本体论的奠基，也是人类历史不断确证的事实。进一步，他探索公共阐释的逻辑规则，确立"阐释逻辑的正当意义"："作为理性行为，阐释的基本思维过程，必须符合普遍适用的逻辑公理化规定"①。而且阐释，作为协商行为，还要受到符合协商要求的特殊逻辑所约束。应该说，逻辑公理与特殊逻辑确定了公共阐释的逻辑合法性。但是，这种逻辑合法性需要价值交往的讨论来充实，就此而言赫勒对价值交往的分析也有助于深化公共阐释的命题。价值交往是赫勒话语哲学的重要部分，其思想的核心是关注价值讨论的可能性与条件，也就是价值共识达成的可能性问题。价值讨论也是阐释学的重要论题，因为价值讨论也是价值解释，是价值交往的可能性问题。

赫勒认为：两个人的价值讨论的结果有四种方式："第一，一个参与者受到另一个参与者的论据的影响，接受了这些论据所支持的价值，并采纳了这种价值的立场；第二，一个参与者接受另一个参与者提出的作为可能的价值并决定去进行检验；第三，其中一个参与者诉诸另一个参与者所提供的不可争

---

① 张江：《阐释逻辑的正当意义》，《学术研究》2019 年第 6 期。

论的权威；第四，讨论毫无结果。"① 这可以说是价值交往的四种方式。价值交往中的参与者关系可以是对称性关系，对赫勒来说，哈贝马斯的"理想的言语情景"就属于这种关系，"就对称性关系而言，参与者作为平等人——作为同样有理性的存在物彼此面对，他们在讨论中履行平等的言语行为。哈贝马斯把这种关系称为'理想的言语情景'"。② 赫勒认为，这种关系不能保证在讨论中使用合理的证据，仍然能够诉诸某种权威，因而哈贝马斯的模式不能等同于价值讨论中的理想设定。为此，赫勒把价值讨论定位在哲学价值讨论进行探索，可以说哲学价值讨论的交往可能性就是价值阐释交往的可能性，这种独特的探索可以深化对公共阐释命题的探讨。

　　与哈贝马斯不同，赫勒思考的是权力关系中的价值交往问题。这种权力关系不是哈贝马斯所设想的平等的对称关系，而是处于历史情境中的从属关系、非对称性关系、个人性的依赖关系。在从属性社会中，虽然也存在对称性关系，譬如同样处于不平等关系中的人们彼此交往，但是这种对称性关系不是普遍存在的。在这种非对称性社会中，真正意义的哲学价值讨论也不是普遍存在的。但是赫勒还是设想了一种哲学价值讨论的可能性，从而构成了难以消除的悖论。哲学价值讨论不同于日常价值讨论。日常价值讨论是无意识地选择价值，这些价值系

---

　　① Agnes Heller, *Radical Philosophy*, Trans, James Wickham, England：Basil Blackwell，1987，p.109.

　　② Agnes Heller, *Radical Philosophy*, Trans, James Wickham, England：Basil Blackwell，1987，p.109.

统和等级可能是潜在的，参与日常价值讨论不一定必须有真实的价值，参与者不会从价值中消除个人特有的动机，这种价值也许是特有的愿望和关怀的合理化，然而也必须包括某些共识价值，否则价值讨论不可能发生。哲学价值讨论有意识地选择价值，参与者致力于真实的价值，价值系统和价值等级应该是明确的。赫勒认为，每一个理性的人应该努力在哲学价值讨论的层面坚持价值讨论，这种讨论是所有价值讨论的调节性观念。因此对哲学价值交往的分析具有典型的意义。

在哲学价值讨论中，价值的真理是不用进行争论的，因为参与者都认可他人的价值的真理，讨论关注更多的是价值等级，关注哪一种价值应该成为社会与行为的主导价值。赫勒认为，价值讨论得以可能的条件在于以下几个方面。一是涉及价值观念，价值观念是相同的，但是价值的解释是不同的；价值中有一些具有相同解释的价值；价值中有一些类似解释的价值；价值系统的差异主要来自价值等级的差异。二是所有参与者渴求价值讨论。三是没有权力干预，如果权力直接或间接地质疑论证，那么就不可能进行价值讨论。赫勒认为，对于可能进行哲学价值讨论的人来说，一个具体的价值讨论可以上升为哲学价值讨论，从而获得价值交往的共识。赫勒把卢卡奇和托马斯·曼（Thomas Mann）的交往事件作为成功的价值交往达成的典型例子。卢卡奇说，在匈牙利共产主义者佐尔坦·山托（Zoltán Szántó）及其同伴遭受审判的期间，他给曼写信，请他抗议这场错误的审判。曼回信说，作家不应该干预政治事件，因为对他来说这是一个政治审判，作为一个作家他不应该牵连此事，因此他不会去抗议。卢卡奇回信说，曼最近访问了约瑟夫·克莱门斯·毕苏斯基（Józef Klemens Piłsudski）的波兰并作了演讲，这难道不是政治吗？卢卡奇当时想，"交往弄僵了。"事实上卢卡奇弄错了，几天后传来了曼的电报："我已经给霍尔斯（Horthy）打电报去了。"赫勒所列举的例子说明，卢卡奇与曼之间达成了成功的价值讨论，卢卡奇证明在曼的价值与行为之间存在着差异，而曼则摆脱了个人动机和被羞辱的感受，毫不犹豫地消除了这种差异。他们之间的价值讨论的成功在于某种价值观念的共识，尽管各自赋予这种价值观念不同的解释意义。赫勒对这种共同的价值观念十分看重，可以说是价值阐释得以可能的关键点，因为"如果一种价值观念与另一种价值观念相互敌对，那么价值讨论始终回到关于价值的讨论，那么两个世界就彼此敌对……当世界历史时代的主导价值观念是相互排斥的，那么就不可能想象有任何的涉及在各自代表之间出现的价值观念的价值讨论。"① 这就不可能达成价值交往的可能性。他们各自根据价值理性思考和行动，都坚持认为自己的价值是真实的，但是双方都不相信对方的价值真理，因为相互矛盾、彼此排斥的价值观念不可能在同一时刻、同一地点和同一对话关系中都是真实的。这显然是一种没有希望的价值讨论。而且一种价值观念是人们用身体加以保护、用鲜血加以滋养的，与参与者的社会实践、生命以及作为人的个

---

① Agnes Heller, *Radical Philosophy*, Trans, James Wickham, England：Basil Blackwell, 1987, p.118.

体性紧密联系在一起，事实就是证据，经验和事件也是证据。因此，倘若参与价值讨论的双方没有共同的价值观念，就难以进行价值交往。

赫勒设想了一种哲学价值讨论或者说价值交往的理想状态来解决从属社会中的价值讨论的悖论："在从属关系的社会，哲学价值讨论是不可能进行的，然而在这些社会又应该产生哲学价值讨论。此外，哲学价值讨论不仅必须是一个调节性的想法，而且不得不是一种构成性的想法。倘若不是如此，从属的社会将是永久不改变的。"① 赫勒把从属社会的价值讨论的悖论分为两个层面，第一个层面是，在从属社会中，哲学价值讨论不可能普遍化，然而任何一个理性的人应该参与哲学价值讨论。第二个层面是，在从属社会中，哲学价值讨论是不可能进行的，然而如果这个社会需要消灭，那么哲学价值讨论就必须成为一种构成性的想法。赫勒认为，第一个层面的悖论是不可能根除的，而第二个层面的悖论可以消除，而且这种消除会导致整个悖论本身的消除。为了消解第二层面的悖论，赫勒在价值讨论中引入了人类或人性概念（humankind 或者 humanity）作为参与讨论的最高级的社会实体或者说最高级的价值观念："如果在价值讨论中，每一个参与者坚持把人类作为最高的社会实体，那么这种讨论就能够到达哲学层面。即使每一个参与者以具体而各自不同的价值的形式表达各自的价值和设想，透

---

① Agnes Heller, *Radical Philosophy*, Trans, James Wickham, England：Basil Blackwell, 1987, p.118.

视出与他们各自的特有的实体、阶层、阶级等的密切联系，也能够到达这种情况。"① 但是还需要一些前提条件，赫勒补充了三个主要的前提条件，一是参与者所设想的特有价值都应该同时有效，都与人类观念相关联；二是参与者要清楚地知道他们的价值阐释与具体社会实体的密切联系，与具体的阶级、阶层、民族、文化等的关联，要始终意识到各自价值的意识形态维度，一个参与者的任务因而是有意识地不断消除他们各自价值解释的意识形态维度；三是参与者要接受哲学价值讨论，把它视为一种调节性的想法，他们要认识到，所有人都是理性的存在，哲学价值讨论能够加以普遍化。如果具备了这些条件，一种成功的哲学价值讨论就可以进行，从而形成一个以人性概念为最高价值的讨论共同体，构建起价值交往的公共领域。这种从参与者个体出发而形成的价值讨论或者价值阐释的对话共同体，不同于哈贝马斯基于对称性关系而形成的理想的交往共同体。它既考虑了从属社会的历史语境，也考虑了日常个体的起源基础，同时涉及马克思试图改变从属社会的可能性。赫勒认为，这种哲学价值讨论是在从属社会中得以可能或者应该进行的价值讨论，这种讨论作为言语行为，不是赋予一个已有世界以规范，而是以人性的价值观念构建价值共识，形成新的规范，而这种新的规范要有一个新的世界。马克思说："哲学家们只是用不同的方式解释世界，问题在于改变世界。"② 赫勒

---

① Agnes Heller, *Radical Philosophy*, Trans, James Wickham, England：Basil Blackwell, 1987, p.126.

② 《马克思恩格斯文集》第 1 卷，人民出版社 2009 年版，第 502 页。

的价值讨论沿着康德的哲学思想的转型，即从法国大革命之前赋予世界以规范的哲学到后来的"如何为规范创造一个世界"，走向了马克思所谓的改变世界的可能性的交往理论。因而赫勒认为，马克思清楚地知道，"只有人们给这个规范以世界，才能够给这个世界以规范。"① 也就是说，只有价值规范创造了世界，改变了世界，形成了新的世界，才能够很好地理解当下的这个世界的价值规范。这赋予了价值讨论以实践的力量，扭转了哲学仅仅解释世界的模式，使哲学成为改变世界的实践的一个组成部分。价值讨论也是一种改变世界的革命，可以说称之为话语革命。这种基于哲学价值讨论的思想被赫勒名为"激进哲学"，也与其提出的"激进阐释学"是相互联系的。

可以看到，与张江的阐释学类似，赫勒提出的价值交往理论也是价值达成共识的可能性理论，是意义阐释如何获得共识的公共阐释理论。但是这种共识达成是很有限度的，尤其在从属社会中，这种价值解释的讨论很难发生，虽然也必须或者应该发生这种讨论。赫勒以人类或者人性作为最高的实体，事实上也是预设了一种共同的价值理想，如果这样，那么中国传统的大同理想或者宗教意义的拯救概念都可以成为价值讨论的共识基础。倘若如此，价值解释或者讨论又有什么意义呢？共识已经在那里，讨论又去达成共识，这同样陷入了赫勒批判哈贝

① Agnes Heller, *Radical Philosophy*, Trans, James Wickham, England：Basil Blackwell, 1987, p.132.

马斯的循环怪圈之中。再者，赫勒设想的价值交往是摆脱个人
非功利和意识形态偏见的理想化交往，"从理想存在的人类角
度打开理性交往的路径"①，即使其所设想的最高的价值观念
是所谓西方现代的自由价值，也难以在解释中获得共识，她的
价值交往犹如康德的审美交往一样纯粹非功利，不食人间烟
火。倘若如此，她所设想的交往共同体不是虚幻的空中楼阁
吗？尽管如此，赫勒提出了比哈贝马斯更为审慎的交往共识的
条件和可能性，卢卡奇和曼的成功交往，体现了以相互理解为
基础的共识形成。日常交往中的友谊、情爱在某种程度上可以
进行相互理解的价值交往和意义阐释的共享。从这个意义上
说，张江提出的公共阐释概念在理论上和实践上仍然是可能
的。但是赫勒并不认同具有普遍意义的交往，而是认为交往是
基于有限参与者的交往，其价值讨论也透视了多元主义的交往
理论建构，我们不妨称之为有限度的公共阐释论。这种阐释论
事实上与张江的阐释学有异曲同工之妙："阐释是开放的，但
非无限离散；阐释是收敛的，但非唯一；阐释的有效性由公共
理性的接受程度所决定，但非阐释的完成。阐释过程中的具体
规则，约束阐释以合逻辑的形式展开。"② 赫勒与费赫尔在 20
世纪 70 年代就看到了美学现代性的阐释的有限规范性："每
一个趣味判断再现了某个趣味共同体，在此意义上被扩展成一
个规范……在具体既定媒介的框架中，扩展成为规范的趣味判

---

① Agnes Heller, *A Theory of History*, London: Routledge and Kegan Paul, 1982, p.115.

② 张江：《阐释逻辑的正当意义》，《学术研究》2019 年第 6 期。

断的潜在组合是可以数清楚的，现有趣味共同体的数量也是能够进行计算的。"①

在哈贝马斯、赫勒与张江的阐释学之间对话，我们既看到阐释悖论之不可根除，也能够洞察中西当代阐释学的某些根本差异与未来可能性。彼此对话，他山之石，可以攻玉。通过赫勒的阐释学思想中的公共阐释思想的讨论，我们可以更深入理解哈贝马斯的交往行为阐释学，也更为清楚地审视张江的阐释学的理论价值与未来可能性，更为准确地辨识中西阐释学的共同性与差异性。虽然三者都强调规范性建构，但是张江不论是讨论作者、文本、读者的关系，还是追溯中国阐释学的原初性概念范畴，他更多的是进行阐释逻辑的规范性考察，而赫勒侧重于现代性、主体历史意识、存在条件的哲学反思，在现代性与后现代历史意识中推进共识价值规范的反思，而哈贝马斯则在民主政治和重建现代性的角度构建交往共识的阐释学理论，因而在一定程度上三者具有互补性。只有在批判性互鉴的基础上，中国当代阐释学才能找到话语的合法性根据与阐释现实的深度，才能构建具有多元共识的意义生产与接受机制。当然，阐释的悖论会得到新的化解，而新的化解本身需要自身悖论的解决。

---

① Ferenc Feher and Agnes Heller, "The Necessity and Irreformaility of Aesthetics", in *The Philosophical Forum*, Vol.7, No.1 (1977), pp.1–21.

后　记

　　《悖论阐释学》是我长期关注文学基本问题的一个小小的思考。虽然悖论阐释学这个概念在后现代时被孕育出来，但是我还是把它纳入文学本身的理解中去。新批评强调悖论范畴，认为它是文学的本性，但是这种理解太过狭隘，我把它放到更宽泛的视野来审视，纳入中国传统的思想智慧来思考。以悖论为名，打开中西融通的道路，也重新进入马克思主义的思想之中。因为悖论不是一个错误的术语，而是人类社会历史的基本矛盾之一，它可以不断被克服，但终不能被根除，它是人类社会发展的重要力量。在人工智能纷扰的时代，悖论确证了人类复杂的思考范式。

　　近十年来，阐释学成为中国文学界的热点问题。它本是一个传统的人文学科命题，从 19 世纪以来，西方各流派学术大家不断构建人文学科的研究范式与学术旨趣，从现代走到了后现代。在这个过程中，中国学者历经了西方阐释学的范式变迁，自主性意识不断凸显，中国传统阐释学也因此得到重新审视，甚至超越西方阐释学的经典范式。其实，中国的阐释学历史悠久，不论是儒家阐释学，还是道家阐释学，抑或佛教阐释学，在世界阐释体系中特别耀眼，一直散发着理论的芬芳，本书对此虽着墨不多，但是潜在地与之形成了对话。

此书的形成得益于我长期从事赫勒美学思想研究所受的启迪，这个时间可以追溯到 2001 年。赫勒的睿智之思使这个启迪变成了无限可能。作为一个学者，赫勒不断思考、不断提出问题，并给出可能的答案。她视哲学为一种文体（genre）并对之解剖，形成了她独特的阐释学思想；她关于现代性的悖论与存在的偶然性思考，蕴含着丰富的阐释悖论思想。赫勒的哲学思想是审美的、文学的，她的思考本身就是一种创造，这种创造使她的研究变成了一首隽永的诗。

此书得以顺利出版，得到人民出版社大力支持。在此特别感谢人民出版社安新文编辑的推荐、宝贵建议和严谨的编辑工作，没有她的辛苦付出，此书不可能得以面世。我对她致以崇高的敬意。当然，悖论阐释学还是我探索中的事情，其中有不少问题，甚至错讹，请学界批评指正。

2025 年 5 月 2 日于成都

责任编辑：安新文

封面设计：薛　宇

图书在版编目（CIP）数据

悖论阐释学 ／ 傅其林著. -- 北京 ：人民出版社，2025. 8.
ISBN 978－7－01－027233－7

Ⅰ. B089. 2

中国国家版本馆 CIP 数据核字第 2025VF3654 号

悖论阐释学

BEILUN CHANSHI XUE

傅其林　著

人 民 出 版 社 出版发行

（100706　北京市东城区隆福寺街 99 号）

北京中科印刷有限公司印刷　新华书店经销

2025 年 8 月第 1 版　2025 年 8 月北京第 1 次印刷

开本：880 毫米×1230 毫米 1/32　印张：9. 125

字数：195 千字

ISBN 978－7－01－027233－7　定价：66. 00 元

邮购地址 100706　北京市东城区隆福寺街 99 号

人民东方图书销售中心　电话 （010）65250042　65289539

作者简介

傅其林,1973 年生,文学博士,四川大学二级教授,国家级教学名师,教育部长江学者特聘教授,全国马列文艺论著研究会副会长。主要从事文艺学和美学研究,主持完成国家社科基金重大项目"东欧马克思主义美学文献整理与研究"等 4 项,出版《东欧新马克思主义文艺理论的核心问题》《阿格妮丝·赫勒审美现代性思想研究》等多部学术著作。其中,《东欧马克思主义美学》入选国家哲学社会科学成果文库。在《文学评论》、《文艺研究》、*European Review*、*Thesis Eleven* 等国内外期刊发表论文 100 余篇。